D1860345

मन-मन के सवाल

मानसिक स्वास्थ्य तथा मनोविकारों की सुलझन

मन-मन के सवाल

मानसिक स्वास्थ्य तथा मनोविकारों की सुलझन

डॉ. नरेंद्र दाभोलकर • डॉ. हमीद दाभोलकर

प्रधान संपादक
डॉ. सुनीलकुमार लवटे

समन्वयक संपादक
डॉ. चंदा सोनकर

अनुवाद
डॉ. जयराम सूर्यवंशी

अनुवाद संपादक
डॉ. गिरीश काशिद

सार्थक
राजकमल प्रकाशन का उपक्रम

मूल मराठी ग्रंथ 'प्रश्न मनाचे' का हिंदी अनुवाद।

ISBN : 978-93-89598-46-9

मूल्य : ₹ 199

पहला संस्करण : 2020

राजकमल प्रकाशन का उपक्रम
सार्थक

प्रकाशक
राजकमल प्रकाशन प्रा. लि.
1-बी, नेताजी सुभाष मार्ग, दरियागंज
नई दिल्ली-110 002

शाखाएँ
अशोक राजपथ, साइंस कॉलेज के सामने, पटना-800 006
पहली मंज़िल, दरबारी बिल्डिंग, महात्मा गांधी मार्ग, इलाहाबाद-211 001
36 ए, शेक्सपियर सरणी, कोलकाता-700 017
वेबसाइट : www.rajkamalprakashan.com
ई-मेल : info@rajkamalprakashan.com

मुद्रक
वैभव प्रोडक्ट्स
टोनिका सिटी (उत्तर प्रदेश)

MAN MAN KE SAWAL
by Dr. Narendra Dabholkar, Dr. Hamid Dabholkar

प्रिय शैला और मुग्धा को—

भूमिका

'अंधश्रद्धा : प्रश्नचिह्न और पूर्णविराम' यह पुस्तक मैंने चौबीस साल पूर्व प्रोफेसर प.रा.आर्डे के साथ मिलकर लिखी थी। आज भी इसके संस्करण साल-दो साल में प्रकाशित हो रहे हैं। बहुचर्चित विषय, प्रश्नोत्तर की शैली, संक्षेप में ही किंतु ठोस विश्लेषण और सुगमता जैसी कई बातों के कारण पुस्तक लोकप्रिय हुई। ये तमाम बातें इस सचाई को उजागर करती हैं कि इस प्रकार के प्रयोग और अधिक होने चाहिए। ये प्रयोग किस विषय पर किए जाएँ इस पर चर्चा करने की कोई जरूरत नहीं क्योंकि विगत पच्चीस वर्षों से चलाए जा रहे आंदोलन के आधार पर सहज रूप से कहा जा सकता है कि आज भी अंधविश्वास के संदर्भ में आम लोगों में सबसे प्रिय विषय है मन। मन से जुड़ी बीमारियाँ, भूतबाधा और देवी का संचार। भारतीय समाज में मन बड़ी जिज्ञासा का विषय रहा है, पर सचाई यह भी है कि मन के संदर्भ में हम कमाल के अज्ञानी है, साथ ही यह रहस्य का विषय भी है। पिछले पच्चीस वर्षों में भूतबाधा और देवता की सवारी आना जैसे विषय पर सवाल न उठाया गया हो ऐसा एक भी कार्यक्रम नहीं हुआ है।

मन की जानकारी, मानसिक स्वास्थ्य, मन से जुड़ी बीमारियाँ, तनाव पर विजय, मन:शक्ति ऐसी बातें आजकल नित्य चर्चा के केंद्र में हैं। क्या किसी तकनीक का प्रयोग करके दो घंटे में स्मरण शक्ति में सुधार हो सकता है? क्या मंद बुद्धि बच्चों का बौद्धिक स्तर बढ़ सकता है? बुरी चीजों की लत मनोविकार है या मस्ती? सम्मोहन के संदर्भ में सही-गलत क्या है? मिरगी की बीमारी क्यों जड़ जाती है? क्या वह दूर हो सकती है? चिंतामुक्ति के लिए ध्यान-धारणा कितनी उपयुक्त है? ऐसे कई सवाल हमारे मस्तिष्क में घूमते हैं। इन तमाम बातों से जुड़ी हमारी जिज्ञासा का समाधान होना चाहिए, वह भी हमारी पसंदीदा शैली में और हमारी भाषा में। संक्षेप में ही सही किंतु वह कारगर और ठोस होनी चाहिए। ऐसे ही जिज्ञासु पाठकों के समाधान हेतु

'मन-मन के सवाल' इस पुस्तक की रचना हुई है। हमीद मनोविकार विशेषज्ञ है, लिहाजा इससे जुड़े सवालों के उत्तरों की विश्वसनीयता एवं स्तरीयता बढ़ गई है। ज्यादातर विषयों पर उसने ही लिखा है, सिर्फ अंधविश्वास से संबंधित पुस्तक का हिस्सा मेरी कलम से आया है।

पुस्तक लेखन के दौरान ही एक घटना घटित हुई, जिससे पुस्तक की आवश्यकता अनिवार्यता में बदल गई। जलगाँव जिले के चालीसगाँव के एक दरगाह में मनोविकार से मुक्ति मिलेगी इस भावना से बड़ी तादाद में लोग आते हैं। यहाँ उन्हें इलाज के नाम पर कई दिनों तक जंजीर से बांधकर रखा जाता है किंतु इससे कुछ भी हासिल नहीं होता। यह अमानवीयता रोकने की माँग 'अंधविश्वास उन्मूलन समिति' ने डंके की चोट पर की किंतु इसे किसी का भी समर्थन नहीं मिला। इस मामले के बाद 21 नवंबर, 2011 को चालीसगाँव में ही 'मानसिक स्वास्थ्य तथा अंधविश्वास' इस विषय पर राज्यस्तरीय संगोष्ठी का आयोजन किया गया। मनोविकार के संबंध में आम लोगों में चेतना निर्माण हो इसलिए 'मानसमित्र' जैसी अवधारणा इस संगोष्ठी से सामने आ गई। क्या होगी मानसमित्र की भूमिका? पहली बात, मानसमित्र मन से जुड़ी बीमारियों के संबंध में एक प्रबोधक बनकर लोगों का अज्ञान दूर करेगा। दूसरी बात, वह भावनिक रूप से लोगों को सलाह देकर उन्हें इन बीमारियों से मुक्त करने की दृष्टि से कदम उठाएगा। शारीरिक बीमारियों का हम घर में ही प्राथमिक इलाज करते हैं, यह घर में संभव भी है किंतु मानसिक विकारों पर, भावना, विचार तथा चिंता से जुड़ी बीमारियों पर प्राथमिक इलाज यह कल्पना भी हमारे लिए हवाई है। इस पर उपवास, व्रत, जाप, पूजा-अर्चना, ध्यान-धारणा, सत्संग आदि पारंपरिक इलाज हम करते हैं। बात हाथ से गई तो फिर डॉक्टर और अंत में मनोविकार विशेषज्ञ की मदद ली जाती है। ऐसी भयावह स्थिति में मानसमित्र निश्चित ही विधायक विकल्प साबित होगा। अगले पायदान पर इलाज के लिए मानसमित्र की मदद के लिए मनोविकार विशेषज्ञ की सहायता ली जाएगी।

आवश्यकता के अनुपात में मनोविकार विशेषज्ञ की कमी यह भी एक बड़ी समस्या है। किंतु सरकार के द्वारा राष्ट्रीय तथा राज्यस्तर पर कार्यान्वित होनेवाली 'मानसिक स्वास्थ्य परियोजना' एक बेहतर विकल्प साबित होगी ऐसा लगता है। इस कार्य के लिए 'मन-मन के सवाल' यह पुस्तक विशेष सहयोगी सिद्ध होगी ऐसा लगता है।

'विश्व स्वास्थ्य संगठन' ने यह चेतावनी दी है कि सन 2020 में विश्व की प्रथम पाँच बीमारियों में उदासीनता (डिप्रेशन) और व्यसनाधीनता (एडिक्शन) ये बीमारियाँ रहेंगी। इस भयावह स्थिति को टालने के लिए आवश्यकता है व्यापक समाज परिवर्तन की। यह परिवर्तन भले ही किसी एक व्यक्ति या छोटे समूह के बस की बात न हो किंतु इसका अर्थ यह नहीं कि हम इसे नजरअंदाज करें। यह गलत होगा। उस बुरी राह से कोई भी न गुजरे इसलिए कोशिश करना जरूरी है। और इसके लिए 'मन-मन के सवाल' यह पुस्तक पाथेय सिद्ध हुई तो मैं अपने को कृतार्थ समझूँगा।

इस पुस्तक के संपादन तथा निर्मिति के लिए सलिल कुलकर्णी तथा डॉ. सदानंद बोरसे ने जिस आत्मीयता से मेहनत की, उनकी हार्दिकता को तहे दिल से सलाम।

इस अलग विषय की पुस्तक को पाठकों का निश्चित ही समर्थन मिलेगा, इस उम्मीद के साथ।

—डॉ. नरेंद्र दाभोलकर

क्रम

मन-मन के सवाल

नो हेल्थ विदाउट मेंटल हेल्थ

सालों से गाँव के बाहर उपेक्षित जीवन जीनेवाले परिवार को अचानक गाँव में सम्मान मिले तो उस परिवार की जो स्थिति होगी वैसी ही स्थिति आजकल मनोविकार से जुड़े प्रश्नों की हुई है। उदाहरण के लिए किसी भी अखबार की परिशिष्ट देखो, उसमें मानसिक स्वास्थ्य कैसे ठीक रखा जा सकता है, सुजान अभिभावकत्व, पारिवारिक संबंध, तनाव मुक्ति, इनमें से किसी न किसी विषय पर आलेख निश्चित ही मिलते हैं। आज तक उच्चवर्गीय समाज की बीमारियों के रूप में जिन बीमारियों की ओर देखा गया उन डायबिटीज, रक्तचाप जैसी बीमारियों की तुलना में महत्त्वहीन कहे गए मानसिक स्वास्थ्य को लेकर अब समाज थोड़ा-सा सचेत हुआ है।

हुआ यह कि विगत पाँच-दस वर्ष में मनुष्य जीवन में तनाव की मात्रा बढ़ गई है। समाज के हर तबके के व्यक्ति को तनाव के अस्तित्व का एहसास हो रहा है। इसी का प्रभाव सोशल मीडिया से भी परिलक्षित हो रहा है। स्वास्थ्य से जुड़ा महत्त्वपूर्ण किंतु बहुत समय से उपेक्षित मानसिक बीमारियों का मसला समाज के सामने लाने के लिए विभिन्न जनसंचार माध्यमों ने जो भूमिका अपनाई है वह निश्चित ही प्रशंसनीय है। किंतु मानसिक स्वास्थ्य का प्रश्न यही समाप्त नहीं होता है, इसलिए इस प्रश्न की व्यापकता को अच्छी तरह से समझ लेने का प्रयास करेंगे।

'विश्व स्वास्थ्य संगठन' ने 'स्वास्थ्य' इस अवधारणा को परिभाषित करते हुए कहा है कि स्वास्थ्य केवल बीमार न होना यह स्थिति नहीं, शारीरिक, मानसिक, सामाजिक तथा आध्यात्मिक इन सभी का स्वास्थ्यपूर्ण होना ही सही मायने में स्वास्थ्य है। इस परिभाषा में मानसिक तथा आध्यात्मिक ये दो अंग मन के स्वास्थ्य से संबंधित हैं, इसलिए मन को अस्वस्थ करनेवाले 'मानसिक तनाव' एवं 'मानसिक विकार' इन दो प्रमुख कारकों की सामाजिक स्तर पर व्यापकता कितनी है, यह देखना होगा।

'मनुष्य की मौजूदा हालात के साथ समझौता करने की क्षमता जब कम होती है तब उससे निर्मित स्थिति को 'मानसिक तनाव' (स्ट्रेस) कहते हैं।' यह तनाव

की किताबी परिभाषा हुई। इस परिभाषा के तहत हम अपना तथा इर्द-गिर्द के लोगों का अध्ययन करें तो यह ज्ञात होगा कि 'तनाव जिसके जीवन में नहीं ऐसा एक भी शख्स नहीं मिलेगा।' इतना मानसिक तनाव समाज में बढ़ गया है। मनुष्य का गतिशील जीवन, बदली हुई परिवार व्यवस्था, जीवन शैली, जीवन की बदली हुई प्राथमिकताएँ ऐसे कई कारण बढ़ते तनाव के पीछे हैं।

मानसिक तनाव के बढ़ते क्रम के कारण मानसिक बीमारी का प्रश्न केवल रास्ते पर भटकने वाले मनोरोगियों तक सीमित न रहकर अब सभी लोगों के जीवन से जुड़ गया है, यह स्वीकृत करना जरूरी है। देर से सही किंतु 'विश्व स्वास्थ्य संगठन' ने समाज के मानसिक स्वास्थ्य के हालात पर राय बताने वाली अपनी पहली रपट सन 2011 में सार्वजनिक की। इस रपट का नाम ही 'नो हेल्थ विदाउट मेंटल हेल्थ' है। यह वाक्य यही रेखांकित करता है कि यह समाज के सभी लोगों के स्वास्थ्य से जुड़ा सवाल है। हमेशा तनावग्रस्त रहने से मनोविकार होने की संभावना बढ़ती है। आगे इन मानसिक विकारों की व्यापकता को समझने की कोशिश करेंगे।

सामान्यत: मानसिक विकार सौम्य तथा उग्र दो प्रकार के होते हैं। पहले प्रकार के मानसिक विकार सौम्य प्रभाव के होते हैं। ये विकार उदासीनता (डिप्रेशन) और चिंता (एंग्जाइटी) इन दो प्रकारों में विभाजित होनेवाले हैं। इस बात पर लोगों को यकीन नहीं होगा कि हर पाँच व्यक्तियों में से एक व्यक्ति को उसके जीवन में कभी न कभी सौम्य प्रभाववाला कोई मनोविकार होता है। किंतु ये 'वर्ल्ड मेंटल हेल्थ रिपोर्ट 2001' में प्रकाशित हुए आंकड़े हैं। पूरे विश्व के मनुष्य समुदाय को बड़ी तकलीफ देनेवाली बीमारियों में 'डिप्रेशन' बीमारी सन् 2020 तक हृदय विकार के बाद दूसरे नंबर पर रहेगी, यह चेतावनी स्वयं 'विश्व स्वास्थ्य संगठन' ने दी है।

कई बार ये बीमारियाँ तीन से छ: महीनों तक दवाइयों के सेवन और मनोवार्ता से दूर हो सकती हैं। किंतु मुश्किल यह है कि, सौम्य प्रभाव की मानसिक बीमारियों के ज्यादातर मनोरोगी मनोविकार विशेषज्ञों के पास जाने की अपेक्षा इन बीमारियों को नजरअंदाज करके यह तकलीफ सहते हैं। इसका मुख्य कारण है मनोविकार विज्ञान से जुड़ी अपराधबोध की भावना। मनोविकार विशेषज्ञ पागलों (मनोरोगियों के लिए प्रचलित शब्द) का डॉक्टर होता है और उसके पास इलाज करवाने के लिए 'मैं पागल तो नहीं हुआ हूँ', इस सोच के कारण हम बहुत तकलीफ सहने के बाद लाइलाज होकर उसकी राह ढूँढ़ते हैं। सामान्यत: जनरल फिजीशियन सर्दी-खाँसी का भी इलाज करता है और हृदय विकार का भी। उसके पास सर्दी-खाँसी का इलाज करवाने के लिए मरीज को कोई दिक्कत नहीं होती है, किंतु मनोविकार विशेषज्ञ के पास सौम्य प्रकार के मनोविकारों का इलाज लेने के लिए जाते समय बहुत अपराधबोध की भावना होती है। परिणामस्वरूप तकलीफ बढ़ती है और कई बार इलाज कराना कठिन हो जाता है। मनोविकार विशेषज्ञ नींद की

गोलियाँ देते हैं, उनकी दवाइयों के कारण मंदबुध्दि दोष होता है, उनकी दवाइयाँ अगर एक बार लीं तो उनकी लत लगती है, ऐसी कई गलतफहमियाँ इलाज का अवरोध बनती हैं।

ऐसी स्थिति में इन मरीजों को सांस्कृतिक दृष्टि से सर्वमान्य तथा जिनमें अपराधबोध की भावना कम हो, ऐसी इलाज पद्धतियाँ अच्छी लगती हैं जिसमें रेकी से लेकर फेंगशुई तक के कई प्रकार हैं। इसका और एक मजेदार संदर्भ देखने लायक है। विगत दस-पंद्रह साल में भारत में आध्यात्मिक बाबागिरी में बड़ी मात्रा में वृद्धि हुई है। इन सभी बुवा-बाबाओं के सभी भक्तगण (ग्राहक?) सौम्य स्वरूप के मनोविकारों से ग्रस्त व्यक्ति होते हैं यह कहना अतिशयोक्ति नहीं। रोजमर्रा का जीवन तनावपूर्ण होना तथा आध्यात्मिक बाबागिरी में वृद्धि, ये दोनों बातें हमारे समाज में पिछले पंद्रह सालों से बढ़ रही हैं, यह महज संयोग नहीं है। शुरू में केवल अलौकिक सुख के बारे में बोलनेवाले बुवा-बाबा अब 'अलविदा तनाव' जैसे 'स्लोगन' से बड़ी मात्रा में अपना विज्ञापन कर रहे हैं और ऐसे कार्यक्रम के लिए हजारों की भीड़ जमा हो रही है इससे कई बातें अनायास स्पष्ट होती हैं।

इस स्थिति के लिए आध्यात्मिक बुवा-बाबा के पंथ जितने जिम्मेदार हैं, उतनी ही भारतीय मनोविकार विज्ञान की असफलता भी जिम्मेदार है। यह असफलता संख्यात्मक और गुणात्मक दोनों स्तर पर है।

मौजूदा हालात में भारत में मनोविकारों का इलाज करनेवाले मनोविदों की संख्या चार हजार के करीब है। सामान्यत: एक करोड़ उग्र प्रकार के तथा दस से पंद्रह करोड़ सौम्य प्रकार के मनोरोगियों के लिए ऊपर उल्लिखित मनोविकार विशेषज्ञों की संख्या बहुत कम है। केवल संवादों के माध्यम से शास्त्रीय मनोवार्ता करनेवाले विशेषज्ञों की संख्या तो केवल सौ-पचास तक सीमित है। यह हुई संख्यात्मक असफलता किंतु गुणात्मक असफलता भी नजरंदाज नहीं कर सकते। हमारे देश में मनोविकार के लिए प्रयुक्त की जानेवाली ज्यादातर इलाज पद्धतियाँ सीधी विदेशों से आयात हैं। भारतीय व्यक्ति का मन किस प्रकार सोचता है? भावना अभिव्यक्त करने की, भावनिक सहयोग माँगने की उसकी पद्धति कैसी है? इस पर कुछ भी बिना सोचे इन इलाज प्रविधियों का उपाय किया जाता है। इस कारण विदेशी इलाज प्रविधियाँ भारतीय व्यक्ति को कभी भी पसंद नहीं आती हैं। अब प्रश्न यह है कि ऐसी स्थिति में आध्यात्मिक बुवा-बाबा की तथाकथित मनोविकार चिकित्सा का विरोध हमें क्यों करना चाहिए?

केवल मानव मन को सहारा तथा समाधान देने तक का सीमित उद्देश्य इस चिकित्सा प्रणाली का हो तो कोई दिक्कत नहीं, किंतु कई बार आध्यात्मिकता की नकाब की आड़ में हमारी स्वतंत्र सोच, प्रश्नों का समाधान ढूँढ़ने की क्षमता को ही बड़ी होशियारी से नष्ट किया जाता है। तब यह धोखा निश्चित ही नजरअंदाज

करने लायक नहीं है। समाज में मनोविकारों के इलाज की सुविधाओं में वृद्धि की दृष्टि से गहरी सोच के साथ नियोजन करना, यहाँ के समाज को करीब लगनेवाली इलाज पद्धति के संदर्भ में अनुसंधान करना, साथ ही उसका प्रयोग करना, लोगों को अपनी समस्याओं की जिम्मेदारी स्वयं लेने के लिए सिखाना ऐसे कई स्तरों पर हमें प्रयास करने होंगे।

दूसरे प्रकार के मानसिक विकार यानी उग्र स्वरूप के मनोविकारों में हर्षवायु, सिजोफ्रेनिया आदि मनोरोग आते हैं। इन विकारों में मरीज वास्तविकता को भूल जाता है, साथ ही 'मैं बीमार हूँ और मुझे इलाज की जरूरत है' यह भी वह भूल जाता है। समाज में सामान्यत: एक प्रतिशत लोगों में उग्र स्वरूप के मनोविकार दिखाई देते हैं। इसका अर्थ यह है कि समग्र भारत में सामान्यत: एक करोड़ लोगों को उग्र स्वरूप के मनोविकारों के इलाज की जरूरत है। उग्र मनोविकार से ग्रस्त व्यक्ति को दवाईनुमा इलाज के अलावा भी कई जरूरतें होती हैं। ये बीमारियाँ मरीज के सीधे मस्तिष्क पर ही असर करती हैं, इसलिए इस बीमारी से ग्रस्त मरीज की क्षमताएँ क्षीण होती हैं। साथ ही कई मरीज खुद की देखभाल तक नहीं कर पाते। उनकी शिक्षा में व्यवधान आता है, बीमारी के लक्षणों के कारण पारिवारिक संबंधों में कटुता आती है। नौकरी न मिलना और मिली भी तो कायम रखना मुश्किल होता है। बाहर से शरीर तंदुरुस्त दिखता है किंतु मस्तिष्क ठीक तरीके से काम नहीं करता है, इसलिए उसके जीवन में पतन की स्थिति पैदा होती है। जैसे, दृष्टिदोष, कर्णबधिरता को विकलांगता कहा जाता है, वैसे ही उग्र स्वरूप वाले मनोविकारों को आजकल विकलांगता कहा जाने लगा है। फिर भी सरकारी स्तर पर आज भी 'मानसिक रूप से विकलांगता' यह अवधारणा स्पष्ट नहीं हुई है। इस कारण दिव्यांगों के लिए जो सुविधाएँ होती हैं उन सुविधाओं से अधिकांश उग्र स्वरूप के मनोरुग्ण वंचित रहते हैं। ऐसे रोगी को लंबी अवधि तक दवाइयाँ लेना आवश्यक होता है। साथ ही दवाइयों का खर्चा, यात्रा खर्च, बीमारी के लक्षणों के कारण परिवारजनों को होनेवाली तकलीफ, परिवार को इस कारण मिलनेवाली प्रताड़ना तथा मरीज के परिवार को आर्थिक सहयोग न मिलना जैसे कई मोर्चों पर ये परिवार संघर्ष करते हैं। ऐसी स्थिति में सरकार द्वारा दी गई आर्थिक तथा अन्य सुविधाएँ निश्चित ही उपयुक्त प्रतीत होती हैं।

मानसिक विकारों के बाद तीसरा महत्त्वपूर्ण मुद्दा है व्यसनों का। कई बार हमारे फैमिली डॉक्टर को भी 'व्यसन एक मनोविकार है' यह समझ में नहीं आता है। तंबाकू, शराब, अफीम जैसी कई चीजों का व्यसन हो सकता है। जिस कारण शारीरिक, पारिवारिक, आर्थिक तथा सामाजिक स्तर पर व्यक्ति का बहुत बड़ा नुकसान हो सकता है। 'ग्लोबल बर्डन ऑफ डिजीजेज' यानी विश्व की भिन्न-भिन्न बीमारियों का तुलनात्मक बोझ गिननेवाली पद्धति में व्यसनों का भार चार प्रतिशत

होता है। मनोविकार विज्ञान में अब व्यसनों का काफी असरदार इलाज उपलब्ध है। किंतु कुछ गिने-चुने व्यसनमुक्ति केंद्र छोड़कर महाराष्ट्र में व्यसनमुक्ति के इलाज सहज रूप से उपलब्ध नहीं होते हैं, यह भी एक वास्तविकता है।

मनुष्य जीवन में आयु के विविध मोड़ पर अलग-अलग मनोविकार दिखाई देते हैं। बचपन में मंदबुद्धि दोष, किशोरावस्था तथा युवावस्था में बढ़ती आत्महत्या की प्रवृत्ति, मध्यवर्ग में बढ़नेवाले पारिवारिक तनाव, दाम्पत्य जीवन में होनेवाले संघर्ष और बुढ़ापे का अकेलापन, उदासीनता, याददाश्त कमजोर होना जैसी कई बीमारियाँ मनुष्य के जीवन की विभिन्न अवस्थाओं पर हो सकती हैं।

सन् 2007 में मेडिकल से संबंधित पत्रिका 'लैन्सेट' ने अपने इतिहास में पहली बार 'विश्व का मानसिक स्वास्थ्य' इस विषय पर केंद्रित विशेषांक निकाला। इसमें मनोविकारों से पीड़ित लोगों की बढ़ती संख्या, इलाज की सीमित सुविधाएँ, लिहाजा मरीज का बड़ी मात्रा में इलाज के बिना रहना जैसी स्थितियों का वर्णन 'मानवता की हार' कहकर किया है।

उपर्युक्त विवेचन भले ही सही हो किंतु फिर भी स्थिति इतनी भी बुरी नहीं है। 'विश्व स्वास्थ्य संगठन' की सन 2001 की 'विश्व मानसिक स्वास्थ्य रपट' और 'लैन्सेट' के सन 2007 के मानसिक स्वास्थ्य विषय पर केंद्रित विशेषांक के परिणामस्वरूप अब विभिन्न देश मानसिक स्वास्थ्य के संदर्भ में सचेत हो रहे हैं। आज विश्व के ज्यादातर राष्ट्रों में स्वास्थ्य से संबंधित बजट में से मात्र 2 या 3 प्रतिशत बजट मानसिक स्वास्थ्य पर व्यय किया जाता है। किंतु समाज में निहित स्वास्थ्य प्रणाली में मानसिक स्वास्थ्य का हिस्सा देखते हुए यह बजट लगभग 15 प्रतिशत तक करना जरूरी है। विश्व के कई राष्ट्र इस दृष्टि से प्रयास कर रहे हैं।

किसी भी बीमारी का इलाज ज्यादा से ज्यादा लोगों तक पहुँचाने के लिए उस बीमारी का निदान जल्द होना और उस पर प्रभावी इलाज उपलब्ध होना जरूरी है। मानसिक विकार निदान के लिए बहुत कठिन होते हैं। उग्र प्रकार के मानसिक विकार, व्यसनाधीनता, मंदबुध्दि दोष तथा मिरगी इन चार मानसिक विकारों को बाह्य लक्षणों के आधार पर कोई भी पहचान सकता है, तो अधिकांश सौम्य मनोविकारों में पीड़ित व्यक्ति के बर्ताव में आया बदलाव नजदीकी रिश्तेदार तथा दोस्त अच्छी तरह से पहचान सकते हैं। किंतु फिर भी इस विषय के संदर्भ में अज्ञान तथा मनोविकार से जुड़ी अपराधबोध की भावना के कारण मानसिक विकारों का निदान होने में बड़ी देर लगती है। मानसिक विकारों के संदर्भ में प्रभावी जनचेतना से ही ये खामियाँ दूर की जा सकती हैं।

दूसरा हिस्सा है इलाज के सार्वत्रिकीकरण का। आज तक मनोविदों की कम संख्या इलाज के सार्वत्रिकीकरण के लिए की कठिनाई थी। किंतु इस समस्या के

समाधान के लिए फैमिली डॉक्टर, जनरल फिजीशियन तथा प्राथमिक स्वास्थ्य केंद्र में निहित डॉक्टर आदि को मानसिक विकारों के निदान एवं इलाज करने के लिए प्रशिक्षित करने की नीति पिछले कुछ वर्षों से तेजी से बढ़ रही है। 'विश्व स्वास्थ्य संगठन' और 'वर्ल्ड एसोसिएशन ऑफ फैमिली फिजीशियंस' ने इस प्रकार की बीमारियों के इलाज के संदर्भ में एक बहुत उपयुक्त पुस्तक प्रकाशित की है। अफ्रीका द्वीप समूह तथा दक्षिण अमरीका के कुछ देश इस नीति का बड़े प्रभावी तरीके से इस्तेमाल कर रहे हैं। इससे निश्चित ही मनोविकारों का निदान करने के लिए सहायता होती है, साथ ही डॉक्टर की ओर जाने के लिए मरीज को किसी भी प्रकार की अपराधबोध की भावना न होने के कारण डॉक्टर की सहायता कारगर साबित होती है। फैमिली डॉक्टर को मरीज के परिवार से संबंधित काफी संदर्भों की जानकारी होने के कारण मनोविकारों की चिकित्सा के लिए अच्छी सहायता हो सकती है।

हमारे देश के राष्ट्रीय मानसिक स्वास्थ्य कार्यक्रम में भी यही नीति अपनाई गई है। देश की आज तक की राष्ट्रीय परियोजना की तरह ही इस परियोजना का अनुपालन भी आज तक केवल कागजी तौर पर हुआ है। किंतु विगत दो साल से केंद्र सरकार ने 'राष्ट्रीय मानसिक स्वास्थ्य कार्यक्रम' का अमल प्रभावशाली ढंग से करने के लिए इरादतन प्रयास किए हैं। देश के मुख्य दस महाविद्यालयों के मनोविकार विज्ञान विभाग को बड़ी आर्थिक सहायता देकर मनोविकार विज्ञान में विशेषज्ञ निर्माण करने की दृष्टि से कोशिश करने के साथ, नए-नए प्रयोग करने के लिए प्राथमिकता दी गई है। सरकार की अन्य नीतियों की तरह इस नीति का भी भविष्य क्या होगा, यह कोई भी निश्चित नहीं कह सकता, किंतु कई सालों की उपेक्षा के बाद मानसिक स्वास्थ्य का प्रश्न सार्वजनिक स्वास्थ्य के क्षेत्र में चर्चा का विषय बना है, यह भी अच्छी उपलब्धि है।

भारत के मानसिक स्वास्थ्य की 80 प्रतिशत सुविधाएँ निजी क्षेत्र में हैं तो केवल 20 प्रतिशत सुविधाएँ सार्वजनिक क्षेत्र में हैं। आनेवाले समय में दोनों क्षेत्र एक-दूसरे के साथ समन्वय स्थापित कर सेवा देना तय करें तो मनोविकार चिकित्सा की अधिकतम सुविधाएँ समाज के लिए मुहैया कराना संभव है।

भारत में मानसिक स्वास्थ्य के क्षेत्र में बढ़नेवाली स्वयंसेवी संस्थाओं की संख्या भी एक सकारात्मक पहल है। मानसिक स्वास्थ्य के संदर्भ में जाग्रति लाना, लोगों को इलाज का महत्त्व समझाना, कुछ स्थानों पर कम दाम में इलाज मुहैया कराना ऐसे अच्छे कार्य ये संस्थाएँ करती हैं।

किंतु इन तमाम बातों से ऊपर उठकर समाज के सभी नागरिकों को खुद के मानसिक स्वास्थ्य के प्रति सचेत रहना बहुत जरूरी है। मानसिक विकार की ओर अपराधबोध के भाव से न देखते हुए, 'बेहतर भविष्य के लिए सकारात्मक दृष्टि

से किया गया निवेश' इस रूप में देखने की दृष्टि बनानी चाहिए। जिससे समाज के मानसिक स्वास्थ्य के हालात बेहतर होंगे और समाज से अंधविश्वास का कटु प्रभाव कम होगा ऐसी उम्मीद है। जिन्हें मानसिक स्वास्थ्य तथा मानसिक विकार के बारे में जानने की इच्छा है, उनके लिए अगले अध्याय में दी हुई जानकारी उपयुक्त होगी ऐसा विश्वास है।

उदासीनता और मूड से जुड़े विकार

असरदार दवाइयों के कारण संक्रामक बीमारियाँ नियंत्रण में आ रही हैं लेकिन उदासीनता, दिल की बीमारी जैसी असंक्रामक बीमारियों का महत्त्व बढ़ रहा है। किसी बीमारी की विश्वपटल पर होनेवाली परिणामकारकता को समझने के लिए उस बीमारी से कितने लोगों की मृत्यु हुई, इस एक ही तथ्य को न देखकर उस बीमारी का मनुष्य के जीवन स्तर पर क्या असर हुआ, इस पर ज्यादा ध्यान दिया जा रहा है। विश्व स्वास्थ्य संगठन की चेतावनी के अनुसार सन 2020 में मनुष्य के समग्र जीवन में भयावह परिणाम करनेवाली बीमारियों की सूची में उदासीनता बीमारी दूसरे नंबर पर होगी। समाज में किसी भी समय जाँच करने से 10 से 15 प्रतिशत लोगों में उदासीनता की बीमारी दिखाई देती है। पुरुषों की तुलना में महिलाओं में इस बीमारी की मात्रा ज्यादा है। आगे हम उदासीनता और मानसिकता से संबंधित बीमारी के संदर्भ में कुछ जानकारी प्राप्त करेंगे।

पिछले छः महीनों से बेवजह मेरी आँखें भर आती हैं। कभी-कभी तो रोना ही आ जाता है। मन में हमेशा उदासी छाई रहती है। सब कुछ ठीक होने के बावजूद ऐसा क्यों होता है?

मन में किसी प्रकार का तनाव रहने के बाद रोना आना मनुष्य की सहज प्रवृत्ति है, किंतु किसी भी प्रकार का तनाव न होते हुए भी रोना आना या चिड़चिड़ापन आना यह उदासीनता की बीमारी का आरंभ हो सकता है। यह उदास मनोवस्था अगर लंबी अवधि तक (सामान्यतः 3 माह से अधिक समय तक) कायम रहती है या उसकी तीव्रता सामान्य स्थिति की तुलना में अधिक है तो हम इस प्रकार को 'अवसाद' या 'डिप्रेशन' कहते हैं।

दिन में कई बार उदासी महसूस होना यह अवसाद का प्राथमिक लक्षण है। सामान्यतः जिन विषयों में हमारी विशेष रुचि होती है उन विषयों में रुचि कम होना या थोड़े से शारीरिक श्रम से ही थकान महसूस होना ये भी अवसाद के मुख्य लक्षण हैं। उपरोक्त लक्षणों के सिवाय नींद न लगना या जल्द ही नींद खुलना, भूख की

कमी, संभोग की अनिच्छा जैसे शारीरिक लक्षण भी अवसाद की बीमारी में दिखाई देते हैं। डिप्रेशन के उपप्रकार में जिसे 'अनटिपिकल डिप्रेशन' कहते हैं, नींद तथा भूख बढ़ने के लक्षण भी दिखाई देते हैं। ऐसी बीमारी की तीव्रता बढ़ती है तो कभी-कभी व्यक्ति के मन में आत्महत्या के विचार आते हैं और आत्महत्या की संभावना भी बढ़ती है। हमेशा अकेलेपन का एहसास होता है और भविष्य अंधकारमय लगता है। ये चीजें भी अवसाद की तीव्रता को दर्शाती हैं।

अधिकांश मनोविकार जैविक, मानसिक एवं सामाजिक कारणों के योग से पैदा होते हैं, मस्तिष्क के जैविक बदलाव के कारण आनेवाली मानसिक उदासी को 'जैविक उदासीनता' (इन्डोजिनस डिप्रेशन) कहते हैं। निम्न मध्यवर्गीय महिलाओं में इस बीमारी की मात्रा ज्यादा है। उदासीनता के जैविक कारणों में आनुवंशिकता का महत्त्वपूर्ण हिस्सा है। जिस व्यक्ति के खून के रिश्तेदारों में उदासीनता की बीमारी पिछली कुछ पीढ़ियों से है, उस व्यक्ति को यह बीमारी अन्य व्यक्तियों की तुलना में तेजी से होने की संभावना ज्यादा होती है।

शारीरिक बीमारियों में डायबिटीज, ब्रेन ट्यूमर, मिरगी, थायराइड जैसी बीमारियाँ आदि में भी अवसाद बढ़ता है। इसे शारीरिक कारणों से आनेवाली उदासीनता (ऑर्गैनिक डिप्रेशन) कहते हैं। यह उदासी तनाव के कारण आनेवाली उदासी की तुलना में भिन्न होती है। अवसाद के भावनिक कारणों में रिश्तों में बढ़ता तनाव, व्यक्ति का स्वभाव दोष आदि आते हैं, तो सामाजिक कारणों में गरीबी, जीवन में आई असफलता का समावेश होता है। ऐसे तीनों प्रकार के कारणों के कम-अधिक मात्रा में हुए संयोग से उदासीनता का रसायन तैयार होता है।

मन की प्रसन्नता के लिए मैंने संगीत सुनने का प्रयास किया, योगा क्लास भी किया, दिन भर काम में खुद को व्यस्त रखा किंतु मेरी मानसिकता में कोई विशेष अंतर नहीं आया है। मुझे जल्द ही पूर्ववत स्वास्थ्य प्राप्त करना है। इस अवसाद की बीमारी का क्या कुछ इलाज है?

अवसाद की बीमारी के लिए अब कई प्रकार के असरदार इलाज उपलब्ध हैं। अवसाद कम करनेवाली दवाइयों के साथ ही, बीमारी का स्वरूप समझना तथा विवेकनिष्ठ उपचार पद्धति (रैशनल इमोटिव बिहेविअर थेरेपी) जैसी मानसिक इलाज पद्धति का प्रयोग करना, ऐसे कई विकल्प आज हमारे सामने हैं।

जैविक कारणों से होनेवाली उदासी दूर करने के लिए अवसाद कम करनेवाली (एंटीडिप्रेसेंट) दवाओं का प्रयोग किया जाता है। ये दवाइयाँ मस्तिष्क के 'सिरोटोनिन' और 'नॉरइपिनेफ्रिन' इन द्रवों का असंतुलन कम करने का काम करती हैं। अवसाद का इलाज करनेवाली ये दवाइयाँ भले ही 8 से 10 दिनों में असर दिखाती हों किंतु

फिर भी इस बीमारी से पूरी तरह मुक्ति के लिए 6 से 8 सप्ताह दवाइयाँ लेना अनिवार्य हो जाता है। सामान्यत: दवाइयों की मात्रा धीरे-धीरे बढ़ानी पड़ती है, इसलिए शारीरिक बीमारी के इलाज की तुलना में मानसिक बीमारी पर किए जानेवाले इलाज के बदलते स्वरूप के बारे में मरीज को समझाना होता है। अवसाद कम करनेवाली कई प्रकार की दवाइयाँ आज बाजार में उपलब्ध हैं। इसलिए किसी एक दवा से इलाज न होने पर दवा बदलकर, दो तथा दो से अधिक दवाइयों को एक साथ देना यह भी इलाज का विकल्प हो सकता है। व्यक्ति के स्वभाव दोष से या पारिवारिक तनाव से निर्मित अवसाद में दवाइयों के साथ-साथ परामर्श (काउंसिलिंग) और विचारों में बदलाव के लिए प्रयोग में लाई जाने वाली 'विवेकनिष्ठ चिकित्सा पद्धति' का प्रयोग किया जाता है।

निजी स्तर पर योगाभ्यास, संगीत सुनना जैसी क्रियाओं से भी अवसाद कम करने के लिए लाभ होता है। किंतु अमूमन दवाइयों के प्रभाव से बीमारी कम हो रही है तो ही उपरोक्त चीजों का लाभ होता है। अवसाद की बीमारी एक बार होने पर मरीज को 9 से 12 महीनों तक का इलाज लेना पड़ता है। आरंभिक 3 से 4 महीनों में भले ही बीमारी के लक्षण कम दिखने लगें फिर भी इलाज का नियत कोर्स पूरा करना जरूरी हो जाता है क्योंकि अवसाद की बीमारी दुबारा हो सकती है। दवाइयों की पूरी मात्रा लेने के बाद इस बीमारी के दुबारा होने की संभावना बहुत कम हो जाती है।

अवसाद की बीमारी के कारण मनुष्य की कार्यक्षमता बड़ी मात्रा में कम हो जाती है। इस बीमारी की वजह से कम होनेवाली कार्यक्षमता का कुल हिसाब लगाया जाए तो समग्र जीवन में से 6 से 7 साल की यह कार्यक्षमता होती है। उदासी भले ही ठीक होने वाली बीमारी हो किंतु वह दुबारा लौट भी सकती है। किंतु उचित देखभाल से इसे नियंत्रण में रखा जा सकता है।

मेरी सहेली के युवा लड़के की छ: माह पहले सड़क दुर्घटना में मृत्यु हुई। आज भी उसकी आँखों से आँसुओं की झड़ी कम नहीं हो रही है। बीच-बीच में उसे लड़के से बातचीत का भ्रम होता है। वह अकेली-अकेली रहती है और खुद की देखभाल भी ठीक तरह से नहीं कर पाती। क्या हुआ है मेरी सहेली को? उसका रुदन रुकता क्यों नहीं?

नजदीकी रिश्तेदार की मृत्यु से मनुष्य के मन को बहुत बड़ा सदमा पहुँचता है और उस पर घोर निराशा छा जाती है। जज्बातों का बांध टूटने से होनेवाली यह स्वाभाविक प्रतिक्रिया है। यदि यह मृत्यु असमय और आकस्मिक है तो दुख की तीव्रता अधिक हो सकती है। मृत व्यक्ति से जुड़ा जज्बाती रिश्ता और हमारा

स्वभाव, इसी पर शोक की तीव्रता और समय सीमा निर्भर करती है। नैसर्गिक क्रम में नजदीकी व्यक्ति की मृत्यु के बाद महसूस होनेवाला दुख सामान्यत: एक-दो माह में कम हो जाता है। बदले हुए हालात से मनुष्य समझौता करने लगता है। परिणामस्वरूप उस व्यक्ति के जीवन में हर्ष की भावना का दुबारा अनुभव लेने और नये रिश्ते जोड़ने की मन की तैयारी होने की प्रक्रिया घटित होती है। किंतु नैसर्गिक दृष्टि से होनेवाली दुख निवारण प्रक्रिया में कोई बाधा आ जाए या अवरोध उत्पन्न हो जाए तो आपकी सहेली जैसी स्थिति उत्पन्न हो सकती है। कई बार ये लक्षण अवसाद की बीमारी के करीब जानेवाले लगते हैं तो कुछ समय इसमें केवल भ्रम की स्थिति भी हो सकती है। ऐसी स्थिति में उस व्यक्ति को मनोविकार विशेषज्ञ की सहायता जरूरी हो जाती है।

किंतु इस हालत में मनोविकार विशेषज्ञ भला क्या इलाज कर सकता है?

शोक की प्रक्रिया में मानसिक स्तर की कई बातें अपने आप हो जाती हैं। हमारे समाज में शोकग्रस्त व्यक्ति के दुख में परिवारजन तथा करीबी लोग शामिल होते हैं, इसलिए शोकग्रस्त व्यक्ति को अकेलापन महसूस नहीं हो पाता। सामाजिक तथा धार्मिक कर्मकांडों में कुछ अवैज्ञानिक बातें भले ही घटित होती हों, इसके बावजूद शोकग्रस्त व्यक्ति की मानसिकता को सहारा देनेवाली कुछ बातें भी घटित होती हैं। किंतु आपकी सहेली की हालत को देखते हुए ऐसा लगता है कि उन्हें इतना इलाज पर्याप्त नहीं है। एक ओर उदासी कम हो इसलिए दवाइयों और परामर्श इन दोनों चीजों की उन्हें जरूरत है।

शोकाकुलता से मुक्ति के लिए प्रयोग में लाई जाने वाली परामर्श पद्धति को 'ग्रीफ काउंसिलिंग' कहते हैं। इसमें मृत व्यक्ति और शोकग्रस्त व्यक्ति के बीच के रिश्ते पर बल दिया जाता है। इसमें शोकग्रस्त व्यक्ति को यह समझाने की कोशिश की जाती है कि मृत व्यक्ति से जुड़ी भावनाएँ उसकी मृत्यु के बाद भी कायम रखी जा सकती हैं। जैसे, मृत व्यक्ति के नाम से किसी अभावग्रस्त व्यक्ति की मदद करना। इस प्रकार उस शोकग्रस्त व्यक्ति को मृत्यु की कड़वी सचाई को धीरे-धीरे स्वीकार करने में मदद की जाती है। कभी-कभी मृत व्यक्ति से अंतिम भेंट होना बाकी रह जाता है तो मृत व्यक्ति के नाम पत्र लिखकर अपनी भावनाओं को अभिव्यक्त करने की सूचना देना और अंतिम विदाई लेने को कहकर भी यह कार्य किया जा सकता है। ऐसी गतिविधियों से शोक की अधूरी प्रक्रिया पूरी होने के लिए मदद मिलने के कारण शोकग्रस्त व्यक्ति की ठहरी हुई जिंदगी आगे बढ़ने लगती है। ऐसी इलाज पद्धतियाँ, मानसोपचार तज्ञ की सहायता से आपकी सहेली के साथ भी आजमाकर, उन्हें अपना पूर्ववत जीवन जीने के लिए मदद की जा सकती है।

हमारी कालोनी में बाईस साल के एक लड़के ने फाँसी लगाकर आत्महत्या की। मुझे हमेशा यह सवाल सताता है कि खुद को जी-जान से चाहने वाला मनुष्य आत्महत्या के लिए क्यों प्रेरित होता है?

आत्महत्या करके अपना जीवन समाप्त करने की चरम सोच मन में पैदा होना यह बहुत बड़ी मानसिक बीमारी का सूचक है। जीने का तनाव असह्य होने पर चंद व्यक्ति आत्महत्या जैसे अंतिम छोर का विचार करते हैं। समाज के लगभग 60 से 70 प्रतिशत लोगों के मन में कभी न कभी जीवन समाप्त करने का विचार आता ही है। किंतु यह विचार तात्कालिक होता है और अमूमन एक-दो दिन में चला भी जाता है। किंतु हमेशा खुदकुशी के विचार मन में आना या वैसी कृति की योजना बनाना यह बात निश्चित ही किसी न किसी मानसिक बीमारी का लक्षण है। तीव्र प्रकार की अवसाद की बीमारी में आत्महत्या का विचार मन में आता है। वैसे ही चिंता से जुड़ी बीमारियों, सिजोफ्रेनिया, नशाखोरी आदि से ग्रस्त लोगों में भी आत्महत्या की मात्रा आम व्यक्ति की तुलना में अधिक होती है। खुदकुशी का विचार मन में उत्पन्न होने की मात्रा भले ही पुरुषों की तुलना में महिलाओं में ज्यादा हो, इसके बावजूद मन में आए विचारों पर प्रत्यक्ष अमल करने की मात्रा पुरुषों में ज्यादा होती है। डॉक्टर, पत्रकार, वकील आदि चंद विशिष्ट व्यवसाय से जुड़े व्यक्तियों में भी खुदकुशी की मात्रा अन्य लोगों की तुलना में अधिक होती है।

खुदकुशी के विचारों की अलग-अलग स्तर पर समीक्षा की जा सकती है। आनुवंशिकता खुदकुशी का एक महत्त्वपूर्ण कारण हो सकता है। चर्चित उपन्यासकार हेमिंग्वे की लगातार पाँच पीढ़ियों में खुदकुशी की घटना घटित होने से यह सचाई सामने आई है। कुछ विशिष्ट जनुकीय दोष के कारण मन में खुदकुशी के विचार आने की संभावना बढ़ती है। इसके कुछ सबूत मिले हैं। साथ ही मस्तिष्क के 'सिरोटोनीन' नामक द्रव के स्तर में गिरावट होने के कारण भी खुदकुशी का विचार मन में आ सकता है।

मानसिक स्तर पर देखा जाए तो हमारी इर्द-गिर्द के समाज के प्रति क्रोध की भावना का स्वयं पर परावर्तित होना और उससे खुद को तकलीफ देना यह भी खुदकुशी का एक कारण है। मान-सम्मान की पराकाष्ठा की धारणा, स्वभाव में निहित उतावलापन, खुद की भावनाओं को वश में रखने के कौशल की कमी ऐसे कई मानसिक कारणों की वजह से भी मनुष्य खुदकुशी का विचार कर सकता है।

कुछ सामाजिक कारणों की वजह से भी कोई व्यक्ति खुदकुशी करने की सोच सकता है। जैसे महाराष्ट्र, आंध्र प्रदेश राज्यों में किसानों द्वारा आर्थिक विपन्नता के कारण की हुई खुदकुशियाँ।

लेकिन खुदकुशी के विचार मन में आनेवाले व्यक्ति का इलाज आप कैसे करते हैं?

मनोविज्ञान में इमर्जेन्सी समझे जानेवाले लक्षणों में खुदकुशी का विचार मन में आता है, क्योंकि उसका सीधा संबंध जीवन तथा मृत्यु के साथ होता है। इलाज की आरंभिक अवस्था में मरीज के मन में आनेवाले खुदकुशी के विचार एवं उसकी तीव्रता की जाँच की जाती है। बचपन में ही या उम्र के साठ साल होने के बाद व्यक्ति के मन में खुदकुशी के विचार आ रहे हैं तो खतरे की संभावना ज्यादा होती है, क्योंकि बचपन में खुदकुशी के खतरों के बारे में अंदाज गलत होने की संभावना रहने के कारण या स्वभाव के उतावलेपन के कारण खतरा ज्यादा रहता है, तो बुढ़ापे में मन में आए हुए विचारों का नियोजन कर पूरा करने का अनुभव बढ़ने के कारण यह खतरा ज्यादा रहता है। साथ ही रिश्तों के पाश कम हों तो खुदकुशी के विचारों का खतरा और भी बढ़ता है।

कोई व्यक्ति खुदकुशी के विचारों के भी आगे जाकर प्रत्यक्ष रूप से खुदकुशी करने की योजना बना रहा है तो वह तीव्रता का लक्षण माना जाता है। जैसे, जहर कहाँ से खरीदना है? उसे कहाँ पीना है? यह विचार मन में आना। जायदाद का प्रबंध करना या भविष्य में मैं नहीं रहूँगा इस आशय की बातें करना इन लक्षणों को भी गंभीरता से लेना जरूरी है। अगर इस प्रकार की तीव्र भावना किसी व्यक्ति के मन में खुदकुशी के बारे में सोचते समय आ रही है तो उसे शीघ्र ही अस्पताल में दाखिल कराना पड़ता है। मरीज के इलाज में उसकी भावनिक अस्वस्थता और निराशा कम करने वाली दवाइयाँ देना महत्त्वपूर्ण है। उसी के साथ रिश्तेदारों को भी बीमारी का स्वरूप समझाया जाता है, क्योंकि मरीज पर हमेशा ध्यान रखना होता है। उसके पास कोई जहरनुमा औषधि, जानलेवा वस्तु, रस्सी ऐसी चीजें नहीं रखनी चाहिए, ऐसी कुछ सूचनाएँ रिश्तेदारों को दी जाती हैं।

कुछ परिस्थितियों में खुदकुशी के विचारों की तीव्रता बड़ी मात्रा में दिखाई दे रही है तो 'इलेक्ट्रोकन्वलजिव थेरेपी' (ईसीटी) का प्रयोग किया जाता है। सामान्यत: एक दिन के अंतराल से 6 से 8 बार ईसीटी का इलाज किया जाता है। इन तमाम बातों के साथ ही जीवन के प्रति सकारात्मकता को बढ़ाने के लिए मनोवार्ता भी महत्त्वपूर्ण है। परिवारजनों से अगर सहारे की भावना प्रबल हो तो भी खुदकुशी का विचार मन से कम होने में मदद मिलती है।

तनाव नियंत्रण की पद्धति मरीज को सिखाना, स्वभाव दोष कम करने की कोशिश के लिए मार्गदर्शन करना इन बातों का भी इलाज में महत्त्व होता है।

सौम्य तथा मध्यम तीव्रता के खुदकुशी के विचार मन में लानेवाले व्यक्ति को अस्पताल में दाखिल कराए बिना भी उस का इलाज किया जा सकता है। ऐसे

व्यक्ति के मन में खुदकुशी के विचारों की तीव्रता बढ़ गई तो उसे शीघ्र ही अस्पताल में दाखिल कराने की सूचना उसके रिश्तेदारों को देनी होती है। इस प्रकार उचित इलाज की सहायता से अधिकांश व्यक्तियों के मन में आए खुदकुशी के विचारों को रोकने के लिए इलाज किया जा सकता है।

मेरी चचेरी बहन वनिता 20 साल की है। उसकी मर्जी के खिलाफ कुछ भी होता है तो वह खुदकुशी की धमकी देती है। एक-दो बार तो उसने ब्लेड से अपनी कलाई काट ली थी। वह ऐसा बर्ताव क्यों करती है? क्या आप उसकी कुछ मदद कर सकते हैं?

जो व्यक्ति बार-बार खुदकुशी की धमकी देता है या वैसा प्रयास करता है, तो वह यह सब जानबूझकर या ढोंग कर रहा है या फिर नौटंकी कर रहा है ऐसी भावना समाज में रहती है। मनोविज्ञान के अनुसार यह स्थिति मन में हुई गड़बड़ी, अस्वस्थता और अस्थिरता का मिश्रण होती है। कुछ विशेष स्वभाव दोषवाले व्यक्तियों में अक्सर आत्महत्या की धमकी देने की या कोशिश करने की प्रवृत्ति दिखाई देती है। बहुत बार ऐसा होता है कि वे लोग दी हुई धमकी पर अमल नहीं करते हैं और अमल करने की कोशिश भी करते हैं तो जिससे जान न जाए ऐसी कोई सौम्य कृति वे लोग करते हैं। जैसे, नींद की पाँच-छ: गोलियाँ खाना। ऐसी बातें हमेशा घटित होती हैं तो ऐसा व्यक्ति अपने नजदीकी रिश्तेदारों तथा मित्रों की सहानुभूति खो देता है, किंतु उचित इलाज न मिलने पर आपकी चचेरी बहन के जैसे लक्षण दिखानेवाले व्यक्ति का खुदकुशी करने का धोखा ज्यादा रहता है।

खुदकुशी का प्रयास करना यह अपनी मानसिक बीमारी की ओर समाज का ध्यान आकर्षित करने का एक रुग्ण मार्ग है। हमें उस व्यक्ति की ओर 'एक बीमार मन के व्यक्ति ने सहायता की याचना में की गुहार' की दृष्टि से देखना और उस व्यक्ति की अस्वस्थ मानसिकता को समझना बहुत जरूरी होता है। पिछले प्रश्न के उत्तर में दी हुई अधिकांश इलाज की पद्धतियों का प्रयोग आपकी बहन के जैसी स्थिति प्राप्त हुए मरीज के लिए किया जा सकता है। इन तमाम बातों से आगे जाकर बीमार व्यक्ति को खुद अपनी मानसिक अस्वस्थता को समझना तथा उसका उचित पद्धति से क्रियान्वयन कराना जरूरी है। अपनी मानसिकता में निहित जटिलताओं को दूर करने के लिए भी ऐसे मरीज को सहायता की जरूरत हो सकती है, इसलिए आपको बहन को हो रही तकलीफ को नजरअंदाज न करके समय रहते ही मनोविकार विशेषज्ञ की सहायता लेना जरूरी है।

व्यक्ति की खुदकुशी के पीछे सामाजिक कारण भी हो सकते हैं, ऐसा आपने कहा। विदर्भ में इतनी बड़ी मात्रा में किसानों ने खुदकुशी की, उनके मानसिक-सामाजिक कारणों को किस तरह से समझा जा सकता है?

किसी व्यक्ति के मन में खुदकुशी के विचार निर्माण होने का मानसिक-सामाजिक विश्लेषण 'स्ट्रेस-वल्नरैबिलिटी' यानी एक ओर माहौल का तनाव तो दूसरी ओर उस व्यक्ति की उस तनाव का शिकार होने की प्रवृत्ति, इस मॉडल के जरिए किया जाता है।

किसानों की खुदकुशी के लिए कई महत्त्वपूर्ण सामाजिक संदर्भ हैं। जैसे, वैश्वीकरण की प्रक्रिया में किसानों के लिए उचित माहौल का न होना, कपास के दाम का प्रश्न, किसानों के उत्पादन के उचित दाम के प्रति सरकार की असंवेदनशीलता आदि। किंतु 'स्ट्रेस-वल्नरैबिलिटी' मॉडल के तहत जिस व्यक्ति को जैविक तथा मानसिक स्तर के तनाव का शिकार होने की प्रवृत्ति है, ऐसे स्वभाव के व्यक्ति सामाजिक दूषित माहौल में खुदकुशी का निर्णय लेने की सोचते हैं। खुदकुशी करनेवाले किसानों के परिवार में व्यसनाधीनता या आर्थिक विपन्नता में भी शादी-ब्याह पर बड़ी मात्रा में खर्च करना ऐसी मानसिक अस्वस्थता या निर्णय क्षमता के अभाव के लक्षण दिखाई देते हैं।

डरहैम नामक समाजशास्त्री ने खुदकुशी करने के पीछे के मानसिक-सामाजिक कारणों का मूलगामी विश्लेषण किया है। उनकी राय से मानसिक-सामाजिक स्तर पर खुदकुशी के तीन प्रकार हैं। जिस समाज में एकता की भावना का लोप हो चुका है, ऐसे समाज के निम्न तबके के व्यक्ति समाज से कट जाने की भावना से खुदकुशी करते हैं। इस प्रकार की खुदकुशी में मानसिक स्तर पर विद्रोह की भावना नहीं होती बल्कि उसमें केवल अपने आप को खत्म करने की भावना होती है। इसे डरहैम अनामिक खुदकुशी कहता है। दूसरे प्रकार की खुदकुशी वह होती है जब किसी समाज में अत्यधिक मात्रा में एकता की भावना निर्मित होती है। उस समाज में समाज के लिए प्राणों का बलिदान करना इस भूमिका से भी खुदकुशी की जाती है। जैसे, कुछ इस्लामी या तमिल समाजी लोगों में दिखने वाला 'आत्मघात का पथक' जिसे डरहैम 'त्याग भाव से खुदकुशी' कहता है। विदर्भ के किसानों में दिखाई देनेवाली खुदकुशी डरहैम की अस्मित बोध से की खुदकुशी के प्रकार की है। इसमें कनिष्ठ समाज का व्यक्ति वरिष्ठ समुदाय के द्वारा दिखाई गई असंवेदनशीलता का निषेध करने हेतु खुदकुशी का मार्ग स्वीकार करता है।

इस प्रकार की खुदकुशी के पीछे एक स्तर पर निराशा एवं खुद को समाप्त करने की भावना तो होती है, साथ ही विद्रोह की भावना होती है। मेरी मृत्यु के बाद मेरे समुदाय की समस्याओं की ओर समाज का ध्यान आकर्षित होगा यह भावना भी होती है।

खुदकुशी के कारण भले ही अलग हों किंतु उनमें अंतिम निर्णय मानसिक स्तर पर ही होता है। इसलिए किसानों की बड़ी मात्रा में हो रही खुदकुशी को रोकने के लिए कुछ विशिष्ट इलाज पद्धतियाँ भी प्रयुक्त की जा सकती हैं। जैसे, खुदकुशी की भावना मन में लानेवाले व्यक्ति की सहायता के लिए शीघ्र सहयोग करनेवाली हेल्पलाइन शुरू करना, उसके लिए मानसिक समुपदेशन की सुविधा मुहैया कराना, समाज में जानलेवा कीटनाशकों की सहज उपलब्धता पर रोक लगाना। ऐसे कुछ सामाजिक स्तर पर किए जानेवाले इलाज भी सीमित मात्रा में परिणामकारक हो सकते हैं।

हमारे पड़ोसी चंदू के दिमाग पर कुछ असर हुआ था। वह तीन माह पूर्व अचानक बड़बड़ाने लगा, बड़ी-बड़ी बातें करने लगा। 'मैं महाराष्ट्र का मुख्यमंत्री होनेवाला हूँ', ऐसा कहने लगा। उसका रहन-सहन अचानक बदल गया। यह कैसी बीमारी है?

चंदू को जो मनोविकार हुआ है उसे हर्षवायु कहते हैं। हर्ष की भावना मर्यादा से ज्यादा बढ़ जाना और उसी स्थिति में यह भावना कुछ दिन रहना उसे हर्षवायु विकार कहा जाता है।

इस मनोविकार में स्वाभाविक रूप से व्यक्ति ज्यादा और वह जोर-जोर से बोलने लगता है। अपरिचित व्यक्ति से भी वह नि:संकोच होकर बोलने लगता है। उत्साह बढ़ने के कारण पैसा खर्च करना, खरीदारी करना, ऊँची रहन-सहन ऐसी बातें वह करने लगता है। उसका आत्मविश्वास अचानक बढ़ जाता है। कई बार उसका पर्यावसन खुद की क्षमताओं के भ्रम में हो जाता है। मैं महाराष्ट्र का मुख्यमंत्री होनेवाला हूँ, यह जो चंदू को लग रहा है वह ऐसा ही प्रकार है।

उत्साह की मात्रा बढ़ने से धोखे की भावना कम होती है, जल्द ही गुस्सा आने लगता है। इस कारण सामान्य रूप से बोलचाल का भी झगड़े में परिवर्तन होता है। कई बार झगड़ा मारपीट तक बढ़ता है, साथ ही तंबाकू, शराब जैसी बुरी चीजों की लत भी इसी समय लग सकती है। हर्षवायु तीव्र स्वरूप का मानसिक विकार माना जाता है।

क्या अब चंदू ऐसा ही रहेगा या वह ठीक हो सकता है?

हर्ष की बीमारी की बहुत उच्चकोटि की दवाइयाँ अब बाजार में उपलब्ध हैं। अगर बीमारी की तीव्रता ज्यादा है, मरीज खुद के लिए या समाज के लिए हानिकर लग रहा है तो उसे अस्पताल में दाखिल करके उसका इलाज किया जाता है। हर्षवायु

की बीमारी में प्रयुक्त की जानेवाली दवाइयों को 'मानसिकता स्थिर रखने वाली दवाइयाँ' (मूड स्टैबिलायजर) कहते हैं।

दवाइयों का असर भले ही इलाज शुरू करने के दो-तीन दिन बाद दिखाई देता हो किंतु फिर भी दवाइयों का पूरा असर होने के लिए चार से आठ सप्ताह का समय लगता है। बीमारी नियंत्रण में होने के संकेत भले ही दिखाई देते हों किंतु फिर भी एक से दो साल तक दवाइयों का सेवन करना पड़ता है क्योंकि हर्षवायु बीमारी अमूमन लौटकर आनेवाली बीमारी है।

दवाइयों के साथ ही मरीज के रिश्तेदारों को बीमारी का तथा इलाज का तरीका समझाना और मरीज के साथ वार्तालाप करने का कौशल भी सिखाना जरूरी है। बीमारी के लक्षण नियंत्रण में आने के बाद मरीज को बीमारी के बारे में जानकारी देना, दवाइयों का महत्त्व समझाना जरूरी है। मरीज को अपनी मानसिकता में हो रहे बदलाव को समझने के लिए सक्षम बनाना जरूरी है। इससे बीमारी के लक्षण दुबारा दिखाई देने लगें तो मरीज स्वयं उसे जानकर शीघ्र ही उचित सहायता ले सकता है।

मरीज की बीमारी के कारण परिवार में कुछ समय के लिए तनावपूर्ण माहौल का निर्माण होता है तो समुपदेशन की प्रक्रिया में उस पर भी चर्चा की जाती है। दवाइयों तथा समुपदेशन दोनों के उचित प्रयोग से हर्षवायु के अधिकांश मरीज के लक्षण नियंत्रण में आते हैं।

इलाज के लिए कठिन हर्षवायु की बीमारी भी कई लोगों को होती है। इन मरीजों को उचित तथा असरदार दवाइयाँ देने के बाद भी उन्हें दुबारा हर्षवायु का शिकार होना पड़ता है। ऐसी स्थिति में इलाज करने वाले डॉक्टर, मरीज, उसके परिवारजन सबकी कसौटी होती है। ऐसे हाल में लंबे समय तक मरीज को अस्पताल में रखना, इलाज के लिए कठिन बीमारी के लिए इस्तेमाल की जानेवाली दवाइयों का प्रयोग करना तथा दुर्लक्षित स्वभाव दोष और पारिवारिक तनाव ढूंढ़कर उनका इलाज करना जैसे प्रयास किए जाते हैं।

हमारे शेवते चाचा का जीवन बहुत ही दुविधापूर्ण है। वे कभी बहुत उत्साही रहते हैं, तो कभी बहुत आनंदी दिखाई देते हैं। कभी वे इतने निराश होते हैं कि हम सोच भी नहीं सकते। दिन भर घर बैठना, बिना नहाये बैठे रहना, अपनी नाराजगी में ही दिन बिताना, ये बातें जारी रहती हैं। हमें उनके स्वभाव के बदले हुए स्वरूप को लेकर कुछ भी समझ में नहीं आ रहा है। क्या यह कोई बीमारी है?

सबसे पहले हमें यह समझना होगा कि, शेवते चाचा की जो तकलीफ है वह उनका स्वभाव दोष न होकर एक मानसिक बीमारी है। मनोविकार की भाषा में इसे

'मूड डिसऑर्डर' कहते हैं। इस बीमारी में व्यक्ति कभी अत्यधिक उत्साह तो कभी अत्यधिक निराशा के झूले में झूलता रहता है। आम तौर पर किसी भी व्यक्ति की मानसिकता कभी उत्साही तथा कभी निराशा की रहती है। किंतु इस बीमारी में हर्ष और उदासीनता इन दोनों परस्पर विरोधी भावनाओं की तीव्रता सामान्य व्यक्ति की तुलना में ज्यादा रहती है। इस बात का उस मरीज के रोजमर्रा के कामकाज पर असर पड़ता है। यह बीमारी उम्र के बीस से पच्चीस वर्ष की आयु में शुरू होती है, उचित इलाज न हुआ तो ताउम्र उसे सामान्यत: दस से पंद्रह बार हर्ष तथा उदासीनता के झूले पर झूलना पड़ता है।

'बायपोलार' यानी हर्ष और उदासीनता इन दो सिरे की भावनाओं के झूले पर झूल रहे मूड डिसऑर्डर के लिए असरदार दवाइयाँ उपलब्ध हैं। मरीज की उस समय की मानसिकता के अनुरूप हर्ष या उदासीनता कम करनेवाली दवाइयों का इस्तेमाल इसमें किया जाता है। इसी के साथ मरीज की मानसिकता को स्थिर रखने के लिए 'मूड स्टैबिलायजर' इस दवा का भी इस्तेमाल करना पड़ता है।

यह बार-बार होनेवाली बीमारी होने के कारण मरीज को उसकी मानसिकता स्थिर रखने का प्रशिक्षण देना पड़ता है। 'मूड डायरी' के माध्यम से मरीज यह सब कर सकता है। मूड डायरी में एक से दस तक के नंबर अंकित करके मरीज स्वयं अपनी हर दिन की मानसिकता को लिखता जाता है। जैसे, तीव्र उदासीनता को एक नंबर दिया और तीव्र हर्ष को दस नंबर दिया तो स्वस्थ मानसिकता में मरीज का मूड 4 से 6 रहना जरूरी है। हर दिन का मूड डायरी में अंकित किया तो मूड में होनेवाले बदलाव को जल्द ही समझा जा सकता है और दवाइयों की मात्रा कम-अधिक करके बीमारी को नियंत्रण में रखा जा सकता है।

अन्य मानसिक विकारों के इलाज की तरह इस बीमारी में भी रिश्तेदारों, परिवारजनों का इलाज में सहभाग, तनाव का नियोजन, अपराधबोध की भावना का नियोजन करना आदि बातें जरूरी हैं। इस प्रकार के उचित इलाज के बाद शेवते चाचा निश्चित ही स्थिर जीवन जी सकते हैं।

वैन गॉग जैसे कई चर्चित कलाकारों का मनोविकार होने का इतिहास है। हम यह भी देखते हैं कि कई कलाकार मूडी रहते हैं। ऐसी स्थिति में क्या सृजनात्मकता और मनोविकारों का कुछ संबंध है?

यह निश्चित ही सही है कि कुछ मशहूर कलाकारों को मनोविकार था। जैसे, चर्चित चित्रकार वैन गॉग को मिरगी की बीमारी थी या स्किजोफ्रीनिया, इस पर आज भी चर्चा चल रही है। बहुचर्चित व्यक्तित्व हेमिंग्वे के परिवार में उनके साथ कुल पाँच लोगों ने खुदकुशी की थी। सृजनशीलता के लिए दो बातें बहुत जरूरी होती है।

पहली, अपने इर्द-गिर्द घटित होनेवाली घटनाओं की ओर देखने का संवेदनशील नजरिया और दूसरी बात, वास्तविकता के बंधन से मुक्त होकर काल्पनिकता में विचरण करने की सामर्थ्य। भले ही कलाकार की दृष्टि से ये दोनों बातें कलाकृति की निर्मिति के लिए महत्त्वपूर्ण हों किंतु वे दुधारी तलवार जैसी हैं। कला के विश्व से परे यही भावनिक संवेदनशीलता कलाकार के निजी जीवन और उसके रिश्तों में तनाव निर्माण करनेवाली होती है। इसी तरह कल्पना में रमने के बाद मन के कई बंधन टूट जाते हैं और वास्तविकता का एहसास थोड़ा धीमा होने लगता है। मानसिक विकारों में जब भ्रम और विभ्रम होने लगता है तब यही प्रक्रिया अलग स्तर पर होती है। अत्यधिक संवेदनशीलता और कल्पना की उड़ान इन दोनों भावों को विचारों की दिशा देना यह कलाकार की कृति की दृष्टि से और उसके मानसिक स्वास्थ्य की दृष्टि से भी महत्त्वपूर्ण होता है। इसके समन्वय से ही कला में निहित सृजनात्मकता और अपना मानसिक स्वास्थ्य कलाकार संभाल सकते हैं।

कलाकार का सामान्य स्थिति का स्वभाव और हर्षवायु के समय की स्थिति इन दोनों के बीच की अवस्था बहुत ही उत्साही तथा सर्जकता की रहती है। कुछ कलाकार गांजा अथवा शराब का सेवन करके इस स्थिति को पाने का प्रयास करते हैं। यह प्रयास कुछ समय के लिए भले ही सफल हो फिर भी इससे नशाखोर बन जाने का खतरा निर्मित होता है। यानी सृजनात्मकता के लिए इस प्रकार के बाह्य साधनों का सहयोग लंबी अवधि के लिए फायदेमंद नहीं होता है।

हमारा लड़का प्रशांत जो अब बीस साल का है, वह बहुत आलसी प्रवृत्ति का है। दिन भर निकम्मा घूमता है, घर का तो कुछ काम करता नहीं और कॉलेज की पढ़ाई भी ठीक ढंग से नहीं करता है। क्या आलसी प्रवृत्ति का होना भी मनोविकार है?

आलस्य मनोविकार नहीं है किंतु वह मनोविकार या किसी व्यक्तित्व दोष का बाह्य लक्षण हो सकता है। साथ ही जीवन के कुछ मोड़ पर निर्माण होनेवाली वैचारिक उलझनों से भी आलस्य की भावना बढ़ सकती है।

कोई मानसिक विकार होने पर उदासीनता अथवा चिंता या आलस्य के लक्षण दिखाई देते हैं। ऐसी स्थिति में उस बीमारी के अन्य लक्षण भी उस व्यक्ति में दिखाई देते हैं।

व्यक्तित्व के स्तर पर स्वयंप्रेरणा का स्वभाव विशेष रूप से कम होने के कारण आलस्य आ सकता है। अपने जीवन के उद्‌देश्य तथा जीवन में निभानेवाली भूमिकाओं के संदर्भ में मन में कुछ उलझन रहती है तो उससे भी आलस्य आ सकता है। प्रशांत अब जीवन के एक महत्त्वपूर्ण मोड़ पर है। भविष्य में मुझे क्या करना

है इस संदर्भ में इस मोड़ पर बहुत सारे लोगों के मन में उलझनें रहती हैं और हमें निश्चित तौर पर क्या करना है यह न समझने के कारण आई हुई भ्रमित अवस्था के कारण आलस्य में समय गंवाने की हमारी भूमिका बनती है।

प्रशांत के संदर्भ में उसका आलस्य किसी अन्य बीमारी का लक्षण तो नहीं है, यह सबसे पहले देखना होगा। फिर उसके साथ चर्चा करके उसके मन में अपने भविष्य के प्रति कुछ योजना है क्या, यह भी समझना होगा। जीवन के लक्ष्य अगर उसे मिलते हैं तो उसका आलस्य कम हो सकता है। अभिभावक के रूप में ऐसी हालत के लिए उसे हमेशा दोष देना उचित नहीं है। उलटा उसके साथ सुसंवाद प्रस्थापित करके उसकी मानसिकता को समझने का हमें प्रयास करना चाहिए। आवश्यकता प्रतीत हुई तो समुपदेशक की भी मदद उपयुक्त रहेगी।

चिंता से जुड़े विकार

रोजमर्रा के जीवन में हमें कई बातों की चिंता होती है। मैं समय पर ऑफिस पहुँचूँगा या नहीं? मेरी तबीयत ठीक रहेगी या नहीं? मेरे बच्चों की शिक्षा सुचारु रूप से पूरी होगी या नहीं? ऐसी कई चिंताओं से हमारा मन घबरा जाता है। 'मैं बेवजह चिंता कर रहा हूँ, चिंता करने से कुछ भी नहीं बदलता' ऐसा भी हम कई बार खुद को समझाते हैं। किंतु फिर भी मन में चिंता लगी रहती है। इसका मुख्य कारण है चिंता करने का कुछ लाभ भी है। सामान्यत: चिंता यह हमारे जीवन में खतरे की घंटी के रूप में कार्य करती है। भविष्य में आनेवाला खतरा टालने के लिए भी उसका उपयोग हो सकता है। किंतु कई बार हमारे मन को छोटी-छोटी बातों को लेकर चिंता करने की आदत-सी होती है। ऐसी स्थिति में खतरा टालने के लिए आवश्यक लगनेवाली चिंता का मनोविकार में परिवर्तन होता है। पैनिक होने से लेकर सर्वव्यापी चिंता की बीमारी तक और फोबिया से मंत्र-तंत्र तक कई अलग-अलग बीमारियों के रूप में यह चिंता मनुष्य के जीवन में प्रवेश कर सकती है। समाज में सामान्यत: पाँच प्रतिशत लोगों को जीवन में कभी न कभी चिंता की बीमारी हो सकती है। इसलिए चिंता की इस बीमारी के संदर्भ में थोड़ी जानकारी लेते हैं।

छः माह पहले बस स्टैंड पर अचानक मुझे पसीना आने लगा, मेरे सीने में धड़कन बढ़ गई। ऐसा लग रहा था मानो अब अंतिम घड़ी आई है। किंतु आधे घंटे में ही मेरे ये सारे लक्षण कम होने लगे। फिलहाल दस-पंद्रह दिनों में कभी-कभी ऐसा होता है। मुझे यह क्या हो रहा है?

आपको हो रही तकलीफ को मनोविकार विज्ञान में 'पैनिक डिसऑर्डर' कहते हैं। संक्षेप में इसे 'चिंता का तूफान' कहा जा सकता है। इस बीमारी में कुछ पल के लिए मनुष्य के मन में तीव्र चिंता निर्मित होती है। आधे घंटे में ही मन को डराने वाली चिंता इतनी तीव्र होती है कि उसका अनुभव लेनेवाले व्यक्ति को चिंता के कारण डर लगने लगता है। इस चिंता के तूफान की और एक खासियत यह होती है कि, यह बिना किसी पूर्वसूचना के आता है। जैसा आपके साथ बस स्टॉप पर

घटित हुआ। इस बीमारी में मानसिक लक्षणों के साथ-साथ कुछ शारीरिक लक्षण भी दिखाई देते हैं, इसलिए मरीज को दिल का दौरा पड़ने का डर लगता है।

हृदय गति बढ़ना, सीने में भारीपन का अनुभव होना, हाथ-पैर से पसीना छूटना, पूरे शरीर में कंपन होना, ये रक्तचाप की बीमारी की तरह के कुछ लक्षण 'पैनिक डिसऑर्डर' में दिखाई देते हैं। ये लक्षण शारीरिक कारणों से नहीं मन में चिंता बढ़ने के कारण होते हैं। इसी के साथ पेट में बेचैनी महसूस होना, पेशाब आने का एहसास होना, गला सूखना ऐसे भी कुछ लक्षण दिखाई देते हैं। श्वसन की प्रक्रिया अवरुद्ध होना, गले में कुछ अटकने का एहसास होना जैसे श्वसन नलिका से संबंधित लक्षण भी कभी-कभी दिखाई देते हैं।

पैनिक की बीमारी में सबसे भयावह लक्षण है मृत्यु नजदीक आने का एहसास होना। चिंता की तीव्रता के कारण 'अब मेरी मृत्यु नजदीक आई है' ऐसा लगना मरीज की भावना होती है। उसी के साथ खुद पर से नियंत्रण खोने का डर भी लगता है। सिर चकराना, सिर हलका लगना, हाथ-पैर में जड़ता आना ये भी पैनिक बीमारी के लक्षण हो सकते हैं।

पैनिक की यह चिंता जिस तरह तूफान की तरह आती है उसी तीव्रता से कम होती है। सामान्यत: ऐसी चिंता 20 से 30 मिनट की अवधि में कुछ इलाज किए बिना भी कम हो सकती है। पैनिक की बीमारी का दूसरा महत्त्वपूर्ण लक्षण यह है कि यह बार-बार होनेवाली बीमारी है। पैनिक के बार-बार आने से मरीज अपना आत्मविश्वास खोने लगता है और जिस जगह पैनिक हुआ था वहाँ जाने को टालता है।

किंतु मुझे यह सब क्यों हो रहा है?

मनुष्य के शरीर में मस्तिष्क से शरीर की ओर संदेश वहन करने वाली दो प्रकार की व्यवस्था होती है। शरीर और मन को उत्तेजित करनेवाली व्यवस्था को 'सिंपैथिटिक नर्वस सिस्टम' कहते हैं तो मन और शरीर को स्वस्थ रखनेवाली व्यवस्था को 'पैरासिंपैथिटिक नर्वस सिस्टम' कहते हैं। चिंता से जुड़ी ज्यादातर बीमारियों में 'सिंपैथिटिक नर्वस सिस्टम' आवश्यकता से ज्यादा कार्य करता है तो 'पैरासिंपैथिटिक नर्वस सिस्टम' का कार्य धीमी गति से चलता है। इसी कारण चिंता से संबंधित आनेवाले लक्षण उत्तेजना ज्यादा होने के कारण आनेवाले लक्षण हैं। पैनिक की बीमारी के पीछे कई प्रकार के कारण हो सकते हैं, जिसमें आनुवंशिकता महत्त्वपूर्ण कारण है। हमारे खून के किसी रिश्तेदार को अगर पैनिक की बीमारी है तो हमें पैनिक की बीमारी होने की संभावना ज्यादा होती है। साथ ही कार्बन डाईऑक्साइड, सोडियम लैक्टेट, सोडियम कार्बोनेट जैसे कुछ पदार्थों को 'पैनिकोजेनिक' यानी

घबराहट पैदा करनेवाले पदार्थ कहा जाता है। खून में इन पदार्थों की मात्रा बढ़ने से पैनिक अटैक आने की संभावना होती है।

किसी व्यक्ति के दिमाग के 'सिरोटोनिन', 'नॉरइपिनेफ्रिन' जैसे कुछ संदेशवाहक द्रवों की मात्रा कम-अधिक होने से भी पैनिक अटैक आने की संभावना होती है।

इन तमाम कारणों के साथ ही कुछ मानसिक अवस्थाएँ भी पैनिक की बीमारी का कारण साबित हो सकती हैं। क्रोध पर नियंत्रण रखने में आ रही कठिनाई, अभिभावकों की प्रति द्वंद्व की मानसिकता, भावनिक रूप से नजदीकी व्यक्ति का दूर जाना या अत्यधिक काम की वजह से बढ़ा हुआ तनाव ऐसी भिन्न तनावपूर्ण स्थितियों में पैनिक अटैक आने की संभावना होती है।

इन तमाम बातों से परे कुछ शारीरिक बीमारियों में भी पैनिक अटैक के लक्षण दिखाई देते हैं। जैसे, थायराइड ग्रंथि का स्राव बढ़ने के कारण होनेवाला 'हायपर थायरॉयडिज्म', अस्थमा आदि। इसलिए किसी भी पैनिक अटैक की बीमारी के इलाज की शुरुआत शारीरिक जाँच और खून, पेशाब की जरूरी जाँच करके होती है। इसका उद्देश्य मरीज को हो रही तकलीफ के पीछे कोई शारीरिक कारण तो नहीं है, यह देखना होता है।

ऊपर उल्लिखित कारणों में से कुछ कारणों के संयोग से भी पैनिक की बीमारी का उद्‌भव होता है।

पैनिक डिसऑर्डर की बीमारी और उसके कारणों के बारे में मुझे पता चला, किंतु मेरी इस बीमारी का क्या इलाज किया जा सकता है?

सबसे पहले कुछ शारीरिक जाँच कराके अपनी बीमारी के पीछे कोई शारीरिक कारण तो नहीं है, इसका सत्यापन कर लेना होगा। पैनिक की बीमारी का उचित निदान परिणामकारक इलाज के लिए बहुत जरूरी है क्योंकि पैनिक की बीमारी में कई अवयवों से संबंधित शारीरिक पीड़ा एक साथ होती है। इस कारण कई मरीज एक डॉक्टर से दूसरे डॉक्टर की ओर इलाज के लिए घूमते रहते हैं, जिसमें पैसा, समय तथा ऊर्जा व्यय होती है।

'मेरी तकलीफ मानसिक कारण से हो रही है' यह निश्चित होने के बाद दो प्रकार के इलाज किए जा सकते हैं। पहला इलाज दवाइयों के रूप में होता है तो दूसरा मनोवार्ता की पद्धति से। इलाज के प्रारंभ में ही अपनी बीमारी का स्वरूप डॉक्टर से समझ लेना जरूरी होता है। 'पैनिक की बीमारी में कितनी भी तीव्र तकलीफ हुई तो भी उसका वास्तविक कारण मानसिक है और इसमें मेरी मृत्यु नहीं होनेवाली' यह विश्वास मरीज और उसके रिश्तेदारों को होने के बाद ही इस बीमारी पर आधी विजय होती है।

पैनिक की बीमारी में मस्तिष्क में हुई रसायनों की अनियमितता को दूर करनेवाली दवाइयाँ दी जाती हैं। बीमारी की तीव्रता के अनुसार छः से नौ माह तक ये दवाइयाँ लेनी होती हैं।

दैनंदिन दवाइयों के साथ कुछ दवाइयाँ ऐसी भी होती हैं जो ज्यादा तकलीफ हुई तो लेनी चाहिए। इस प्रकार की दवाइयों के कुछ डोज मरीज को घर पर रखने चाहिए और आवश्यकता के अनुसार उसका प्रयोग करना चाहिए। इस प्रकार की दवा के कारण पैनिक अटैक के लक्षण शीघ्रता से कम होकर स्थिति नियंत्रण से बाहर नहीं जाएगी इसका खयाल रखा जाता है।

दवाइयों के साथ ही मनोवार्ता के द्वारा भी अपने मन में बढ़ रही चिंता के कारण ढूंढ़कर उनका इलाज करने की प्रविधि सीखना जरूरी है। श्वसन के कुछ व्यायाम और शिथलीकरण व्यायाम इनका भी पैनिक के इलाज में महत्त्वपूर्ण स्थान है।

एक बार दवाइयों तथा समुपदेशन के द्वारा लक्षण नियंत्रण में आते हैं तो आगे तीन से छः माह तक दवाइयों का सेवन बंद किया जा सकता है।

मेरी बीवी आजकल अकेली सफर करने के लिए घबराती है। पहले उसे कभी भी इस प्रकार का डर नहीं लगता था। लेकिन अब उससे भीड़ के स्थानों पर जाने के लिए कहा जाए तो उसके रोंगटे खड़े हो जाते हैं। क्या यह कोई बीमारी है?

किसी विशेष बात अथवा किसी विशेष जगह से बेवजह डर लगना और इसलिए उस बात और उस जगह की ओर जाने को टालना इस लक्षण को मनोविकार विज्ञान में फोबिया कहते हैं। फोबिया भिन्न-भिन्न बातों का हो सकता है। भीड़ की जगह को लेकर होनेवाले फोबिया को 'अगोरा फोबिया' कहते हैं। ग्रीक भाषा में 'अगोरा' शब्द का अर्थ भीड़ की सार्वजनिक जगह होता है। आपकी बीवी जैसे 'अगोरा फोबिया' के मरीज को भीड़भाड़ वाली जगहों से बेवजह डर लगता है। डर की मात्रा बढ़ती है तो वह व्यक्ति भीड़ की जगहों को टालने लगता है या उससे हो रहे डर को दूर करने के लिए हमेशा किसी को साथ रखता है।

बहुत बार 'पैनिक डिसऑर्डर' के मरीजों को भी 'अगोरा फोबिया' की बीमारी रहती है। मुझे भीड़ की जगह पर पैनिक की तकलीफ हुई तो मुझे वहाँ मदद नहीं मिलेगी यह भावना मरीज को हमेशा सताती है। यही भावना मरीज के मन में स्थायी हो जाती है, इसलिए जहाँ से सहज रूप से निकल पाना मुश्किल हो ऐसी जगह जैसे, बस का सफर, मेले की जगह, थियेटर आदि जगह जाने को वह टालता है। भीड़ की जगह टालने की प्रवृत्ति की तीव्रता बढ़ने के बाद उसका

परिणाम उस व्यक्ति के रोजमर्रा के जीवन पर होने लगता है। नजदीकी रिश्तेदारों को हमेशा मरीज के साथ रहना पड़ता है, उसी कारण वह चिड़चिड़ापन दिखाने लगता है। कई बार 'अगोरा फोबिया' की बीमारी पैनिक की बीमारी के अलावा भी दिखाई देने लगती है।

क्या इस बीमारी का कुछ इलाज है?

'अगोरा फोबिया' यह मूलत: चिंता से जुड़ी बीमारी है 'मुझे तकलीफ होने के बाद शीघ्र मदद नहीं मिलेगी' यह चिंता की भावना इस बीमारी की जड़ है। इसलिए जिस बात की चिंता होती है वह बात टालने का काम होता है। 'अगोरा फोबिया' की बीमारी पर असरदार इलाज उपलब्ध है। अपनी चिंता पर नियंत्रण रखना यह इलाज का मुख्य सूत्र है।

इस बीमारी में मस्तिष्क के 'सिरोटोनिन' और 'नॉरइपिनेफ्रिन' इन द्रवों में असंतुलन होता है। यह असंतुलन कम करने वाली दवाइयों से 'अगोरा फोबिया' के बहुत से लक्षण नियंत्रण में आ सकते हैं। बीमारी की तीव्रता के अनुरूप नौ माह से एक साल तक ये दवाइयाँ लेनी होती हैं। उसके बाद मनोवार्ता के द्वारा कुछ सुधार दिखाई देते हैं तो डॉक्टर की सलाह से दवाइयाँ कम करके आगे बंद भी की जा सकती हैं।

दवाइयों के साथ ही परामर्श तथा वर्तन चिकित्सा भी महत्त्वपूर्ण चिकित्सा पद्धतियाँ हैं। वर्तन चिकित्सा पद्धति में शिथिलीकरण जैसे मन एवं शरीर को शिथिल करनेवाले व्यायाम की मदद से खुद की चिंता का संतुलन करने के लिए मरीज को सिखाया जाता है।

इलाज के दूसरे पड़ाव पर जिस बात से डर लगता है उस बात का छोटे-छोटे टुकड़ों में विभाजन किया जाता है। उदाहरण के तौर पर बस के सफर की बात को लेते हैं। मन में बस के सफर का विचार आना, बाद में सफर के लिए घर से बाहर निकलने की तैयारी करना, बस स्टेशन तक पहुँचना, बंद गाड़ी में बैठना और पूरे सफर के दौरान बस में बैठे रहना इन टुकड़ों में सफर का विभाजन किया जा सकता है। शिथिलीकरण की प्रक्रिया में मरीज को इनमें से एक-एक पड़ाव का चित्र आँखों के सामने हेतुपूर्वक लाने का प्रशिक्षण दिया जाता है। इससे काल्पनिक स्तर पर ही क्यों न हो उस व्यक्ति की चिंता कम होने लगती है। कल्पना में ही बस का सफर करने का विचार मन में लाना और उस विषय की चिंता कम होने तक यह विचार मन में लाते रहना ऐसा करके कल्पना के स्तर पर मरीज को चिंता पर विजय पाना सिखाया जाता है।

तीसरे पड़ाव पर कल्पना के स्तर पर की हुई बातों पर क्रमश: अमल करने

को कहा जाता है। एक पड़ाव सफल रूप से तय किए बिना दूसरे पड़ाव की ओर न जाना यही इलाज की सफलता का मूल सूत्र है।

पूरे इलाज में मरीज के रिश्तेदारों को बीमारी का और उस पर किए जानेवाले इलाज का स्वरूप समझाना और इलाज के लिए उनका सहयोग लेना भी महत्त्वपूर्ण रहता है।

इस प्रकार से अपने मनोविद की मदद से इलाज कराने के बाद आपकी पत्नी निश्चित ही दुबारा अकेली सफर कर सकती हैं।

मेरी बहन सुशीला 30 साल की है। शुरू से ही उसे साफ-सफाई पसंद है, किंतु छः माह से वह दो-दो घंटे नहाती रहती है। आठ-दस बार हाथ धोये बगैर वह भोजन के लिए भी नहीं बैठती। यह कोई बीमारी है क्या?

आपकी बहन को हो रहे विकार को मनोविज्ञान की भाषा में विचलन की बीमारी (ऑब्सेसिव कम्पलसिव डिसऑर्डर) कहते हैं। साफ-सफाई की भावना व्यक्ति के अनुसार कम या अधिक हो सकती है लेकिन किसी भी विषय पर बार-बार सोचना या वह कृति बार-बार करना जिसका हमारे रोजमर्रा के जीवन पर अच्छा-बुरा असर होता है, इसे निश्चित ही विकार कहा जाएगा। विचलन की बीमारी में व्यक्ति के मन में कुछ विशेष विचार बार-बार आने लगते हैं। अधिकाशंत: ये विचार उस व्यक्ति की इच्छा के विरोधी होते हैं। बीमार व्यक्ति द्वारा ये अनैच्छिक विचार रोकने की पूरी कोशिश करने के बाद भी ये विचार थमते नहीं। महत्त्वपूर्ण बात ये कि ये विचार तकलीफदेह होते हैं। आनंद देने वाले विचार मन में बार-बार आ रहे हैं तो उसे विकार नहीं कहा जा सकता है। विचारों के साथ कोई प्रतिमा या दृश्य व्यक्ति की आँखों के सामने बार-बार आ सकते हैं, ऐसे विचार और दृश्यों के कारण वह व्यक्ति बहुत ही अस्वस्थ होता है। यह अस्वस्थता कम करने के लिए वह व्यक्ति कोई कृति बार-बार करने लगता है। ऐसी कृति को 'कंपल्सिव एक्ट' कहते हैं।

'ऑब्सेशन्स' कई प्रकार के हो सकते हैं। मेरा शरीर साफ-सुथरा नहीं हुआ है, घर का सामान ठीक तरह नहीं रखा है, घर का दरवाजा या फैन का स्विच ठीक से बंद किया है या नहीं, ऐसे विचारों के साथ किसी व्यक्ति को मारने के या लैंगिक विकृति के विचारों के 'ऑब्सेशन्स' हो सकते हैं। ये विचार मन से निकल जाएँ इसके लिए वह व्यक्ति विभिन्न क्रियाएँ बार-बार करता है जैसे, हाथ मैले हैं इस विचार से बार-बार हाथ धोना, देर तक नहाते रहना आदि।

विचलन की बीमारी में अधिकांश मरीजों को हो रही तकलीफ समझ में आती है, इसलिए ऐसे मरीज इलाज के लिए तैयार हो जाते हैं। किंतु कुछ ही मरीज ऐसे

होते हैं जिन्हें बार-बार एक ही बात करने की आदत-सी होती है। ऐसे लोग अपने इस बर्ताव का इलाज कराने के लिए सहज तैयार नहीं होते।

दो माह पूर्व मैंने सड़क पर बस दुर्घटना देखी। उस दुर्घटना में कई लोग मर गए। वह दृश्य मेरे मन से नहीं जा रहा है। जब भी किसी बस को देखता हूँ तो मेरी आँखों के सामने उस दुर्घटना का चित्र आता है। मैं हाईवे पर जाना टाल रहा हूँ। मुझे क्या हुआ है?

आपको जो तकलीफ हो रही है उसे मनोविकार विज्ञान में 'पोस्ट ट्रामैटिक स्ट्रेस डिसऑर्डर' कहते हैं। जीवन के संदर्भ में निश्चित धारणा को जड़ से उखाड़नेवाली कुछ घटनाएँ हमारे जीवन में कभी-कभी घटित होती हैं। तूफान, भूकंप, सुनामी जैसी आपत्तिनुमा घटनाओं से हमारे मन को जबरदस्त धक्का लगता है। वैसे ही बड़ी सड़क दुर्घटना, बलात्कार, खून जैसे प्रसंग भी हमारे मन को बड़ा झटका दे सकते हैं। ऐसी दिल दहलाने वाली घटनाओं का सामना करने की नौबत से गुजरे पाँच-दस प्रतिशत लोगों में 'पोस्ट ट्रामैटिक स्ट्रेस डिसऑर्डर' इस विकार के लक्षण दिखाई देते हैं। उस दिल दहला देने वाली घटना का सामना करते समय इन लोगों के मन में डर की भावना का निर्माण होता है और उस घटना के बाद बार-बार उस घटना की पूर्वदीप्ति (फ्लैशबैक) की अनुभूति होती है। वैसा ही कुछ आपके साथ घटित हो रहा है। आपको जब भी सड़क दुर्घटना की याद दिलाने वाली कोई भी चीज दिखाई देती है तो आपके मन में उस सड़क दुर्घटना के दृश्य दिखाई देते हैं। यही बात इस बीमारी से ग्रस्त अधिकांश मरीजों के साथ घटित होती है। इस विकार के कई मरीज उस दिल दहला देनेवाले प्रसंग की याद दिलानेवाली जगह को और उससे संबंधित अन्य बातों को टालने लगते हैं। उस घटना की थोड़ी-सी याद से भी बीमार व्यक्ति के मन में चिंता का तूफान उठने लगता है। उसके दिल की धड़कनें तेज होने लगती हैं, हाथ-पाँव काँपने लगते हैं, पसीना आने लगता है, शरीर में कंपन महसूस होता है। ऐसे चिंता के कई लक्षण उस व्यक्ति में दिखाई देते हैं।

दिल दहलाने वाली घटना का सामना करने के बाद मन में बड़ी तीव्रता से विचार और भावनाओं का आवर्तन बनने लगता है। कुछ लोगों में इस आवर्तन को उचित प्रकार से क्रियान्वयन करने की क्षमता अन्य लोगों की तुलना में कम होती है। ऐसे व्यक्ति 'पोस्ट ट्रामैटिक स्ट्रेस डिसऑर्डर' की बीमारी के शिकार हो जाते हैं। महिलाओं में और छोटे बच्चों में यह बीमारी बड़ी मात्रा में दिखाई देती है। बचपन में बेहद तनावपूर्ण स्थिति का सामना किए हुए लोगों को भी यह बीमारी होने की संभावना ज्यादा होती है। आवश्यक पारिवारिक सहयोग न होना या शराब

की लत ऐसी बातों से भी इस बीमारी की संभावना बढ़ती है। आनुवंशिकता यह भी इस बीमारी के पीछे का एक महत्त्वपूर्ण कारण है। कोई व्यक्ति किसी दिल दहला देने वाली घटना का सामना कैसे कर सकता है यह उसकी आनुवंशिकता पर भी निर्भर होता है। इसलिए आपके जो लक्षण हैं वे किसी बीमारी के लक्षण हैं, यह सबसे पहले आपको समझ लेना जरूरी है।

क्या मेरी तकलीफ का कुछ इलाज हो सकता है?

आपको हो रही तकलीफ का शास्त्रीय स्वरूप समझ लेना और उस विकार के संबंध में जानकारी प्राप्त करना यह आपके इलाज की पहली सीढ़ी है। दूसरे पड़ाव पर आपकी बीमारी के लिए उपयुक्त दवाइयों का महत्त्व है। आपके मन को अस्वस्थ करनेवाले विचार, बस दुर्घटना की बार-बार याद आना यह सब कम करने के लिए परिणामकारक दवाइयाँ बाजार में उपलब्ध हैं। इलाज शुरू होने के बाद साधारणतः छः से आठ सप्ताह में दवाइयों का अच्छा असर शुरू होता है और छः से नौ माह तक ये दवाइयाँ लेनी होती हैं।

ऊपर उल्लिखित बस दुर्घटना जैसी घटनाओं के संदर्भ में आप अपने समुपदेशक के साथ खुले मन से अपनी भावनाएँ साझा करें, यह इलाज का अगला पड़ाव है। भीषण बस दुर्घटना में कई लोगों की मृत्यु को अपनी आँखों से देखने का भयावह अनुभव आपको हुआ है। इसलिए व्यक्ति के मन में कई विचार तथा भावनाएँ उफनकर आती हैं और उनकी गुत्थी हुई है ऐसा लगता है। मृत्यु की घटना आँखों के सामने घटित होने के कारण जीवन की क्षणभंगुरता का एहसास तीव्र होकर मन विषण्ण बनता है। भले ही मृत व्यक्ति हमारे परिवार का सदस्य न हो किंतु फिर भी शोक की भावना मन में तीव्रता से आ सकती है। इसलिए मन में इकट्ठा हुई क्लेशदायक भावनाओं को अपने समुपदेशक से साझा करने से इन भावनाओं का विरेचन होकर भावनिक स्तर पर स्वस्थता संभव है। इसी के साथ विचारों में भी सुस्पष्टता आती है। मन की यह अस्वस्थता कम करने के लिए शिथिलीकरण का व्यायाम भी उपयुक्त हो सकता है।

ऐसी बीमारी में अपने जीवन पर से नियंत्रण खोने की भावना मन में बढ़ने लगती है। इसलिए इलाज की उस विधि को करने के बाद मैं यह खोया नियंत्रण पुनः पा सकता हूँ यह विश्वास बढ़ने लगे ऐसी बातें करना फायदेमंद होता है। जैसे, चित्रकला, पेंटिंग, पर्वतारोहण, अलग-अलग खेल खेलना आदि। हम अगर पूर्वदीप्ति (फ्लैशबैक) के डर से महामार्ग या सड़क पर जाने को टालने लगते हैं तो उस का भी इलाज कराना जरूरी है। आप धीरे-धीरे खुद को दुबारा महामार्ग या सड़क पर जाने को मानसिक दृष्टि से तैयार कर सकते हो। इसमें सबसे पहले

आपको मन ही मन महामार्ग पर जाकर आने को सोचना होगा, फिर धीरे-धीरे शुरू में केवल घर से बाहर निकलना होगा, अगले दिन उस सड़क तक जाना होगा, तीसरे दिन उस महामार्ग पर सफर करना होगा। ऐसी प्रविधि से उचित इलाज किया तो आपके उस संदर्भ में दिखाई दे रहे लक्षण कम हो सकते हैं, यह एक वैज्ञानिक अनुभव है।

विगत एक साल से मुझे बहुत चिंता हो रही है। इसका कोई विशेष कारण नहीं है, फिर भी मन हमेशा चिंतित रहता है, सिर चकराने का एहसास होता है, सीने में धड़कन होती ही है, हाथ-पैर से पसीना छूटता है और मेरा किसी भी बात में मन नहीं लगता है। मुझे यह क्या हो रहा है?

आपको दिखने वाले लक्षण सर्वव्यापी चिंता इस विकार के हैं। पैनिक की बीमारी में चिंता तूफान के समान आती है और उसी भाँति कम होती है। किंतु सर्वव्यापी चिंता की बीमारी में चिंता के बादल हमेशा मन पर छाए रहते हैं। जिस व्यक्ति का मूल स्वभाव ही संवेदनशील और चिंता करने का है ऐसे व्यक्ति को सर्वव्यापी चिंता की बीमारी होने की संभावना ज्यादा होती है। जीवन में विशेष तनाव न होते हुए भी मन चिंतातुर होना यह सर्वव्यापी चिंता का मुख्य लक्षण है।

रोजमर्रा की जिंदगी में घटित होनेवाली किसी बात को लेकर यह चिंता हो सकती है। मैं समय पर ऑफिस में पहुँचूँगा या नहीं? से लेकर स्कूल बस में हमारे बच्चे का एक्सीडेंट तो नहीं होगा? यहाँ तक किसी भी विचार से मन चिंतित होता है। किसी भी व्यक्ति की रोजमर्रा की जिंदगी में कुछ न कुछ अनिश्चितता रहती है। किंतु सर्वव्यापी चिंता के शिकार व्यक्ति को यह अनिश्चितता बोझ लगने लगती है। मन पर चिंता की कोई चादर बिछी हो, ऐसी स्थिति उस व्यक्ति की होती है।

सीने में धड़कन, हाथ-पैर से पसीना छूटना ये चिंता की अन्य बीमारियों में दिखाई देने वाले लक्षण इस बीमारी में भी दिखाई देते हैं।

चिंता की अन्य बीमारियों के समान ही यहाँ भी मस्तिष्क के 'सिरोटोनिन', 'नॉरइपिनेफ्रिन', 'ग्लुटामेट', 'गाबा' जैसे रासायनिक द्रवों की मात्रा कम-अधिक होने के कारण सर्वव्यापी चिंता की बीमारी होती है। सर्वव्यापी चिंता के शिकार लोग रोजमर्रा के जीवन में घटित धोखादायक बातों को लेकर ज्यादा सोचते हैं। इसलिए उनका मन हमेशा धोखे की संभावना से घिरा होता है। इस प्रकार से जैविक और मानसिक-सामाजिक घटकों के मिलाप से इस बीमारी का रसायन निर्मित होता है।

मुझे जल्द से जल्द पूर्ववत स्वस्थ होना है, इसके लिए मुझे क्या करना होगा?

सर्वव्यापी चिंता की बीमारी की असरदार दवाइयाँ उपलब्ध हैं। मस्तिष्क के रासायनिक द्रव के असंतुलन को दूर कर उसका प्रमाण पूर्वस्थिति में लानेवाली दवाओं से लक्षण नियंत्रण में आ सकते हैं। किंतु दवाओं के साथ ही मन के शिथिलीकरण का व्यायाम सीखना और सोच के तरीके में बदलाव लाना ये बातें भी महत्त्वपूर्ण हैं। चिंता से जुड़ी बीमारी में स्नायु पर आनेवाला तनाव बढ़ता है। शिथिलीकरण के व्यायाम में हेतुपूर्वक स्नायु पर ध्यान केंद्रित किया जाता है। आगे के पड़ाव पर स्नायु शिथिलीकरण की सूचनाएँ दी जाती हैं। स्नायु पर आने वाला तनाव कम करने की प्रक्रिया में मन में आने वाला तनाव भी कम होता है, इसके वैज्ञानिक सबूत मिलते हैं। शिथिलीकरण का व्यायाम किसी भी चिंता की बीमारी में महत्त्वपूर्ण इलाज होता है।

प्राणायाम भी चिंता कम करने के लिए उपयुक्त होता है। साथ ही चिंता कम करने के लिए विचारों के स्तर पर भी कुछ बदलाव लाना जरूरी है। अनिश्चितता मानव जीवन का एक अविभाज्य हिस्सा है किंतु फिर भी मनुष्य के जीवन में नियमितता और अनुशासन भी होता है। हमने इसके पूर्व देखा है कि चिंताग्रस्त व्यक्ति का पूरा ध्यान रोजमर्रा के जीवन में होनेवाली अनिश्चितता पर केंद्रित होता है। चिंता कम करने के इलाज में यह ध्यान हेतुपूर्वक अन्य सकारात्मक विचारों की ओर ले जाना पड़ता है। वैसे ही मन में चिंता के बादल छाने की संभावना हो तो इससे खुद को बाहर निकालने की कुछ पद्धतियाँ इस इलाज में सिखाई जाती हैं। सामान्यत: नौ माह से एक साल तक नियमित रूप से इलाज लेने के बाद सर्वव्यापी चिंता की बीमारी नियंत्रण में आ सकती है।

हमारा लड़का सुहास बहुत शर्मीला है। चार लोगों में जाने की बात भी की तो उसके रोंगटे खड़े होते हैं। किसी भी पारिवारिक कार्यक्रम में भी वह हिस्सा नहीं लेता। समूह में शामिल होने की बात की तो उसे तनाव आता है। वह भविष्य में कैसा होगा, मुझे कुछ समझ में नहीं आ रहा है।

फोबिया की बीमारी में 'सोशल फोबिया' नामक एक प्रकार है। इस विकार के जो लक्षण हैं वही आपके सुहास में दिखाई देते हैं।

इस विकार के मरीज आपके सुहास जैसे ही समूह में जाने का संकोच करते हैं। समूह में मेरी हँसी उड़ेगी यह डर उनके मन में पक्का बैठा होता है। 'वह जो सोच रहा है वह गलत है' यह ऐसे मरीज को समझ में भी आता है किंतु फिर इस चिंता को वह उचित पद्धति से संभाल नहीं सकता है। चार लोगों के बीच जाने की

सोच से भी सुहास जैसे व्यक्ति का मन बेचैन हो जाता है, परिणामस्वरूप ऐसे लोग पारिवारिक त्योहार, पर्व टालने लगते हैं। सोशल फोबिया के शिकार व्यक्ति के पारिवारिक रिश्तों में और काम करने की जगह पर भी इन लक्षणों के कारण तनाव निर्माण होता है। 'यह बीमारी है और इस निश्चित ही इलाज हो सकता है' इसकी जानकारी बहुत कम लोगों को होती है। शर्मीला व्यक्ति कहकर ही समाज सुहास जैसे व्यक्ति को समा लेने का प्रयास करता है।

सोशल फोबिया से मुक्ति दिलानेवाली बहुत ही प्रभावी दवाइयाँ बाजार में उपलब्ध हैं। चिंता की बीमारी में आवश्यक शिथिलीकरण का व्यायाम सोशल फोबिया की बीमारी में भी उपयुक्त होता है।

विचारों के स्तर पर भी सोशल फोबिया का इलाज किया जा सकता है। समग्र समाज का ध्यान मेरी तरफ ही है और चार लोगों में मैं निश्चित ही हँसी-मजाक का विषय बन जाऊँगा, इन दो गलत अनुमानों पर सोशल फोबिया के लक्षण निर्भर रहते हैं। शास्त्रीय पद्धति से इन अनुमानों की जाँच के लिए मरीज की मदद की जा सकती है। यह गलत अनुमान बदलकर मरीज के मन में सही अनुमान रूपायित करने की कोशिश की तो सोशल फोबिया के अधिकांश लक्षण कम हो सकते हैं।

इसके पूर्व हमने अगोरा फोबिया के संदर्भ में जो बात की थी, वैसे ही कुछ हिस्सों में बाँटकर सुहास जैसे व्यक्ति को समाज में शामिल करने का प्रशिक्षण दिया जा सकता है। मरीज की स्थिति देखकर उपलब्ध उचित इलाज पद्धति का इस्तेमाल करके सुहास जैसे लोगों की मदद की जा सकती है।

चिंता कम करने के लिए शिथिलीकरण का व्यायाम

शरीर और मन के लिए शिथिलीकरण का व्यायाम चिंता कम करने की एक वैज्ञानिक पद्धति है।

शरीर तथा मन का बहुत नजदीकी संबंध होता है। जिस समय मन में चिंता की तीव्रता होती है, उस समय प्रतिक्षिप्त क्रिया जैसे शरीर में कई बदलाव घटित होते हैं, जिसमें शरीर के विभिन्न स्नायु का अकुंचन होना एक महत्त्वपूर्ण बात है। और स्नायु की ओर से अकुंचन प्रक्रिया का घटित होकर उसकी सहायता के रूप में मन की चिंता बढ़ना यह चक्र शरीर में शुरू होता है। शिथिलीकरण के व्यायाम में बिलकुल इसी बात का मन की चिंता कम करने के लिए उपयोग किया जाता है।

शिथिलीकरण के व्यायाम में स्नायु के एक-एक समूह पर ध्यान केंद्रित किया जाता है। 30 सेकंड हेतुपूर्वक स्नायुसमूह तनाव की स्थिति पर रखा जाता है। बाद में डेढ़ मिनट स्वयंसूचना से स्नायु समूह शिथिल किया जाता है। पैरों की उंगलियों से चेहरे के स्नायु तक विभिन्न स्नायु समूह इस प्रकार शिथिलीकरण की प्रक्रिया में

लाए जा सकते हैं, इसलिए हमारे शरीर और मन की चिंता की स्थिति पहचानने की क्षमता बढ़ती है। साथ ही शरीर और मन का हेतुपूर्वक शिथिलीकरण करना संभव होने के कारण चिंता की भावना कम होती है।

शिथिलीकरण के व्यायाम में साधारणत: 30 मिनट का समय लगता है। आरंभ में दो-तीन बार विशेषज्ञ मार्गदर्शक से सूचना लेकर शिथिलीकरण सीखने के बाद हम स्वयं सूचना के द्वारा भी शिथिलीकरण कर सकते हैं। आगे तो शरीर के कुछ निश्चित स्नायु समूह का शिथिलीकरण करना या थोड़ा-सा खाली समय मिलता है तो कुछ समय में भी समग्र शरीर का एक साथ शिथिलीकरण करना (होल बॉडी रिलैक्सेशन) आदि बातों पर भी ध्यान दिया जा सकता है।

व्यसनाधीनता और व्यसनमुक्ति

व्यसन इस मूल संस्कृत शब्द का अर्थ संकट है। तंबाकू, शराब, चरस, अफीम, गांजा, कोकीन जैसे कई पदार्थ व्यसन के लिए इस्तेमाल किए जाते हैं लेकिन कोई भी व्यक्ति ऐसी चीजों का सेवन व्यसनाधीन बनने के लिए इरादतन नहीं करता है। मनुष्य के मस्तिष्क को एक प्रकार का लालच दिखाने का गुणविशेष इन चीजों में होता है, इसलिए ऐसी चीजों का मात्र स्वाद लेनेवाले कुछ लोग उसके आदी हो जाते हैं। व्यसन के लिए नशीली चीज प्राप्त करना, उसका सेवन करना, कुछ समय बाद उसके प्रभाव से मुक्त होना फिर सेवन के लिए नशीली चीज की खोज, इस दुष्चक्र से वे लोग बाहर नहीं निकल पाते। इसी कारण 'विश्व स्वास्थ्य संगठन' ने व्यसन को मानसिक विकार कहा है। समग्र दुनिया में व्यसनाधीनता यह मौत का चौथा कारण है। आजकल किशोरावस्था के लड़कों और महिलाओं में भी व्यसनाधीनता की बढ़ती प्रवृत्ति दिखाई दे रही है। ऐसा होकर भी भारत जैसे राष्ट्र में इरादतन व्यसनाधीनता को बढ़ावा देनेवाली नीति अपनाई जा रही है। व्यसन ये केवल स्वास्थ्य से जुड़ा सवाल नहीं। इसके सामाजिक, आर्थिक, राजकीय पहलू भी हैं। व्यसनाधीनता और व्यसनमुक्ति के इलाज इस संदर्भ में समाज में बड़ी मात्रा में अज्ञान तथा गलतफहमियाँ दिखाई देती हैं। इसलिए इस विषय के संदर्भ में हम विस्तृत जानकारी लेंगे।

व्यसनाधीनता के कारण परिवार को बरबाद करनेवाले बहुत से लोग हमारे इर्द-गिर्द दिखाई देते हैं। फिर भी लोग व्यसनाधीनता की राह क्यों अपनाते हैं?

सामान्यतः व्यसनों की शुरुआत केवल उत्सुकतावश होती है। व्यसनाधीन व्यक्ति को आजकल समाज में एक कथित प्रतिष्ठा प्राप्त हुई है, इसलिए व्यसन टालने का धैर्य कई युवा दिखाते नहीं हैं। अपने हमउम्र दोस्तों के दबाव में और 'व्यसन के लिए नकार दिया तो मैं अकेला हो जाऊँगा' इस डर से व्यसनों की शुरुआत होती है। इस प्रकार उस व्यक्ति के जीवन में व्यसन की शुरुआत बिलकुल अनायास

होती है। व्यसन की चीजों का मात्र स्वाद लेनेवाले लोगों में से कितने प्रतिशत लोग व्यसनाधीन होते हैं यह कोई भी निश्चित तौर पर नहीं कह सकता फिर भी व्यसनाधीनता कई कारणों के संयोग से होनेवाली मानसिक बीमारी है। साधारणत: इन कारणों का विभाजन जैविक, मानसिक तथा सामाजिक ऐसे तीन प्रकारों में किया जाता है। जैविक कारणों में आनुवंशिकता यह प्रमुख कारण है। जिन बच्चों के अभिभावक व्यसनाधीन होते हैं उनके बच्चों में व्यसनाधीनता की मात्रा व्यसनहीन व्यक्तियों के बच्चों की तुलना में अधिक होती है। इसी तरह शारीरिक तौर पर कुछ लोगों की व्यसन की चीजों को पचाने की क्षमता अधिक होती है। ऐसे व्यक्ति के भी व्यसनी होने का खतरा अधिक रहता है।

मनुष्य का स्वभावदोष व्यसनाधीनता का प्रमुख मानसिक कारण है। समाज के नीति-नियमों को पैरों तले रौंदने की मनुष्य की प्रवृत्ति, अनावश्यक धैर्य, धोखे से अपरिचितता, ऐसे कुछ स्वभावदोषों की वजह से व्यसनाधीनता का शिकार होने की संभावना बढ़ती है, साथ ही कुछ मनोविकारों में विकार के लक्षणों पर थोड़ा अंकुश लगे, इसके लिए भी कुछ व्यसन की चीजें ली जाती हैं। जैसे, तीव्र चिंता, उदासीनता की बीमारी में चिंता और उदासीनता कम करने के लिए व्यसनों की शुरुआत की जा सकती है।

व्यसनाधीनता के सामाजिक कारणों में समाज में व्यसनाधीनता को दी गई कथित प्रतिष्ठा, साथ ही व्यसन के पदार्थों की सहज उपलब्धता आदि बातें आती हैं। इन बातों की वजह से व्यसनाधीनता की शुरुआत होती है और धीरे-धीरे मस्तिष्क को व्यसनों की वजह से मिल रही उत्तेजना कुछ समय के लिए ठीक लगने लगती है। कभी-कभी व्यसन बंद करते समय होने वाली तकलीफ (वियोग लक्षण) दूर करने के लिए भी व्यक्ति दुबारा व्यसनाधीनता की ओर मुड़ सकता है।

परिणामों की उचित जानकारी होने के बावजूद मैं उचित मात्रा में व्यसन का सेवन करूँगा यह झूठा आत्मविश्वास हर व्यसनाधीन व्यक्ति में दिखाई देता है और मौजमस्ती के लिए शुरू की यह लत भविष्य में एक बड़े विकार का रूप धारण करती है, यह उसे पता भी नहीं चलता है।

मनुष्य को शराब की आदत धीरे-धीरे लगती है, ऐसा आप कहते हैं। इस लत की शुरुआत कैसे हुई इसे पहचानने के कुछ लक्षण हैं क्या?

शुरू में कभी-कभार पार्टी में या दो-चार माह में एक बार शराब पीनेवाला व्यक्ति कुछ समय बाद बार-बार शराब पीने लगता है और आगे तो वह हर दिन शराब पीता है। साथ ही उचित नशा चढ़ाने के उद्‌देश्य से उसे ज्यादा मात्रा में शराब की आवश्यकता महसूस होती है। दिन का बहुत सारा समय शराब उपलब्ध करने के

बारे में सोचते हुए, शराब के सेवन के लिए और शराब के नशे से बाहर आने की प्रक्रिया में जाने लगता है। इसके साथ ही पारिवारिक, व्यावसायिक जिम्मेदारी को व्यसनाधीन व्यक्ति नजरअंदाज करने लगता है। इससे आगे की स्थिति में शराब पीने के अलावा अन्य महत्त्वपूर्ण बातों में भी उसकी रुचि कम होने लगती है। परिवारजनों तथा दोस्तों की शराब न पीने की सलाह भी यह व्यक्ति नजरअंदाज करता है। ऐसी स्थिति में शराब के शारीरिक और मानसिक परिणाम सामने आने लगते हैं। साथ ही सुबह-सुबह भी शराब पीना शुरू होता है। शराब छोड़ने की इच्छा होने के बावजूद उस पर नियंत्रण रखना कठिन होता है।

उपरोक्त लक्षण दिखाई देने लगें तो मौजमस्ती के लिए शराब पीनेवाले का पर्यवसान शराब की लत के विकार में हुआ है ऐसा समझना चाहिए।

मेरे भाई को पिछले पंद्रह साल से शराब की लत है। वह खुद की अच्छी देखभाल करता है, परिवारजनों की भी उचित जिम्मेदारी वहन करता है, किंतु रोज शाम उसे पीने के लिए शराब चाहिए। इसका उसके शरीर पर कुछ बुरा असर होगा क्या, ऐसी चिंता अब हमें सताने लगी है।

अपना नियंत्रण खोकर व्यसनों का पूर्ण रूप से शिकार होना यह व्यसनाधीनता का चरम बिंदु है। उसे व्यसनाधीनता पर निर्भरता की बीमारी कहा जाता है। किंतु आपके भाई जैसे खुद की, परिवार की जिम्मेदारी का वहन करके नशा करनेवाले बहुत से लोग समाज में दिखाई देते हैं। इसे 'व्यसनों का गैरइस्तेमाल' कहा जाता है। व्यसनाधीनता के परिणामस्वरूप होनेवाले गलत बर्ताव भले ही ऐसे लोगों से न हों फिर भी उनके शरीर पर व्यसनाधीनता का बुरा असर होता ही है।

व्यसनाधीनता के शिकार व्यक्ति के मस्तिष्क से लेकर शरीर की त्वचा तक लगभग सभी अवयवों पर व्यसनाधीनता का बुरा असर होता है।

कहा जाता है कि यूरोपीय लोग पानी की जगह वाईन पीते हैं। उसे वे व्यसन नहीं मानते हैं और हमारे देश में वाईन को शराब कहकर उस पर पाबंदी लगाई जाती है।

दुनियाभर में नशीली चीजों की बड़ी मात्रा में और सहज उपलब्धता व्यसनाधीनता के मरीज बढ़ने का कारण है। इसका यूरोपीय द्वीप समूह भी अपवाद नहीं है। दुनिया के अन्य देशों की तरह वहाँ भी व्यसनाधीनता की बीमारी की बढ़ती संख्या दिखाई देती है। पाँच साल पहले सभी यूरोपियन देशों के स्वास्थ्य मंत्रियों ने वहाँ की शराब बिक्री इरादतन कम करने का समझौता किया और विगत पाँच वर्षों से

उस पर अमल कर रहे हैं यह सचाई बहुत कुछ कहती है।

विगत कुछ वर्षों से 'बिअर तथा वाईन शराब नहीं हैं' ऐसा दुष्प्रचार जानबूझकर भारत में किया जा रहा है। बिअर, वाईन, वोडका, रम, विस्की ये सभी शराब के ही भिन्न-भिन्न रूप हैं। शराब बनाने की पद्धति और उसमें निहित मद्यार्क की मात्रा के आधार पर उसे अलग-अलग नाम दिए जाते है। इसमें निहित मद्यार्क की मात्रा, बिअर में 6 प्रतिशत, वाईन में 10 से 12 प्रतिशत और विस्की में 40 से 50 प्रतिशत इतनी होती है। कई बार बिअर तथा वाईन उत्पादक वर्ग के आर्थिक फायदे इस प्रकार के दुष्प्रचार के पीछे होते हैं। बिअर तथा वाईन की सहज उपलब्धता का दूसरा अर्थ है, समाज की व्यसनाधीनता की प्रवृत्ति बढ़ना। इस पर हमें गौर करना चाहिए।

शराब छुड़ानेवाली गोलियों का विज्ञापन कई बार समाचार-पत्रों में प्रकाशित होता है। क्या इन गोलियों से वाकई कुछ लाभ होता है?

व्यसनाधीन व्यक्ति को व्यसनमुक्त करनेवाली परिणामकारक दवा अभी तक बड़े अथक प्रयास के बाद भी वैद्यकशास्त्र को नहीं मिली है, यह कड़वी सचाई है। इसका फायदा कई लोग व्यसनाधीन व्यक्ति के परिवारजनों को गुमराह करने के लिए लेते हैं, साथ ही व्यसनाधीनता का इलाज लंबी अवधि तक चलनेवाली और जटिल प्रक्रिया है। इसमें कई बार असफलता का सामना करना पड़ता है। इसलिए व्यसनाधीन व्यक्ति का निराश परिवार ऐसी झूठी बातों का शिकार होता है। कुछ गोलियाँ खिलाईं और व्यसनमुक्ति हुई यह बात बड़ी अच्छी किंतु सचाई से कोसों दूर है।

आधुनिक चिकित्सा विज्ञान में व्यसनमुक्ति के लिए अनुकूल दवाइयों के मुख्य चार प्रकार हैं—

पहले प्रकार में व्यसनमुक्ति करते समय आनेवाले वियोग लक्षणों की तीव्रता कम करनेवाली दवाइयाँ आती हैं। जैसे, बेन्जोडायजपीन समूह की डायजेपाम, लोराजेपाम, क्लोरडायजेपाक्लाइड आदि। ये दवाइयाँ वियोग लक्षण कम होने तक यानी व्यसनमुक्ति के आरंभिक पाँच से दस दिनों तक दी जाती हैं। साथ ही वियोग लक्षण तीव्र है और मरीज को कुछ बातों का भ्रम हो रहा है, मिरगी के दौरे पड़ रहे हैं तो उसकी तीव्रता कम करनेवाली दवाइयाँ आवश्यकता के अनुरूप प्रयुक्त की जाती हैं।

दूसरे प्रकार की दवाइयों में लंबी अवधि से शराब पीने के कारण शरीर का हुआ नुकसान दूर करने में मदद करनेवाली दवाइयाँ होती हैं। जैसे, लिवर टॉनिक, विटामिन की गोलियाँ आदि।

तीसरे प्रकार की दवाइयाँ मरीज की मानसिकता पर असर करनेवाली होती हैं।

कई बार शराब की लत के पीछे अत्यधिक चिंता, उदासीनता, उतावलापन और अन्य कुछ स्वभावदोष होते हैं। इन समस्याओं को कम करने में मददगार दवाइयाँ मनोविकार विशेषज्ञ की सलाह से ली जा सकती हैं।

चौथे प्रकार में शराब विरोधी दवाइयाँ होती हैं। इन दवाइयों का शराबी की इच्छाशक्ति पर किसी भी प्रकार का असर नहीं होता है यह ध्यान में रखना जरूरी है। शराब विरोधी इलाज करते समय अगर उस व्यक्ति ने शराब पी तो उसके साइड इफेक्ट्स शुरू होते हैं। ये साइड इफेक्ट्स जी मिचलाना, मितली होना ऐसे सौम्य भी और रक्तचाप बढ़ना, हृदय की खून आपूर्ति कम होना जैसे तीव्र भी हो सकते हैं। इसलिए मरीज और उसके परिवारवालों को इन दवाइयों के बारे में विस्तृत जानकारी देने के बाद ही ऐसी दवाइयाँ दी जाती हैं। मरीज की ओर से गलती से व्यसन हुआ तो ऐसी आपातकालीन स्थिति में क्या करना चाहिए इसकी सूचना देनेवाला 'इमर्जेन्सी कार्ड' भी दिया जाता है। दवाइयों से शराब छुड़ाने का विज्ञापन करनेवाले कई लोग डायसल्फीराम की गोली मरीज को देते हैं तो कई बार यह गोली मरीज को बिना बताए ही उसके परिवारवाले उसे खिलाते हैं। यह स्थिति 'बीमारी से इलाज भयंकर' जैसी है।

व्यसनमुक्ति केंद्र के संदर्भ में आजकल बहुत सुनने में आ रहा है। ये व्यसनमुक्ति केंद्र किस प्रकार का कार्य करते हैं?

व्यसनाधीनता तीव्र प्रकार की मानसिक बीमारी है, इसलिए उसका उचित, निश्चित इलाज करना जरूरी है। इस धारणा से ये व्यसनमुक्ति केंद्र कार्य करते हैं।

व्यसनाधीनता की बीमारी के भिन्न-भिन्न पड़ाव हमने पीछे देखे हैं। इन अलग-अलग पड़ावों के अनुरूप भिन्न-भिन्न प्रकार से इलाज इन व्यसनमुक्ति केंद्रों में किए जाते हैं। जिन व्यक्तियों में व्यसनाधीनता की तीव्रता बड़ी मात्रा में है उनका इलाज 'निवासी पद्धति' से किया जाता है।

इस निवासी इलाज पद्धति की समय सीमा सामान्यतः तीन सप्ताह से एक माह तक की होती है। अधिकांश व्यसनमुक्ति केंद्र भले ही तालाबंद पद्धति के होते हों किंतु फिर भी कुछ व्यसनमुक्ति केंद्र 'ओपन डोर पद्धति' के भी होते हैं। व्यसन बंद करते समय शुरू में मरीज के मस्तिष्क को शराब का आकर्षण बड़ा तीव्र होता है। ऐसी स्थिति में मरीज के दुबारा शराब की ओर मुड़ने की संभावना होती है। इसे टालने के लिए ऊपर उल्लिखित 'तालाबंद व्यसनमुक्ति केंद्र' फायदेमंद साबित होता है।

व्यसनाधीनता में मरीज की दिनचर्या अव्यस्थित होती है। इसलिए सुबह निश्चित समय पर उठने से लेकर रात सोने तक के एक निश्चित दिनक्रम के नियमितता

से पालन को व्यसनमुक्ति केंद्र में महत्त्व दिया जाता है। व्यसन बंद करने के बाद शुरुआती तीन से पाँच दिन मरीज में वियोग लक्षण मिलते हैं। ये वियोग लक्षण अगर तीव्र प्रकार के हैं तो मरीज को अस्पताल में दाखिल करके इलाज किया जाता है या व्यसनमुक्ति केंद्र में ही विशेषज्ञ डॉक्टर की मदद से उसका इलाज किया जाता है।

इसके बाद किए जानेवाले इलाज में 'समूह इलाज पद्धति' और 'निजी मनोवार्ता' ऐसी दोनों बातें होती हैं। दिन में तीन-चार बार इस 'समूह इलाज पद्धति' के सत्र होते हैं। इन सत्रों में व्यसन बीमारी किस प्रकार की है, इसके हमारे शरीर और परिवार पर क्या दुष्परिणाम होते हैं, व्यसनमुक्ति के सूत्र क्या हैं, इस दौरान व्यसन करने की इच्छा हो तो क्या करना चाहिए, ऐसी कई बातों पर समूह चर्चा होती है।

'निजी मनोवार्ता' में मरीज के बारे में समग्र जानकारी लेकर व्यसनों की जड़ के मुख्य कारण और व्यसनाधीनता के परिणामस्वरूप उसके जीवन में निर्मित समस्या के संदर्भ में समुपदेशन किया जाता है। इसके अतिरिक्त दैनंदिन योगा और व्यायाम, संगीत इलाज पद्धति, मनोवैज्ञानिक खेलों का भी प्रयोग किया जाता है। इसके लिए आवश्यक खेल तथा मनोरंजन का साहित्य वहाँ मौजूद होता है। कुल मिलाकर कहा जा सकता है कि बाहर जाने की पाबंदी के सिवाय मरीज को अंदर समग्र स्वतंत्रता दी जाती है।

व्यसनाधीन व्यक्ति के परिवारजनों को किसी निश्चित दिन मरीज से मुलाकात के लिए बुलाया जाता है।

व्यसनमुक्ति केंद्र में इलाज लेनेवाले अधिकांश मरीज तीव्र व्यसनाधीन होते हैं। इलाज के बाद एक साल में सामान्यत: 40 से 50 प्रतिशत मरीजों के व्यसनमुक्त होने का अनुभव है। अन्य मरीजों में व्यसनों की तीव्रता कम होती है। इसके अलावा परिवारिक तनाव कम होना, आर्थिक स्थिति में सुधार ऐसे भी कुछ परिणाम दिखाई देते हैं।

कहा जाता है कि पुरुष व्यसन करता है लेकिन भुगतना एक स्त्री को पड़ता है। मेरे मन में हमेशा यह सवाल पैदा होता है कि व्यसनाधीन पतियों के साथ उनकी औरतें रहती क्यों हैं?

हमारे देश में आज भी पुरुषप्रधान समाज व्यवस्था है। महिलाओं को अपने जीवन के महत्त्वपूर्ण निर्णय लेते समय समाज का बड़ा दबाव सहना पड़ता है। शादी के समय लड़की को उसके होनेवाले पति की व्यसनों की आदत के बारे जानकारी नहीं दी जाती और विवाह के बाद उस लड़की को पता चलता है कि उसका पति व्यसनाधीन है। व्यसन करने वाले अधिकांश लोगों के स्वभाव का एक गुणविशेष यह भी होता है कि जब तक वे नशे में नहीं होते तब तक वे अपनी पत्नी के साथ

बहुत अच्छा बर्ताव करते हैं। उससे माफी माँगना, दुबारा शराब न पीने की कसम खाना और अन्य कई बातों से वे अपनी पत्नी की मिन्नतें करने की कोशिश करते हैं, जिससे पत्नी को कुछ समय के लिए सुकून मिलता है। किंतु कुछ ही दिनों के बाद दुबारा व्यसनाधीनता शुरू होती है। इस द्वंद्वात्मक स्थिति से वह खुद को कभी भी दूर नहीं कर सकती है। 'मेरा व्यसनाधीन पति कभी न कभी व्यसनमुक्त हो सकता है' यह उम्मीद उसके मन में कायम होती है। कई बार ऐसी महिलाएँ अपने बच्चों की शिक्षा के लिए और अपने भविष्य की उम्मीद से अपनी खुशियों को त्यागकर तकलीफ सहती रहती हैं। उस स्त्री का आर्थिक दृष्टि से आत्मनिर्भर रहना, उसकी शैक्षिक पृष्ठभूमि, उसके मायकेवालों की भूमिका जैसी कई बातें इस संदर्भ में महत्त्वपूर्ण होती हैं।

इससे भी आगे जाकर अपने पति की व्यसनमुक्ति के लिए अनमोल सहयोग देनेवाली कई महिलाएँ दिखाई देती हैं। साथ ही बहुत प्रयास के बाद भी पति व्यसन नहीं छोड़ता है तो अपनी अलग राह चुनने वाली महिलाएँ अब हमारे समाज में दिखाई देने लगी हैं।

आजकल महाराष्ट्र के कुछ जिलों में महिलाओं के मतदान द्वारा गाँव के शराबखाने बंद होने के समाचार पढ़ने को मिल रहे हैं। यह उनके द्वारा किस प्रकार का आंदोलन है?

हमारे समाज में शराब जैसे व्यसन मुख्यतः पुरुषों के द्वारा किए जाते हैं। इसके सामाजिक, आर्थिक और पारिवारिक परिणामों को केवल उसकी पत्नी को ही भुगतना पड़ता है। इस दृष्टि से सतारा, कोल्हापुर जैसे कुछ जिलों में महिलाएँ शराब बिक्री के विरोध में स्वयंस्फूर्ति के साथ इकट्ठा होकर इस आंदोलन का हिस्सा बनी हैं।

गाँव में चलने वाली शराब की दुकान बंद करने के लिए अगर गाँव की पच्चीस प्रतिशत महिलाओं की ओर से आवेदन किया जाता है, तो उस गाँव की समग्र महिलाओं का शराब बंद करने के बारे में मतदान लिया जाता है, यह महाराष्ट्र में एक कानून है। इस कानून के तहत सतारा, कोल्हापुर और अन्य कुछ जिलों के गाँव में चलनेवाले सरकारी मान्यताप्राप्त शराबखाने बंद करने के लिए मतदान हुआ और लगभग 20 गाँव के 30 से 35 शराबखाने बंद किए गए। शराब की उपलब्धता कम होने के बाद शराब पीने की मात्रा कम होती है, इस भूमिका से यह आंदोलन कार्य कर रहा है। महिलाओं की ओर से शराबबंदी का चलाया आंदोलन शराब के प्रति महिलाओं के मन में निहित घृणा को दर्शाता है।

मैं व्यवसाय से बिल्डर हूँ, इस कारण मुझे कई लोगों से संपर्क रखना पड़ता है। कई बार रात को खाने-पीने की पार्टी रहती है, वहाँ सभी लोग शराब पीनेवाले होते हैं। मेरी पीने की इच्छा न होने के बावजूद अगर मैं शराब नहीं पिऊँगा तो लोग मुझसे दूर जाएंगे, जिसका मेरे व्यवसाय पर असर होगा ऐसा मुझे लगता है। क्या मेरा यह मानसिक द्वंद्व कम करने के लिए कुछ मदद मिल सकती है?

शराब का महज स्वाद लेनेवाले सौ में से दस-बारह प्रतिशत लोगों को शराब की लत लगती है। शराब पीने की शुरुआत करनेवाले किस व्यक्ति को शराब की लत लगेगी और किसे नहीं लगेगी यह निश्चित रूप से नहीं बताया जा सकता है। अगर हमें शराब का आदी नहीं होना है तो जहाँ बार-बार शराब पी जाती है वहाँ जाना टालना ही ठीक रहता है। उस विशेष वातावरण और दिनचर्या की आदत अगर हमारे मस्तिष्क को लगती है तो कभी-कभी शराब पीनेवाला व्यक्ति कब शराबी बनता है, पता भी नहीं चलता है। यह एक कठिन राह का सफर है।

दोस्ती तथा रिश्ता टूटने का जो डर आपको सता रहा है वह कुछ हद तक सही है। ऐसी स्थिति में आपने अगर अच्छी कुशलता से काम किया तो आपको लाभ मिल सकता है। प्रत्यक्ष या परोक्ष रूप से आपको अपने दोस्तों को यह समझाना होगा कि मेरा विरोध दोस्ती को नहीं, शराब को है। इससे भी आगे जाकर आपको इस बात का खयाल रखना होगा कि सच्ची दोस्ती क्या है और व्यावसायिक हित के लिए की गई दोस्ती क्या है? आपको उचित न लगनेवाली, आपके लिए अनिष्ट बात, आपको करने का दबाव डालनेवाले आपके सच्चे मित्र कैसे हो सकते हैं, यह आपको सोचना होगा। हमारे जीवन में कई बार हमारे सामने कठिन निर्णय लेने की स्थिति आती है, लेकिन व्यावसायिक लाभ के लिए शराब का आदी होना है या व्यवसाय को उचित राह से आगे ले जाना है यह प्रश्न आपको खुद से पूछना चाहिए। अपने हर निर्णय की कुछ न कुछ कीमत हमें जीवन में अदा करनी होती है। ऐसे समय में हमें जीवन में क्या चाहिए इस महत्त्वपूर्ण प्रश्न पर आकर हम रुकते हैं। भले ही कठिन हो किंतु वह निर्णय हमें कभी न कभी लेना पड़ता है।

मेरे पति को पिछले पंद्रह साल से शराब की लत है। उनका मनोविकार विशेषज्ञ से इलाज भी हुआ है। उन्हें व्यसनमुक्ति केंद्र में दाखिल किया, लाइलाज होने पर तावीज, मंत्र-तंत्र भी किया। फिर भी उनका व्यसन कम

नहीं होता है। प्रयास करके अब हम थक चुके हैं, क्या करें कुछ समझ में नहीं आ रहा है।

व्यसनाधीनता की बीमारी में 15 से 20 प्रतिशत मरीज बहुत तीव्र प्रकार की व्यसनाधीनता के शिकार होते हैं। इस प्रकार की व्यसनाधीनता इलाज के लिए निश्चित ही कठिन होती है। आपके पति का व्यसनी होना, इसी प्रकार का दिखाई दे रहा है। इलाज के लिए कठिन स्वभाव दोष ऐसे तीव्र प्रकार के व्यसनों की जड़ में हो सकते हैं। व्यसनमुक्ति की प्रक्रिया मरीज और इलाज करनेवाले विशेषज्ञ व्यक्ति इन दोनों के सामूहिक प्रयास से होती है। अपने अहंकार की तीव्रता और खुद को तकलीफ देने की एक दबी भावना इस भूमिका से भी ऐसे मरीज इलाज के लिए सहयोग नहीं देते हैं। इस कारण इलाज करना कठिन होता है। किंतु फिर भी कुछ सीमित विकल्प हमारे पास बचते हैं। ऐसी स्थिति में मरीज को व्यसनमुक्ति केंद्र में लंबी अवधि के लिए यानी एक से दो साल तक रखकर वहीं पर धीरे-धीरे उसको सुधारने की कोशिश की जाती है। तो दूसरी ओर मरीज के परिवारवालों को आर्थिक और भावनिक दृष्टि से स्वावलंबी होना, पारिवारिक हिसांचार का प्रतिरोध करना ऐसी बातों का प्रशिक्षण दिया जाता है। परिवार का मुख्य व्यक्ति व्यसनाधीन हुआ है तो इससे परिवार का हो रहा नुकसान ध्यान में रखकर उस परिवार की मदद की जाती है। आपके परिवारजन, दोस्त, स्नेही और व्यसनमुक्ति विशेषज्ञ आदि का एक साथ मिलकर प्रयास जारी रखना और आपका अपने मानसिक स्वास्थ्य तथा संघर्ष की जिद कायम रखने का प्रयास करना, ये दो बातें आपकी दृष्टि से महत्वपूर्ण है।

हमारे गाँव की लगभग 60 से 70 प्रतिशत महिलाएँ तंबाकू-मिस्सी लगाती हैं और लगभग उतने ही पुरुष तंबाकू खाते हैं। मुझे लगता है तंबाकू या मिस्सी शराब से ज्यादा हानिकारक है।

तंबाकूजन्य पदार्थों का व्यसन बहुत ही धीमी गति से मनुष्य को जड़ने वाली बीमारी है। शराब के दुष्परिणामों की तरह तंबाकू सेवन के दुष्परिणाम भले ही सहजता से दिखाई न देते हों किंतु शरीर के लिए बहुत हानिकारक होते हैं। तंबाकू में निकोटीन नामक पदार्थ होता है, उसकी लत व्यक्ति को लगती है। देहातों में तंबाकू खाना एक सामान्य प्रवृत्ति समझी जाती है। तंबाकू खानेवाले को व्यसनाधीन व्यक्ति के रूप में देखा ही नहीं जाता है। इसलिए गाँव में तंबाकू और मिस्सी का बड़ी सहजता से उपयोग किया जाता है। किंतु फिर भी तंबाकू का ज्यादा सेवन खतरनाक हो सकता है यह चेतावनी स्वयं 'विश्व स्वास्थ्य संगठन' ने दी है। दुनिया में हर साल

7 से 8 लाख लोगों की तंबाकू सेवन से मृत्यु होती है। साथ ही तंबाकू के कई दुष्परिणाम हैं। मुँह के अल्सर से कैन्सर तक की कई मुँह की बीमारियाँ तंबाकू सेवन से होती हैं। उच्च रक्तचाप, हृदयविकार जैसी जानलेवा बीमारियाँ भी तंबाकू सेवन से होती हैं। साथ ही नपुंसकत्व भी तंबाकू सेवन का ही एक दुष्परिणाम है।

तंबाकू के दुष्परिणाम तंबाकू सेवन के पाँच से दस साल बाद दिखाई देते हैं। साथ ही शराब की तरह तंबाकू सेवन से परिवारजनों को तकलीफ न होने के कारण उसकी ओर ध्यान नहीं दिया जाता। परिणामस्वरूप जब तंबाकू सेवन के शारीरिक दुष्परिणाम दिखाई देने लगते हैं, तब तक यह व्यसन अपनी जड़ें जमा चुका होता है।

महिलाएँ भी इस व्यसन में पुरुषों के पीछे नहीं हैं। देहाती समुदाय की महिलाएँ बड़ी मात्रा में तंबाकूयुक्त मिस्सी से दांत माँजती हैं।

तंबाकू की लत सामान्यत: 18 से 25 वर्ष की उम्र के दौरान शुरू होती है। इसलिए इस बीच की उम्र के बच्चों को तंबाकू के दुष्परिणाम समझाकर इस व्यसन से उन्हें दूर रखने का प्रयास करना जरूरी है।

तंबाकू का व्यसन छुड़ाने के लिए मनोवार्ता और दवाइयाँ इन दोनों स्तरों पर प्रयास किया जाता है। उदासीनता या चिंता से जुड़ी बीमारियों के लिए उपलब्ध दवाइयों जैसी तंबाकू के लिए दी जानेवाली दवाइयाँ भले ही प्रभावी न हों किंतु उनका लाभ कुछ न कुछ जरूर होता है। मनोवार्ता में तंबाकू के दुष्परिणाम उस व्यक्ति को समझाना महत्त्वपूर्ण होता है। इसी के साथ तंबाकू छोड़ने के बाद आनेवाले वियोग लक्षण को भी अच्छी तरह से सहेजने को सिखाना और तंबाकू की दुबारा इच्छा हुई तो क्या करना चाहिए यह भी सिखाया जाता है।

कई बार प्रथम प्रयास में तंबाकू की लत छूटती नहीं, इसलिए बार-बार किए गए प्रामाणिक प्रयासों के बाद यह लत छूट सकती है।

नशीली चीजों की चर्चा कुछ दिन कम हुई थी किंतु रेव पार्टी जैसे प्रसंगों से उसकी लत समाज में दुबारा दिखाई दे रही है। यह सब क्यों घटित हो रहा है?

यह सही है कि अस्सी के दशक में भारत में सभी ओर नशीली चीजों की मात्रा बढ़ गई थी, जिसमें समाज की युवा पीढ़ी बड़ी मात्रा में डूब रही थी। इस बात पर गंभीरता से सोचकर भारत सरकार ने 'नार्कोटिक ड्रग्ज एंड सायकोट्रापिक सबस्टन्स प्रिवेन्शन एक्ट' यह कानून सम्मत किया। इस कानून में नशीले पदार्थों का प्रचार-प्रसार टालने के लिए क्या उपाय है इस बात पर चर्चा है। कोई व्यक्ति इन पदार्थों का सेवन अथवा बिक्री करते समय पकड़ा गया तो उसे इस कानून के तहत कड़ी

सजा का प्रावधान है। इस कानून के प्रभावी अमल के कारण ही विगत दो दशकों में नशीली चीजों की भारत में बिक्री और उनका सेवन बहुत कम हुआ है।

इन नशीली चीजों की तस्करी से आने वाला पैसा बड़ी मात्रा में आतंकवादी कार्रवाइयों में प्रयुक्त किया जाता है। आजकल कई देश आमने-सामने युद्ध करने की अपेक्षा दुश्मन देशों में नशीली चीजों को भेजकर, उनका प्रसार करके वहाँ की युवा पीढ़ी को व्यसनाधीन बनाने की कुटिलता का सहारा ले रहे हैं। आर्थिक उदारीकरण के बाद पाश्चात्य युवा पीढ़ी का अंधानुकरण करने की प्रवृत्ति हमारे देश में बढ़ गई, इसमें ही रेव पार्टी जैसे प्रसंगों में नशीली चीजों का सेवन आता है। उपर्युक्त दोनों बातों की वजह से ये व्यसन दुबारा सामने आ रहे हैं। एक ओर असरदार जनचेतना तो दूसरी ओर कानून की सख्ती के द्वारा इस स्थिति का सामना करना जरूरी है।

हमारा उन्मेश अठारह साल का है। वह चोरी-छिपे सिगरेट पी रहा है। परसों देर रात घर आने पर उसके मुँह से शराब की बदबू आ रही थी। उसके साथ कैसा व्यवहार किया जाए यह समझ में नहीं आ रहा है।

हमने इसके पूर्व देखा ही है कि 80 प्रतिशत व्यसन 18 से 25 साल की उम्र के बीच शुरू होते हैं। आपका लड़का उन्मेश उम्र के उसी खतरनाक मोड़ पर है। इस उम्र में बच्चों में अनावश्यक अधैर्य की भावना प्रबल होती है और उनके विचारों में किसी प्रकार की परिपक्वता नहीं होती है। इसलिए विशेष स्टाइल में सिगरेट पीना या दोस्तों के साथ शराब पीना ये बातें बच्चों को आकर्षक लगती हैं। कई बार दोस्ती की खातिर बच्चे सिगरेट या शराब पीना शुरू करते हैं, किंतु बाद में वे कब उसका शिकार होते हैं पता भी नहीं चलता है। साथ ही इस उम्र में अभिभावकों की बात टालने की बच्चों की प्रवृत्ति बड़ी तीव्र होती है। इन तमाम बातों को ध्यान में रखकर ही आपके उन्मेष के बारे में निर्णय लेना होगा।

उसके साथ व्यसनाधीनता पर स्पष्ट तथा सीधी चर्चा करने की अपेक्षा उसकी दृष्टि से किसी अन्य महत्त्वपूर्ण विषय पर चर्चा करके उसके साथ भावनिक तादाम्य प्रस्थापित करना जरूरी है। इसके बाद ही वह अपनी व्यसनाधीनता के बारे में आपके साथ खुलकर बातचीत कर सकता है। उसके सिगरेट पीने या शराब पीने के पीछे की भूमिका के संदर्भ में वह आपसे खुलकर चर्चा कर सके इतना उसके साथ सुसंवाद प्रस्थापित करना जरूरी है।

अगले मोड़ पर उन्मेष को उसकी आज की उम्र के खतरों और चुनौतियों से परिचित कराना होगा। इन बातों को वह किस प्रकार से प्रतिसाद देता है, इस पर हम आगे की दिशा निश्चित कर सकते हैं। आपके स्तर पर किए हुए प्रयास को अगर

उन्मेश की ओर से कुछ भी समर्थन नहीं मिलता है तो फिर विशेषज्ञ समुपदेशक की सहायता लेना जरूरी है।

इन तमाम परिस्थितियों में आपको अभिभावक के रूप में बहुत संयम रखना जरूरी है। अभिभावकों के साथ अगर खुली चर्चा होती है तो उन्मेष जैसों के कई प्रश्नों का समाधान घर पर ही हो सकता है।

अल्कोहोलिक अनॉनिमस (ए.ए.)

शराब की लत से छुटकारा दिलाने के लिए और अन्य व्यसनाधीन लोगों की मदद के लिए 'अल्कोहोलिक अनॉनिमस' नामक संस्था कार्य करती है। बिल और बौब ये दो मित्र शराब की लत छोड़ने के लिए हर शाम एक साथ बैठकर बातें करते थे। इससे ही 'अल्कोहोलिक अनॉनिमस' संस्था का जन्म हुआ। आज की तारीख में दुनिया के दो सौ से ज्यादा देशों में ए.ए. के समूह व्यसनमुक्ति का कार्य कर रहे हैं। कई लाख लोगों को व्यसनमुक्ति के लिए ए.ए. ने मदद की है। शाम के समय जब इनसान को व्यसन करने की तीव्र इच्छा होती है, उस समय ए.ए. की सहविचार सभा होती है। यहाँ सभी व्यसनाधीन लोगों को खुला प्रवेश होता है। गरीब, अमीर जैसा कोई भेद इस संस्था में नहीं किया जाता है। ए.ए. का इलाज पूर्ण रूप से मुफ्त में रहता है। इसमें व्यसनाधीन व्यक्ति को अपनी व्यसनाधीनता को सबके सम्मुख स्वीकार करना और इसे सबके सामने कबूल करना, संस्था के प्रयास से व्यसनमुक्त हुए लोगों द्वारा व्यसनाधीन लोगों को अपने निजी उदाहरण से बदलाव के लिए प्रेरित करना, ऐसी बातें होती है। ईश्वर के सम्मुख अपने पापों को कबूल करना और माफी माँगना ऐसी धार्मिक बातें भी इस प्रकार के इलाज में होती है। ए.ए. व्यसनाधीन व्यक्ति की पत्नी के लिए 'अलअनोन' नामक गुट भी चलाता है।

किसी भी आर्थिक सहायता के सिवाय केवल सदस्यों द्वारा दिए हुए पैसों के बलबूते पर ए.ए. का पूरा कारोबार चलता है।

सिजोफ्रेनिया

हमने समाज में अपना होश खोये हुए मनोरोगी कई बार देखे हैं। इन मनोरोगियों में अपने आप से बात करना, हँसना, समय पर न नहाना, बेवजह संदेह करना, कुछ समय के लिए हिंसक बर्ताव करना, इस प्रकार के कई लक्षण दिखाई देते हैं। इस प्रकार के लक्षण दिखाई देनेवाले मरीज अधिकांशत: सिजोफ्रेनिया की बीमारी के शिकार होते हैं। मनोविकार से जुड़ी अपराधबोध की भावना अधिकांश मात्रा में सिजोफ्रेनिया की बीमारी से संबंधित है।

'देवराई', 'ब्यूटीफुल माइंड', 'सिक्सटीन पार्क अॅवेन्यू' जैसी फिल्मों के कारण सिजोफ्रेनिया बीमारी के बारे में थोड़ी-बहुत जानकारी मिलने के लिए मदद हुई है। किंतु आज भी सिजोफ्रेनिया के उग्र लक्षण दिखाई देने पर मरीज को भूतबाधा के नाम पर ओझा-मांत्रिक के पास भेजा जाता है। स्पष्ट बाह्य लक्षणों के कारण निदान के लिए बहुत सरल तथा उचित निदान के बाद अच्छी तरह से नियंत्रण में आनेवाले सिजोफ्रेनिया मनोविकार के संदर्भ में हम यहाँ अधिक जानकारी लेंगे।

सिजोफ्रेनिया मनोविकार के बारे में आजकल समाचार-पत्रों में बहुत जानकारी प्रकाशित हो रही है। यह बीमारी निश्चित तौर पर कैसी है?

सिजोफ्रेनिया एक उग्र प्रकार की मानसिक बीमारी है। समाज में सामान्यत: एक प्रतिशत लोगों को यह मनोविकार होता है।

साधारणत: सिजोफ्रेनिया का विकार 18 से 25 वर्ष की उम्र के बीच में शुरू होता है। फिर भी उम्र के 40 से 50 वें वर्ष के दौरान और उसके बाद भी शुरू होनेवाले सिजोफ्रेनिया के कुछ प्रकार हैं।

सिजोफ्रेनिया की बीमारी मरीज के जीवन में बहुत ही धीरे-धीरे प्रवेश करती है, इसलिए बीमारी के शुरुआती लक्षण और प्रत्यक्ष रूप से इस बीमारी पर शुरू किया इलाज इस बीच कई महीने या साल भी गुजरते हैं। सिजोफ्रेनिया विचार, संवेदना और इच्छाशक्ति के बीच के संबंधों का विकार है।

सिजोफ्रेनिया के मुख्य तौर पर पॉजिटिव और निगेटिव ऐसे दो प्रकार के लक्षण होते हैं। पहले पॉजिटिव लक्षण कौन-से हैं ये जान लेते हैं। इन लक्षणों में भ्रम-विभ्रम का समावेश होता है, भ्रम (डिलूजन्स) विचारों से संबंधित होते हैं तो विभ्रम (हैल्यूसिनेशन्स) संवेदना से संबंधित होते हैं।

संशय का भ्रम सिजोफ्रेनिया का 'पैरानॉइड' यानी संशयी उपप्रकार का मुख्य लक्षण होता है। कोई व्यक्ति या व्यक्ति समूह मुझे जानबूझकर तकलीफ दे रहा है, उसने मुझ पर नजर रखी है, वह मुझे शारीरिक नुकसान पहुँचा सकता है, केवल ऐसे संशय पर निर्भर अवास्तविक विचार इस बीमारी के मरीज के मन में आने लगते हैं।

आसपास घटित होनेवाली सभी घटनाएँ संशय की नजर से देखने की शुरुआत होने की वजह से मन में संशय की एक पक्की गुत्थी तैयार होती है। इस संशय को दूर करने के लिए मरीज से कितने भी सबूतों अथवा इसकी सचाई का विश्लेषण करने के बाद भी यह भ्रम जस का तस रहता है। सिजोफ्रेनिया के भ्रम की एक और महत्त्वपूर्ण बात यह है कि इसके लक्षण असंभव कोटि के होते हैं। जैसे, चाँद पर रहनेवाले लोग किसी विशेष विद्युत लहरी के माध्यम से मुझ पर नजर रख रहे हैं, आदि।

इन भ्रमों के साथ ही अलग-अलग संवेदनाओं का भ्रम सिजोफ्रेनिया का एक महत्त्वपूर्ण लक्षण है। साधारण स्थिति में वातावरण में 'स्टिम्यूलस' होने पर हमें संवेदना होती है किंतु भ्रम के प्रकार में वातावरण में 'स्टिम्यूलस' न होते हुए भी संवेदना हो सकती है। जैसे, कोई नहीं बोल रहा है तो भी आवाज सुनाई देना, कोई स्पर्श नहीं कर रहा है फिर भी स्पर्श का एहसास होना। सिजोफ्रेनिया के भ्रम मुख्यतः आवाज के होते हैं, जिसमें कई लोग मेरे बारे में आपसी बातचीत कर रहे हैं, मेरे खिलाफ कोई साजिश रची जा रही है, ऐसा स्पष्ट भ्रम सिजोफ्रेनिया के मरीज को हो सकता है।

सिजोफ्रेनिया का मरीज वास्तविक दुनिया और भ्रम-विभ्रम की दुनिया के बीच की सीमारेखा को पहचान नहीं सकता है। इसलिए कई बार मरीज भ्रम की दुनिया में जीने लगता है। अपने आप हँसना, बातें करना, इशारे करना, ऐसे बाह्य लक्षण इसी कारण दिखाई देते हैं।

'मेरे विचारों पर मेरा नियंत्रण है और मेरे विचार बहुत गोपनीय हैं 'इसकी हर स्वस्थ व्यक्ति को गारंटी रहती है। किंतु सिजोफ्रेनिया की बीमारी में ऐसा नहीं होता है। वहाँ मरीज को यह भ्रम होने लगता है कि मेरे विचार अभिव्यक्त किए बिना भी अपने आप दूसरों तक पहुँच रहे हैं। किसी अज्ञात शक्ति के द्वारा मेरे मन में कुछ विचार घुसेड़ दिए जा रहे हैं या मेरे मन से कुछ विचार निकाल लिए जा रहे हैं, ऐसे भ्रम भी मरीज को होने लगते हैं। मेरे विचार समाचार-पत्रों द्वारा या टीवी द्वारा सभी जगह प्रसारित किए जा रहे हैं, ऐसा भ्रम भी कभी-कभी होता है।

कुछ भ्रम तो इतने उग्र होते हैं कि मरीज को लगता है कि मेरे हर विचार या भावना या कृति पर कोई ना कोई हमेशा चर्चा कर रहा है।

दूसरी ओर निगेटिव लक्षण रहते हैं। इसमें मरीज की अब तक अपने जीवन में अर्जित की हुई बौद्धिक क्षमता का लोप शुरू होता है। उसके विचारों में निहित संगति कम होने लगती है। मरीज को बोलचाल का सूत्र रखना कठिन होता है। कुल मिलाकर संभाषण में असंगति आने लगती है। कई बार वह कुछ नए अर्थहीन शब्दों को ईजाद करता है। इसे 'निऑलॉजिज्म' कहते हैं।

ऐसे विभिन्न कारणों की वजह से मरीज हमेशा अस्वस्थ रहने लगता है। उसकी दैनंदिन इच्छाशक्ति पर ही यह बीमारी हमला करती है। परिणामस्वरूप मरीज की कोई भी काम करने की इच्छा धीरे-धीरे क्षीण होने लगती है।

साथ ही इस बीमारी में चेहरे के हावभाव भी धीरे-धीरे कम होने लगते हैं, आँखों की चमक लुप्त होने लगती है और संवादों से भावनिकता कम होने लगती है।

सामान्यत: एक महीने से ज्यादा अवधि तक ऊपर उल्लिखित दो से अधिक लक्षण दिखाई देने लगें तो सिजोफ्रेनिया का निदान होता है।

मैंने सुना है कि सिजोफ्रेनिया की बीमारी कभी भी ठीक नहीं होती है। क्या इस बीमारी का कुछ इलाज है?

सिजोफ्रेनिया एक लंबी अवधि की बीमारी है। किंतु आज उस बीमारी के लिए असरदार दवाइयाँ उपलब्ध हैं। सन 1953 में भ्रम-विभ्रम की उग्रता कम करनेवाली दवाइयों की खोज हुई थी, तब से विगत साठ साल की अवधि में सिजोफ्रेनिया की बीमारी पर असरदार दवाओं की भी खोज हुई है। इनमें कुछ पुरानी दवाइयाँ हैं जो भ्रम-विभ्रम होने के मुख्य कारण, मस्तिष्क में स्थित डोपामिन द्रव की बढ़ी हुई मात्रा को नियंत्रित करती हैं। इससे मरीज के संशय बढ़ना, कानों में आवाज गूँजना ऐसे सामान्य लक्षण नियंत्रित हो सकते हैं। किंतु इन दवाइयों के कुछ दुष्परिणाम थे, जिनमें कंपवात, हावभाव में धीमापन आदि थे। सिजोफ्रेनिया के लिए उपयुक्त कुछ नई दवाइयों में ये दुष्परिणाम बड़ी मात्रा में कम हुए, साथ ही ये नई दवाइयाँ मस्तिष्क के विशिष्ट हिस्से में स्थित सिरोटोनिन की मात्रा पर भी उचित असर करती हैं। इससे भ्रम-विभ्रम कम होने के साथ ही बीमारी के निगेटिव लक्षणों यानी अपनी देखभाल न करना, भावनिक क्षमता कम होना आदि पर भी ये असरदार साबित हुई हैं।

दवाइयों के साथ सिजोफ्रेनिया के मरीज के लिए कुछ मनोसामाजिक इलाज जरूरी हैं।

सबसे पहले मरीज और उसके परिवारजनों को इस बीमारी का स्वरूप समझाना चाहिए, साथ ही मरीज में दिखाई देनेवाले लक्षण टोना-टोटका, भानमती नहीं हैं यह

भी समझाना चाहिए। यह बीमारी लंबी अवधि तक चलनेवाली है इसलिए दवाओं की उपयुक्तता, नियमितता आदि की दृष्टि से भी समुपदेशन जरूरी है। हमारे समाज में इस बीमारी की ओर अपराधबोध की भावना से देखा जाता है। यह दृष्टिकोण इलाज के लिए बाधा बनता है। इसलिए इस दृष्टिकोण का कोई असर मरीज और रिश्तेदारों पर न पड़े इस पर ध्यान देना और उन्हें सक्षम बनाना इलाज की सफलता की दृष्टि से जरूरी है।

निगेटिव लक्षणों से ग्रस्त मरीज को खुद की देखभाल अच्छी तरह करना, साथ ही अपनी भावनाएँ उचित प्रकार से व्यक्त करना जैसी छोटी-छोटी बातों का भी उचित प्रशिक्षण देना पड़ता है।

कई बार सिजोफ्रेनिया के लक्षण उग्र हुए तो मरीज को अस्पताल में दाखिल कराके उसका इलाज कराना जरूरी होता है। उचित इलाज से सिजोफ्रेनिया के अधिकांश मरीज समाज में घुलमिलकर इलाज ले सकते हैं।

मेरे पिताजी को सिजोफ्रेनिया की बीमारी थी। उन्हें जो तकलीफ थी वह हमने अपनी आँखों से देखी है। मेरा लड़का रोहित अब 17 साल का है। वह इधर पिछले पाँच-छः महीनों से विक्षिप्त आचरण कर रहा है। किसी भी बातचीत की तरफ उसका ध्यान नहीं होता है और घंटे-दो घंटे तक अकेला ही कमरे में बैठा रहता है। मुझे उसकी चिंता लग रही है। क्या सिजोफ्रेनिया की बीमारी आनुवंशिक है?

सिजोफ्रेनिया जैविक, मानसिक और सामाजिक इन तीनों प्रकार के कारणों या मनोविकारों का एकत्रित परिणाम होता है।

सिजोफ्रेनिया में जैविक कारणों का प्रतिशत ज्यादा रहता है। जैविक कारणों में आनुवंशिकता एक महत्त्वपूर्ण घटक है। किसी व्यक्ति के नजदीकी रिश्तेदारों में कोई सिजोफ्रेनिया का मरीज है तो सामान्य व्यक्ति की तुलना में उसे सिजोफ्रेनिया की संभावना ज्यादा होती है। ऐसी संभावनाओं की मात्रा सिजोफ्रेनिया के मरीजों के करीबी रिश्ते के अनुपात में बढ़ती है। जैसे, मरीज के एक अभिभावक को सिजोफ्रेनिया है तो इसका मतलब 25 प्रतिशत, दोनों अभिभावकों को यह बीमारी है, ऐसे में 50 प्रतिशत, इस मात्रा में यह बीमारी मरीज में देखी जा सकती है।

आनुवंशिकता के साथ ही मस्तिष्क के डोपामिन की मात्रा में वृद्धि होना और सिरोटोनिन द्रव की मात्रा कम होना यह भी सिजोफ्रेनिया में दिखाई देता है।

मस्तिष्क के फ्रंटल लोब (आगे का हिस्सा) और टेंपोरल लोब (बाजू का हिस्सा) इन दो भागों में सिजोफ्रेनिया की बीमारी में दोष पाया जाता है। संक्षेप में

कहा जाए तो आपके लड़के के वर्तन में हुए बदलाव को लेकर आपकी चिंता जायज है।

मानसिक विकारों का निदान लक्षणों के आधार पर किया जाने के कारण आपके लड़के की मनोविकार विशेषज्ञ से अच्छी जाँच कराके बीमारी का निदान करना जरूरी है। किसी भी मनोविकार का निदान जितनी जल्दी होता है, इलाज का परिणाम जल्द हो सकता है।

मुझे विगत पाँच-छः साल से सिजोफ्रेनिया की बीमारी है। लेकिन दवाइयों के कारण मेरी बीमारी अच्छी तरह से नियंत्रण में है। मैं सरकारी कार्यालय में काम करता हूँ, वहाँ लोगों को समझ में भी नहीं आता कि मुझे मनोविकार है, किंतु मुझे हमेशा डर लगता है कि मैं मनोरोगी हूँ यह लोगों को पता चला तो मुझे नौकरी से निकाल दिया जाएगा।

सिजोफ्रेनिया ही नहीं अन्य सभी मनोविकारों के संदर्भ में हमारे समाज में बड़ी मात्रा में अपराधबोध का भाव दिखाई देता है। जिसे मनोविकार हुआ है उससे कोई बहुत बड़ा पाप हुआ है ऐसा लोग समझते हैं। समाज का मनोविकार की ओर देखने का दृष्टिकोण बहुत संकुचित होने के कारण स्वयं मरीज और उसके रिश्तेदार भी सालों तक इस अपराधबोध के बोझ तले दबे होते हैं। कई बार किसी बीमारी का निदान मनोविकार के रूप में होगा इस डर से लोग बीमारी के लक्षण दिखाई देने के बावजूद डॉक्टर के पास जाना टालते हैं। इस कारण इलाज के लिए देर होती है, परिणामस्वरूप बीमारी की जटिलता बढ़ती है।

यह अपराधबोध की भावना मुख्य रूप से तीन स्तर पर कार्य करती है। पहला है सामाजिक स्तर। इस स्तर पर सामान्यतः समाज मनोविकारग्रस्त मरीज की ओर अपराधी भावना से देखता है। इसका परिणाम मरीज के कुछ सामाजिक अधिकार नकारने में होता है। जैसे, नौकरी का अधिकार या सामाजिक उत्सव, पर्व, त्योहारों में विकारग्रस्त व्यक्ति के सहभाग का अधिकार। अपराधबोध की भावना का दूसरा स्तर है रिश्तों के संबंध में। इस स्तर पर घटित बदलाव बिलकुल साधारण बातों से दिखाई देते हैं। किसी शारीरिक बीमारी के मरीज से अस्पताल में इलाज के समय ही बहुत लोग मिलने आते हैं। किंतु मनोविकारग्रस्त मरीज के इलाज लेते समय और बाद में भी मिलने को लोग टालते हैं। मनोविकारग्रस्त व्यक्ति की शादी तो दूर, जिस परिवार में मनोविकारग्रस्त व्यक्ति है ऐसे परिवार के साथ रिश्ता जोड़ने को भी लोग टालते हैं। इन तमाम बातों के परिणामस्वरूप तीसरे स्तर पर मरीज के मन में खुद के प्रति अपराधबोध की भावना तैयार होती है। शारीरिक दृष्टि से बीमार व्यक्ति का कोई भी पारिवारिक सदस्य सुधार के लिए कुछ न कुछ मदद

करता है, किंतु मानसिक विकारग्रस्त व्यक्ति खुद को दोष देता रहता है। खुद को पापी, दोषी, अपराधी मानकर इस भावना के बोझ से कई मनोविकारग्रस्त व्यक्ति सालोसाल दबे रहते हैं।

मनुष्य का शरीर जिस तरह बीमार होता है, वैसे ही उसका मन भी बीमार होता है। इसलिए वैज्ञानिक दृष्टिकोण से इसमें अपराधबोध या लघुता महसूस हो ऐसा कुछ भी नहीं, इसलिए मरीज को अपने आपको अपराधी मानना नहीं चाहिए। पारिवारिक तथा सामाजिक स्तर पर अपराधबोध की भावना कम हो इसके लिए मनोविकारों के संदर्भ में मरीज के रिश्तेदारों और समाज का हमेशा प्रबोधन करना जरूरी है।

इसके बाद भी अगर कोई हमारी बीमारी के कारण हमसे लघुता की भावना से बर्ताव कर रहा है तो उस व्यक्ति के साथ सुसंवाद प्रस्थापित करके उसे बीमारी का स्वरूप समझाना यह भी एक महत्त्वपूर्ण विकल्प हो सकता है। अगर सहयोगी कर्मचारी या समाज जानबूझकर तकलीफ दे रहा है तो उसको नजरअंदाज करना भी फायदेमंद हो सकता है।

कानूनन मनोविकारग्रस्त व्यक्ति को सरकारी नौकरी से निकाला नहीं जा सकता। मनोविकार का उस व्यक्ति की कार्यक्षमता पर अगर कोई असर नहीं हो रहा है तो ऐसा व्यक्ति अपना वही पद और कार्य संभाल सकता है। किंतु मनोविकार के कारण उस व्यक्ति की कार्यक्षमता कम हुई तो उस व्यक्ति की क्षमता के अनुसार उसे काम देना सरकार के लिए अनिवार्य है। इसलिए बीमारी के बोझ और नौकरी की चिंता न करते हुए आप काम कर सकते हैं।

हमारी लड़की मनीषा 22 साल की है। चार साल पहले उसकी सिजोफ्रेनिया की बीमारी का निदान हुआ। हम नियमित रूप से उसका इलाज करा रहे हैं और पिछले एक साल से उसकी बीमारी अच्छी तरह से नियंत्रण में है। क्या हमें उसकी शादी के बारे में सोचना चाहिए?

मनोविकार विशेषज्ञ की भूमिका हमेशा यही होती है कि मरीज के परिवारजनों को बीमारी और मरीज की स्थिति के संदर्भ में विस्तृत जानकारी देकर उसका लाभ और नुकसान बताना और उचित निर्णय लेने के लिए सहयोग करना, किंतु अंतिम निर्णय मरीज के परिवारजनों को ही लेना होता है।

विवाह के बाद बढ़नेवाली पारिवारिक जिम्मेदारियों को सँभालने के लिए वह व्यक्ति सक्षम है तो कानूनन वह व्यक्ति विवाह के लिए पात्र समझा जाता है। इन जिम्मेदारियों में मुख्यत: व्यक्ति के लिंगानुरूप समाजमान्य जिम्मेदारियाँ सँभालने की व्यक्ति की क्षमता महत्त्वपूर्ण घटक होती है। जैसे, पुरुष को अर्थोपार्जन करना,

स्त्री को परिवार के रोजमर्रा के काम करना, खाना बनाना, बच्चों की परवरिश करना ऐसी जिम्मेदारियों के संदर्भ में सोचना होगा। सामाजिक और निजी संदर्भों के अनुरूप ये जिम्मेदारियाँ बदल सकती हैं। इसके सिवाय रिश्ते जोड़ना, उन्हें निभाना, लैंगिक संबंधों के प्रति सक्षम होना ये भी महत्त्वपूर्ण बातें हैं। खुद की और परिवार की जिम्मेदारी लेने की मरीज की मानसिक स्थिति नहीं है तो उसका विवाह करना समस्या हल करने की अपेक्षा समस्या बढ़ानेवाला साबित होता है।

कई बार हमारे समाज में यह धारणा होती है कि विवाह करने से या कोई जिम्मेदारी सौंपने से व्यक्ति की मानसिक बीमारी ठीक हो जाएगी। यह सोचकर तथा अपनी जिम्मेदारी से मुक्त होने के लिए अभिभावक मरीज का विवाह करते हैं। इससे समस्या का समाधान होने की अपेक्षा नई समस्या तैयार होती है क्योंकि विवाह के बाद मनोविकार की बीमारी ससुराल के लोगों को पता चलती है, परिणामस्वरूप उनके मन में हमें फँसाया गया ऐसी भावना का निर्माण होता है और इसके बाद पुलिस केस, मुकदमा ऐसी बातें होती हैं और इससे समस्याएँ बहुत बढ़ती हैं।

सालों से जड़े हुए मनोविकार के बारे में विवाह तय करते समय होनेवाले साथी को और उसके परिवारवालों को बताना चाहिए या नहीं, यह बहुत महत्त्वपूर्ण बात है। उन्हें कुछ भी बिना बताए विवाह करना उनके साथ धोखाधड़ी है। साथ ही ससुरालवालों को टालकर इलाज जारी रखना यह भी महिलाओं के लिए संभव नहीं है। आगे गर्भधारण के समय दवाइयाँ लेनी चाहिए क्या? किस प्रकार लेनी चाहिए? ऐसे कई प्रश्न निर्माण होते हैं। दूसरी ओर विवाह के पूर्व मनोविकार की जानकारी दी तो मनोरोगी के साथ कौन विवाह करनेवाला है? यह सवाल भी पैदा होता है।

मनोविज्ञान के अनुसार संभावित साथी और उसके परिवारजनों को बीमारी तथा इलाज के संदर्भ में सचाई बताना जरूरी है। आवश्यकता के अनुसार इस कार्य में आपको मनोविकार विशेषज्ञ की सहायता मिलती है।

एक-दूसरे की सचाई जानने के बाद बना हुआ रिश्ता कायम रहने की संभावना होती है। धोखाधड़ी पर निर्भर रिश्ते सामान्यतः लंबी अवधि तक टिकते नहीं हैं। ऐसी स्थिति में अपने होनेवाले साथी और उसके परिवारजनों के मन में मानसिक विकार के संदर्भ में जो शंकाएँ और गलतफहमियाँ हैं उन्हें दूर करना भी महत्त्वपूर्ण है। बीमारी की तीव्रता ज्यादा है तो विवाह की जिम्मेदारी न लेना ही उचित है। उपरोक्त विचारों के बाद आप अपने मनोविकार विशेषज्ञ से सलाह-मशविरा करके अपनी लड़की के विवाह का निर्णय लीजिए।

मेरे भाई को विगत 15 वर्षों से सिजोफ्रेनिया की बीमारी है। उसकी नियमित दवाइयाँ चालू हैं और उसका शॉक ट्रीटमेंट भी किया गया। लेकिन इलाज के बाद भी उसकी संदेह की भावना तथा भ्रम-विभ्रम कम नहीं हुआ है। वह दिनभर घर में ही बैठा रहता है। कुछ भी काम करता नहीं है। कई डॉक्टरों को दिखाया भी, आगे हमें क्या करना चाहिए, कुछ समझ में नहीं आ रहा है।

सिजोफ्रेनिया की बीमारी एक उग्र प्रकार का मानसिक विकार है, यह हमने इसके पूर्व ही देखा है। जितना संभव हो सके उतना जल्दी, नियमित उचित इलाज से अधिकांशत: सिजोफ्रेनिया का विकार नियंत्रण में आ सकता है। किंतु सामान्यत: इन मरीजों में से पाँच प्रतिशत मरीज ऐसे होते हैं जो इलाज के लिए आवश्यक सहयोग नहीं देते हैं। इलाज करनेवाले डॉक्टर और सहारा देनेवाले परिवारजनों के लिए ऐसे मरीज एक बहुत बड़ी चुनौती होते हैं।

गंभीर माने जानेवाली सिजोफ्रेनिया की बीमारी के लिए असरदार दवाइयाँ उपलब्ध हैं। जैसे, क्लोजापीन दवा का इस्तेमाल नहीं किया है तो डॉक्टर की सलाह से यह दवाई लेनी चाहिए। यह एक विकल्प हो सकता है। कई बार यह भी विकल्प रहता है कि अपने मौजूदा डॉक्टर की सलाह से ही किसी अन्य मनोविकार विशेषज्ञ की राय लेना, जिससे इलाज के संदर्भ में कुछ नई सोच बन सकती है।

उपरोक्त सभी प्रकार के इलाजों के बाद भी अगर मरीज के लक्षण पूर्णत: नियंत्रण में नहीं आ रहे हैं तो धीरे-धीरे क्यों न हो किंतु मौजूदा हालात को स्वीकार करना परिवारवालों की दृष्टि से आवश्यक होता है। जिससे हम बार-बार प्रयास कर रहे हैं किंतु कुछ सफलता नहीं मिल रही है, इस भूमिका से आनेवाली निराशा की भावना हमने आवश्यक प्रयास किए हैं और यह बीमारी कुछ हद तक नियंत्रण में है, इस सकारात्मक भावना में रूपांतरित होती है। अपनी समग्र ताकत मरीज के ठीक होने पर खर्च करने की अपेक्षा लंबी अवधि के इलाज के लिए अपनी मानसिकता तैयार करना जरूरी है। देहातों में सामान्यत: संयुक्त परिवार पद्धति, कृषिप्रधान संस्कृति, संयमित ग्राम्य जीवन ऐसे हालत में मरीज को संभालना आसान होता है, तो शहरी इलाके में ऐसे मरीज की दिनभर देखभाल करनेवाले 'डे केयर सेंटर' में मरीज की उचित देखभाल की जाती है। 'डे केयर सेंटर' की इलाज पद्धति का कई मरीजों को लाभ हो सकता है।

इसके साथ ही मरीजों और उनके रिश्तेदारों द्वारा इकट्ठे होकर स्थापित किए गए 'स्वसहाय समूह' का भी ऐसी स्थिति में लाभ हो सकता है।

आजकल यह सोच बन गई है कि मनोविकार चिकित्सालय जैसे लंबी अवधि के इलाज केंद्रों में मरीज को रखना टालना चाहिए। परिवार और समाज से दूर

के इलाज केंद्रों में लिए गए इलाज से लाभ की अपेक्षा नुकसान ही अधिक होता है, ऐसा विश्वस्तरीय अनुसंधान दावा करता है। मरीज के स्वास्थ्य की देखभाल करते समय परिवारजनों को खुद के भावनिक स्वास्थ्य की देखभाल करना भी बहुत जरूरी है।

आपने परिवारजनों की मानसिकता का उल्लेख किया। खुद मुझे भी भाई की 15 साल की तकलीफदेह बीमारी की वजह से थकान महसूस हो रही है। ऐसा लगता है मेरी ही कोई देखभाल करे तो ठीक होगा।

उग्र प्रकृति के किसी मानसिक विकार से ग्रस्त मरीज के परिवारजनों में यह अधिकांशतः दिखाई देनेवाली भावना है। इसलिए ऐसा केवल आपको ही लगता है ऐसा आप मत सोचिए। इलाज के बाद भी नियंत्रण में न आनेवाली सिजोफ्रेनिया जैसी कुछ बीमारियाँ सचमुच मरीज के रिश्तेदारों के लिए एक चुनौती होती हैं। हम नियमित प्रयास कर रहे हैं किंतु कुछ भी विशेष बदलाव नहीं हो रहा है, यह भावना स्वीकृत करने के लिए कठिन होती है। ऐसी स्थिति में उपरोक्त बीमारी की सचाई को स्वीकार करने से निश्चित ही कुछ मात्रा में भावनिक स्वस्थता मिल सकती है।

मरीज की देखभाल करनेवाले व्यक्ति की भी कुछ जरूरतें होती हैं। उनकी पूर्ति करना उसका अधिकार है, यह समझना जरूरी है। नहीं तो ऐसे व्यक्ति को खुद के लिए समय देना भी अपराधबोध प्रतीत होता है। ऐसी स्थिति में व्यक्ति को मरीज की लंबी अवधि की बीमारी को ध्यान में रखकर अपनी समग्र ऊर्जा एक साथ व्यय न करके उसे धीरे-धीरे इस्तेमाल करना महत्त्वपूर्ण होता है।

किसी एक व्यक्ति द्वारा यह समग्र जिम्मेदारी उठाने की अपेक्षा अन्य कुछ रिश्तेदारों में भी इस जिम्मेदारी को बाँटना चाहिए। इससे सभी रिश्तेदारों को नई ऊर्जा से काम करने के लिए आवश्यक आराम मिल सकता है। साथ ही मरीज को समय-समय पर डॉक्टर अथवा समुपदेशक के सामने अपनी भावना खुले मन से अभिव्यक्त करना भी जरूरी होता है। कई बार खुले मन से संवाद प्रस्थापित करने से भी भावनिक अस्वस्थता कम हो सकती है।

मरीज के रिश्तेदारों के लिए कार्य करने वाला स्वयं सहायता समूह भी एक अच्छा विकल्प है जिसकी मदद ली जा सकती है और मरीज के रिश्तेदारों के लिए काम करनेवाले सहायता समूह का भी हम उपयोग कर सकते हैं।

दो दिन पहले मैंने एक मनोविकार विशेषज्ञ का समाचार-पत्र में लेख पढ़ा था। उसके अनुसार सिजोफ्रेनिया के मरीज को आवाज न होने के बावजूद

सुनाई देती है, सामने कोई व्यक्ति नहीं है तो भी दिखाई देता है। इतना ही नहीं, कई प्रकार के स्पर्श का भी उसे एहसास होने लगता है। मुझे यह सब समझ से परे लगता है। यह कैसे संभव है?

मनुष्य के पास पाँच प्रकार की विशेष संवेदनाएँ होती हैं। सुनना, देखना, स्पर्श, स्वाद और गंध ये वे संवेदनाएँ हैं। हर संवेदना के लिए एक विशेष अवयव मनुष्य के पास होता है जैसे, सुनने के लिए कान, देखने के लिए आँखें, स्पर्श के लिए त्वचा, स्वाद के लिए जिह्वा और गंध के लिए नासिका। ये सभी इंद्रियाँ उस संवेदना विशेष को मस्तिष्क तक पहुँचाने का काम करनेवाली व्यवस्था का हिस्सा हैं। हर संवेदना का अर्थ मस्तिष्क में लगाया जाता है।

संवेदना में होनेवाले दोष मुख्यत: दो प्रकार के होते हैं। पहला, प्रत्यक्ष संवेदनाओं से संबंधित अवयवों को होनेवाली बीमारी के कारण निर्माण होनेवाला दोष। जैसे, सर्दी होने के बाद गंध न आना या कान में मैल होने के कारण सुनाई न देना। किंतु दूसरे प्रकार के दोष मस्तिष्क की संवेदना का अर्थ लगानेवाली प्रक्रिया में होनेवाले दोष की वजह से होते हैं। अधिकांश मानसिक विकारों में और मस्तिष्क की बीमारियों में (जैसे, मस्तिष्क में हुआ रक्तस्राव, गाँठ आदि) होनेवाले संवेदना दोष केंद्रीय स्वरूप के होते हैं। इसमें प्रत्यक्ष संवेदना न होने के बाद भी संवेदना होने का भ्रम होता है। परिणामस्वरूप सामने कोई व्यक्ति कुछ बोल नहीं रहा है तो भी वह बोल रहा है ऐसी आवाज आने लगती है। जो चीजें सामने नहीं हैं वे दिखाई देने लगती हैं। या न किए हुए स्पर्शों का एहसास होने लगता है। जिस व्यक्ति को इसका एहसास हो रहा है, उसकी दृष्टि से यह बहुत जटिल और डरावनी अनुभूति है। इर्द-गिर्द का कोई भी व्यक्ति उसकी अनुभूति का समर्थन नहीं कर सकता है। परिणामस्वरूप वह व्यक्ति चिड़चिड़ा हो जाता है। इस कारण व्यक्ति अपनी अनुभूति को ही विश्वसनीय मानकर इर्द-गिर्द के व्यक्तियों की ओर संशय की दृष्टि से देखने लगता है। मुझे हो रही संवेदनाओं को मेरे करीबी लोग जानबूझकर नकार रहे हैं, इसमें उनका निश्चित ही कुछ स्वार्थ है, ऐसा संशय बार-बार आने लगता है और इससे विचारों का भ्रम-विभ्रम शुरू होता है।

सिजोफ्रेनिया में भ्रम-विभ्रम का एक प्रतिविश्व ही मरीज के मन में तैयार होता है। समाज के विभिन्न व्यक्ति, उनके आपसी तथा मरीज के साथ होनेवाले संवाद ऐसा एक भ्रमपूर्ण समाज ही मरीज के मन में तैयार होता है। मरीज उस भ्रम की दुनिया में विचरण करने लगता है। कई बार सिजोफ्रेनिया के मरीज खुद के साथ हँसते-बोलते हुए दिखाई देते हैं। उस समय वे अपने भ्रम की दुनिया की आवाजों के साथ संपर्क करते हैं।

मरीज की कृति या विचारों को आदेश देनेवाले भ्रम के कुछ उपप्रकार भी होते

हैं। इसमें मरीज का खुद पर से नियंत्रण कम होकर भ्रम में आ रही आवाजों के अनुसार बर्ताव होने लगता है। ऐसी आवाजों का, भ्रम का जल्द ही इलाज करना जरूरी होता है।

गंध के भ्रम में कुछ जलने की या कुछ विशिष्ट प्रकार की गंध का एहसास होता है, तो स्पर्श के भ्रम में मुझे कोई स्पर्श कर रहा है से लेकर कोई मेरे साथ लैंगिक संबंध प्रस्थापित कर रहा है, यहाँ तक के भ्रम होते हैं।

रिश्तेदारों का भ्रम होनेवाले व्यक्ति के साथ बहुत ही संवेदनशीलता के साथ बर्ताव करना जरूरी होता है।

सामान्य तौर पर आधुनिक दवाइयों की सहायता से भ्रम के विभिन्न प्रकार नियंत्रण में आ सकते हैं किंतु दवाइयों के इलाज के बाद भी नियंत्रण में न आनेवाले भ्रमों के संदर्भ में मरीज को वास्तविकता और भ्रममय विश्व दोनों के बीच की सीमारेखा को पहचानने के लिए सिखाना जरूरी होता है।

एक माह पूर्व हमारे करीबी सालुंखे चाचा के दिमाग पर असर हुआ था। उनकी बेटी का अच्छे परिवार में तय हुआ रिश्ता टूटा और इसके बाद वे अचानक ही विचित्र बर्ताव करने लगे। 'किसी ने मुझ पर टोना-टोटका किया है' ऐसा कहने लगे। सभी की ओर संशय की दृष्टि से देखने लगे। वे बहुत घबराये थे। उन्होंने तीन-चार दिन कुछ खाया-पीया भी नहीं। 10-15 दिन के इलाज के बाद वे ठीक हो गए। उन्हें ऐसा क्या हुआ होगा?

मानसिक विकारों के कुछ प्रकार ऐसे होते हैं जिनकी शुरुआत आँधी की तरह तीव्र गति से होती है और उतनी ही तीव्रता से वे कम भी होते हैं। उन्हें तीव्र किंतु कम समय के लिए रहनेवाला विकार (एक्यूट एंड ट्रांजियंट सायकोसिस) कहते हैं। अधिकांशतः यह बीमारी किसी तनावपूर्ण घटना के बाद होती है। इस विकार में तनाव असह्य होने के बाद व्यक्ति वास्तविकता को कुछ समय के लिए भूल जाता है।

जो व्यक्ति कुछ बातों को लेकर भावनिक दृष्टि से कमजोर है, जिस व्यक्ति की मौजूदा हालात से समझौता करने की क्षमता अन्य व्यक्तियों की तुलना में कम है या जिसके व्यक्तित्व में कुछ न कुछ दोष हैं, ऐसे व्यक्ति को यह बीमारी होने की संभावना ज्यादा होती है।

तनाव की घटना और व्यक्ति के लक्षण इनमें कुछ न कुछ विचारसूत्र दिखाई देता है। जैसे, सालुंखे चाचा के संदर्भ में बेटी का रिश्ता टूटना यानी जानबूझकर किसी ने यह रिश्ता तोड़ा है यह उनकी भावना हुई है।

विचार, भावना और कृति इनमें निहित भावसूत्र नष्ट होने के कारण व्यक्तित्व

का कुछ समय के लिए विघटन होता है और व्यक्ति अलग आचरण करने लगता है।

संशय की भावना, आवाज और दृष्टि का भ्रम, डर की भावना, कुछ समय अचानक क्रोध पर नियंत्रण न होना, खाने-पीने की ओर ध्यान न देना आदि लक्षण मरीज के संदर्भ में दिखाई दे सकते हैं। उचित दवाइयाँ और समुपदेशन के माध्यम से यह मनोविकार ठीक हो सकता है।

तीव्रता से शुरू होनेवाला यह विकार उतनी ही तीव्रता से कम होता है। तनाव के समय दुबारा ऐसी तकलीफ होने की संभावना हो सकती है। इसलिए लक्षण भले ही कम हों फिर भी दुबारा तकलीफ न हो इसलिए अगले एक-दो साल दवाइयाँ और समुपदेशन जारी रखना जरूरी है। अपने स्वभावदोषों को पहचानना, तनाव को सशक्त रूप से नियंत्रण में रखने की कला सीखना ये बातें इलाज में महत्त्वपूर्ण प्रतीत होती हैं। इसके साथ ही मरीज और उसके परिवारजनों को बीमारी के आरंभिक लक्षण समझाना महत्त्वपूर्ण होता है। इससे बीमारी दुबारा हो तो शीघ्र मदद करके उसे नियंत्रण में लाया जा सकता है।

हमारा राजू 27 साल का है। वह बचपन से ही संशयी है। वह किसी भी बात पर जल्द विश्वास नहीं रखता है। वह हमेशा दूसरों के इरादों को शक की निगाह से देखता है। संशयी स्वभाव के कारण उसके दोस्त भी उससे दूर होते गए हैं। उसके साथ कैसा बर्ताव करें यह समझ में नहीं आता है।

मनुष्य के व्यक्तित्व निर्माण में शारीरिक विकास के साथ मानसिक विकास का भी महत्त्वपूर्ण योगदान होता है। सामान्यत: 18 साल की उम्र के बाद व्यक्तित्व के दोषों का प्राथमिक निदान हो सकता है। हर मनुष्य के व्यक्तित्व के दो हिस्से होते हैं। एक हिस्सा आनुवंशिकता से आता है तो दूसरा उस व्यक्ति के मानसिक विकास के अलग-अलग मोड़ पर आनेवाले मानसिक-सामाजिक अनुभवों से निर्मित होता है। 'होनहार बिरवान के होत चीकने पात' इस कहावत के अनुसार बच्चों के व्यक्तित्व की दिशा हमें उनके बचपन से ही समझ में आ सकती है। किंतु कई बार बढ़ती उम्र की प्रक्रिया में इसमें बड़े सामाजिक एवं मानसिक बदलाव होने की वजह से बच्चों के व्यक्तित्व में बहुत बड़े बदलाव भी हमें दिखाई देते हैं।

आपने जो बताया उसके अनुसार राजू के स्वभाव में संशयग्रस्त व्यक्तित्व दोष के लक्षण दिखाई देते हैं। संशयग्रस्त व्यक्तित्व के लक्षण यानी ऐसे व्यक्ति जल्द किसी पर भी विश्वास नहीं रखते हैं। अपने इर्द-गिर्द घटनेवाली घटनाओं को लेकर वे बहुत ही संशयी और संवेदनशील होते हैं। मेरे आस-पास के लोग मुझे फँसाकर मेरा नुकसान तो नहीं कर रहे हैं इस बात का वे हमेशा अंदाज लेते रहते हैं। उनके ऐसे स्वभाव के कारण लोग संभवत: उन्हें टालते हैं। इसलिए संशयग्रस्त व्यक्तित्व

के लोगों के दोस्त कम ही होते हैं। दूसरों के साथ तुलना करना और स्पर्धा करना ये दो बातें भी राजू जैसे व्यक्तित्व के लोगों में दिखाई देती हैं। किसी व्यक्ति की सहज या मजाक से कही हुई बात भी उनके दिल को लगती है। ऐसे लोग अपना अपमान सहजता से नहीं भूलते हैं। कभी न कभी उसका बदला लेने का विचार करते रहते हैं। संशयग्रस्त स्वभाव की वजह से न्याय व्यवस्था, कोर्ट-कचहरी जैसी बातों में उनका बहुत समय जाया हो सकता है। मूलत: विश्वास की भावना कम होने के कारण राजू जैसे व्यक्तित्व के लोगों का इलाज कराना यह एक बड़ी चुनौती होता है।

संशय की जड़ में ज्यादातर असुरक्षा की भावना होने के कारण राजू जैसे व्यक्ति को सुरक्षा का विश्वास देना, उस दृष्टि से उसे सहारा देना बहुत महत्त्वपूर्ण होता है। उसके संशयी स्वभाव को लेकर उसका हँसी-मजाक न करके बहुत सावधानी से उसे संशय की भावना के सिवाय अन्य भावनाओं पर सोचने को सिखाना जरूरी है। जैसे राजू पर शिक्षक गुस्सा कर रहे हैं तो उसे यह संशय है कि वे मुझ अकेले पर ही गुस्सा करते हैं। ऐसी स्थिति में हमें उसे यह समझाना चाहिए कि उस शिक्षक ने अन्य छात्रों पर भी गुस्सा किया था या उसी शिक्षक ने कुछ दिन पहले राजू की प्रशंसा की थी। उसे याद दिलाकर भी उसके संशयग्रस्तता के एहसास को नियंत्रण में लाया जा सकता है।

मेरा चचेरा भाई संदेश बचपन से ही बहुत एकांगी है। उसके ज्यादा दोस्त भी नहीं हैं। घर में लोगों के साथ भी उसका ज्यादा सुसंवाद नहीं होता है। वह हमेशा अपनी ही दुनिया में रहता है और 'एक्स्ट्रा सेन्सरी परसेप्शन' में बात करते रहता है। मजे की बात यह कि उसे स्वर्ग-नर्क, राक्षस योनि ऐसी बातें वास्तविक लगती हैं। क्या संदेश में कोई विकार है?

संदेश के जो लक्षण हैं वे 'स्किजाइड-स्किजोटायपल' इस व्यक्तित्व दोष के हैं। उम्र के नौ-दस साल से इस व्यक्तित्व दोष के लक्षण दिखाई देने लगते हैं। संदेश के लक्षणों के व्यक्ति कमाल के अकेले होते हैं। दिन का बहुत सारा समय वे अपने आप में खोए होते हैं। रिश्तेदार, दोस्त लोगों से खुद को जोड़ना इन बातों की उन्हें भावनिक आवश्यकता प्रतीत नहीं होती है। भविष्य में विवाह जैसी बातों को टालने की उनकी मानसिकता रहती है क्योंकि उस रिश्ते में भावनिक नजदीकी टालना लगभग असंभव होता है। सिजोफ्रेनिया की बीमारी के प्राथमिक या सौम्य स्वरूप के रूप में ऐसे व्यक्तित्व दोष की ओर देखा जाता है। इसलिए 'एक्स्ट्रा सेन्सरी परसेप्शन' जैसी बातों पर इन लोगों का विश्वास होता है। टेलिपैथी जैसी बातें, यानी 'दूसरे के मन में आनेवाले विचार उसके बिना बताए भी मुझे समझ में आ रहे हैं' ये अनुभव संदेश जैसे मनोरोगी को आते हैं। वास्तविकता की कसौटी पर यह सही नहीं होता।

सिजोफ्रेनिया में मरीज को होनेवाले भ्रम और सामान्य व्यक्ति को वास्तविक रूप से होनेवाली संवेदना के अनुभव इन दोनों के बीच कहीं तो संदेश जैसी व्यक्ति को होनेवाली संवेदना को समझा जा सकता है। वास्तव और भ्रम की सीमारेखाएँ पूर्ण रूप से नष्ट नहीं हुईं तो भी वे अस्पष्ट अनिश्चित ही होती हैं। इसलिए स्वर्ग-नर्क जैसी भ्रामक कवि कल्पनाओं और वास्तविक दुनिया में वह अंतर नहीं कर सकता है। सामान्य व्यक्ति के मन में भी स्वर्ग-नर्क जैसी कल्पनाएँ होती हैं। किंतु उसमें निहित प्रतीकात्मकता और वास्तविकता इन बातों के संदर्भ में सामान्य व्यक्ति को निश्चित ज्ञान होता है। यही बात संदेश जैसे व्यक्तित्व में अस्पष्ट होती है।

संदेश जैसे लोग अधिकांशत: इलाज के लिए तैयार नहीं होते हैं और खुद अकेलेपन का जीवन जीते रहते हैं। केवल रिश्तों में तनाव का निर्माण होने के बाद या सिजोफ्रेनिया जैसे लक्षणों के बाद ही वे डॉक्टर के पास जाते हैं। उनके इलाज में, उचित अंतर रखकर मरीज से रिश्ता जोड़ना यह महत्त्वपूर्ण शर्त है, क्योंकि इसी बात को लेकर मरीज को ज्यादा घृणा होती है। उसके बाद मरीज को उसकी समस्या की सचाई समझाने में मदद की जाती है। वैसे ही उसे समाज में जीने के कुछ कौशल सीखने में भी मदद करनी चाहिए। आवश्यकता के अनुरूप माइल्ड प्रकार की कुछ दवाइयाँ देना भी लाभदायी होता है।

मेरी बहन रचना का पति नरेश हमेशा उसके चरित्र को लेकर संदेह करता है। वह चोरी-छुपे उस पर नजर रखता है और कभी-कभी तो संदेह के कारण वह उसे पीटता भी है। सचाई का कुछ भी आधार न होने के बावजूद किए जा रहे इस संशय के कारण हम सभी बहुत परेशान हैं। क्या इसका कोई इलाज है?

ऊपरी तौर पर दिखाई न देनेवाला किंतु समग्र परिवार को नष्ट करने की संभावना रखनेवाला यह एक मनोविकार है। इसे विचारभ्रम का विकार कहते हैं। इस बीमारी के शिकार व्यक्ति के कुछ निश्चित विचार छोड़कर अन्य समग्र व्यक्तित्व बिलकुल स्वस्थ होता है। इससे यह एक बीमारी है इस पर ही शुरू में विश्वास नहीं होता है। परिणामस्वरूप उसे स्वीकार करना भी उतना ही कठिन होता है।

नरेश को रचना के चरित्र पर जो संशय है वह संशय का विचारभ्रम है। विचारभ्रम एक ऐसा भ्रमपूर्ण विचार होता है जो मूलत: किसी गलत अनुमान पर खड़ा होता है। मेरी पत्नी के किसी अन्य पुरुष के साथ नाजायज संबंध हैं यह नरेश का अनुमान इसी प्रकार का है।

विचारभ्रम का दूसरा लक्षण यह है कि कितने भी सबूत देने के बाद भी इस विचारभ्रम का निराकरण नहीं किया जा सकता है। विचारभ्रम के शिकार होनेवाले

व्यक्ति की दृष्टि से उसका भ्रम पूर्णतः सच होता है, इसलिए उसकी सभी भावनाएँ और कृतियाँ उस भ्रम के अनुरूप ही होती हैं। यहाँ नरेश की दृष्टि से उसकी पत्नी के विवाह बाह्य संबंध होने का भ्रम पूर्णतः सही है, इसलिए उसकी इसी दृष्टि से कृति होती है। लेकिन जल्दबाजी में आकर नरेश को विलेन साबित करना उचित नहीं होगा।

चरित्र को लेकर संशय होने का विचारभ्रम कई कारणों से हो सकता है। इसमें कुछ अंश आनुवंशिकता का है तो कुछ अंश मानसिकता का होता है। व्यक्तित्व में आत्मविश्वास की कमी और स्वप्रतिमा खंडित होनेवाले व्यक्ति को जल्द संशय आ सकता है। विवाह के बाद आनेवाला संशय कुछ विशिष्ट लैंगिक कारणों से भी हो सकता है। जैसे, किसी पुरुष को कुछ लैंगिक समस्याएँ हैं तो उस व्यक्ति के मन में न्यूनता की भावना का तैयार होकर उसका पत्नी के चरित्र पर संशय करने की भावना में बदलाव होता है। उदासीनता के मनोविकार में भी कई बार संशय का विचारभ्रम होता है। उदासीनता के इलाज के बाद यह विचारभ्रम कुछ मात्रा में नियंत्रण में आ सकता है। शराब, गांजा जैसे पदार्थों का व्यसन यह भी संशय के विचारभ्रम के पीछे का एक महत्त्वपूर्ण कारण है।

इस बीमारी में नरेश और रचना इन दोनों का इलाज कराना जरूरी है। रचना का इलाज इसलिए कि बार-बार उसके चरित्र पर संशय करने की वजह से उसकी भावनिक स्थिति तनावपूर्ण और कोमल हुई होगी। इसलिए उसे नरेश की बीमारी का सही स्वरूप समझाना होगा। साथ ही अपनी सहेलियों-दोस्तों और परिवारजनों की सहायता लेने को भी सीखना होगा। किंतु मुख्य इलाज नरेश का है और उसे इलाज की जरूरत है यह नरेश को समझाना सबसे कठिन और कुशलता का काम है। किंतु एक बार यह काम हुआ तो विचारभ्रम कम करनेवाली दवाइयों और समुपदेशन प्रक्रिया के द्वारा नरेश को हम उसके संशय के विश्व से वास्तविक जीवन में वापस ला सकते हैं।

राह पर भटकने वाले पागल लोग हमें कई बार दिखाई देते हैं। मुझे उनसे डर लगता है और घृणा भी होती है। किंतु उसी समय उनके प्रति सहानुभूति भी महसूस होती है। उन्हें क्या हुआ होता है? क्या एक जिम्मेदार नागरिक के रूप में हम इसमें कुछ मदद कर सकते हैं?

राह पर भटकनेवाले जिन पागल लोगों को हम देखते हैं उनमें से कई लोगों में उग्र स्वरूप का मनोविकार होता है। सिजोफ्रेनिया, हर्षवायु, स्मृतिभृंश ऐसे मनोविकारों का इलाज न होना और मनोविकारग्रस्त मरीज के संदर्भ में हमारे समाज में जो अज्ञान और अपराधबोध की भावना है उसका परिणाम राह पर भटकने वाले मनोरुग्ण हैं।

उग्र प्रकार के मानसिक विकारों में मरीज वास्तविकता के संदर्भ में होश खोता है। इसी के साथ उसकी कुछ बौद्धिक क्षमताएँ भी कम होती हैं। एकाग्रता, याददाश्त, निर्णय क्षमता, अपने सामने के विषयों का निराकरण करने की क्षमता, ऐसी विविध प्रकार की बौद्धिक क्षमताएँ कम होने की वजह से मनोरुग्ण व्यक्ति अपनी हालत में स्वयं सुधार नहीं कर सकता। इन मनोविकारग्रस्त व्यक्तियों में से कई लोगों ने पहले भी थोड़ा-बहुत इलाज लिया होता है, किंतु परिवारजनों की आर्थिक क्षमता, सरकारी स्तर पर मनोविकार विशेषज्ञों की कमी, मानसिक बीमारियों को लेकर समाज में निहित अज्ञान, इन तमाम बातों की वजह से मरीज के रिश्तेदारों का 'इलाज से इन मरीजों में सुधार हो सकता है' इस बात से विश्वास टूट जाता है। कई बार मानसिक बीमारी से ग्रस्त किसी एक व्यक्ति को सँभालने के लिए परिवार के मुखिया को अपनी नौकरी तथा व्यवसाय की ओर दुर्लक्ष्य करना पड़ता है। ऐसी तमाम बातों का परिणाम यह होता है कि मनोरुग्ण के परिवारजन उसकी ओर दुर्लक्ष्य करने लगते हैं और जिसकी परिणति ऐसे यह होती है कि मनोरोगी रास्ते पर भटकने लगते हैं।

कई बार ऐसा होता है कि ऐसे मानसिक विकारों का अच्छा इलाज उपलब्ध है, यह बात मरीज के रिश्तेदारों को मालूम ही नहीं होती है। लिहाजा ऐसी स्थिति में निश्चित तौर पर क्या करना चाहिए यही न समझने के कारण रिश्तेदार मरीज की ओर दुर्लक्ष्य करते हैं। कई बार बीमारी की उग्रता के परिणामस्वरूप मनोविकारग्रस्त व्यक्ति घर से चला जाता है और वापस आने के लिए उसे अपने घर का पता न मिलने के कारण वह रास्ते पर भटकता रहता है।

रास्ते पर भटकनेवाले मनोरोगी हिंसक हो सकते हैं, यह हमारे समाज में एक बहुत बड़ी गलतफहमी है। ये मनोरोगी अपने भोजन और नींद से आगे कुछ भी नहीं कर सकते हैं। 'मानसिक स्वास्थ्य कानून 1987' के अनुसार ऐसे मरीजों पर इलाज करना सरकार को अनिवार्य है।

जिस इलाके में ऐसे भटकनेवाले मनोरोगी होते हैं वहाँ के नागरिक उन मनोरोगियों के इलाज को लेकर नजदीकी पुलिस स्टेशन में आवेदन कर सकते हैं। ऐसे आवेदन को प्राप्त करने के बाद कानूनन पुलिस व्यवस्था को उस मनोरोगी को नजदीकी न्यायालय में ले जाना होता है। न्यायालय उस मनोरोगी की मनोविकार विशेषज्ञ से जाँच कराता है और इलाज के लिए उसे नजदीकी अस्पताल में दाखिल कराया जाता है। इस प्रकार से नागरिक, पुलिस और न्यायालय को एक साथ मिलकर यह सामाजिक दायित्व निभाना जरूरी है।

मन:कायिक विकार

कभी-कभी मरीजों में डॉक्टर को भी उलझन में डालनेवाले कुछ लक्षण दिखाई देते हैं। कई प्रकार की जाँच करने के बाद भी उनकी बीमारी का निदान नहीं होता है। इसके सिरदर्द, पित्त, हाथ-पाँव में जड़ता से लेकर शरीर के आधे हिस्से पंगुता आना जैसे लक्षण हो सकते हैं। मरीज को भले ही कुछ लक्षण महसूस हों किंतु शारीरिक जाँच और अन्य सभी प्रकार की जाँच में सब कुछ सामान्य होता है। ऐसी स्थिति में मानसिक स्वास्थ्य की जाँच जरूरी होती है। मन में दमित अव्यक्त तनाव हमारे शरीर पर कई प्रकार से असर कर सकते हैं, यह बात अब वैज्ञानिक दृष्टि से भी सिद्ध हुई है। मन दमित तनाव शारीरिक लक्षणों के माध्यम से अभिव्यक्त करने की प्रवृत्ति भारतीय उपमहाद्वीप में, खासकर महिलाओं में बड़ी मात्रा में दिखाई देती है। विशेषज्ञ डॉक्टर को ऐसे व्यक्ति की शारीरिक जाँच के साथ ही मानसिक जाँच भी करनी चाहिए। नहीं तो मन:कायिक विकारों के मरीज एक डॉक्टर से दूसरे डॉक्टर की ओर समस्या निराकरण के लिए भटकते रहते हैं। निराकरण के लिए कठिन और इलाज के लिए जटिल इस बीमारी के संदर्भ में जानकारी प्राप्त करना मन और शरीर का अद्वैत समझना ही है।

मेरी माँ की आयु 52 वर्ष है। उसे हमेशा ऐसा लगता है कि मुझे कैन्सर हुआ है। हमने सभी तरह की जाँच कराई। सभी की रिपोर्ट सामान्य हैं। कई डॉक्टरों ने भी उसे समझाया किंतु माँ को वह सच नहीं लग रहा है। डॉक्टर ने 'कैन्सर नहीं' ऐसा कहा कि वह डॉक्टर बदलती है। किसी के भी समझाने का उस पर कोई असर नहीं होता है। इसे किस प्रकार की बीमारी कहा जाए?

आपकी माँ को हुए विकार को 'हायपोकॉड्रीयासिस' कहते हैं। हमारे पेट के हिस्से का, शरीर विज्ञान की भाषा में 'हायपोकॉड्रीअम' नाम है। हमारे शरीर के कई प्रमुख अवयव इस हिस्से में होते हैं। इस कारण ही इस विकार का नाम 'हायपोकॉड्रीयासिस' है, जो एक मनोविकार है। इस बीमारी में मरीज को यह भ्रम होता है कि, उसे

कोई न कोई जानलेवा बीमारी हुई है। यह भावना उसे हमेशा सताती है। आपकी माँ की तरह कैन्सर की बीमारी के डर के समान ही एच.आई.वी., हृदयविकार जैसी जानलेवा बीमारी के संदर्भ में ऐसे मरीजों को डर लगता है किंतु उनका यह डर बेबुनियाद होता है। इन बीमारियों की सभी जाँच रिपोर्ट सामान्य आएँ तो भी वह मरीज उस पर विश्वास नहीं करता है। इसलिए बीमार व्यक्ति बार-बार जाँच की माँग करता है। यह 'हायपोकॉड्रीयासिस' बीमारी का दूसरा महत्त्वपूर्ण लक्षण है। इसीलिए 'हायपोकॉड्रीयासिस' के मरीज कभी भी मनोविकार विशेषज्ञ को प्राथमिकता नहीं देते हैं। वे अपनी काल्पनिक बीमारी के विशेषज्ञ डॉक्टर के पास जाते हैं।

इस बीमारी का तीसरा महत्त्वपूर्ण लक्षण है उनकी डॉक्टर बदलने की प्रवृत्ति। जाँच रिपोर्ट सामान्य है ऐसा कहने के बाद भी ऐसे मरीज डॉक्टर पर विश्वास रखने की अपेक्षा डॉक्टर बदलने की सोचते हैं। मनोविकार विज्ञान की भाषा में मजाक से इस प्रवृत्ति को 'डॉक्टर शॉपिंग' कहते हैं। समाज के साधारणत: एक प्रतिशत लोगों में यह बीमारी दिखाई देती है। इस बीमारी का मुख्य कारण मन में जड़ जमाये हुए मृत्यु का डर और शरीर में नैसर्गिक रूप से होनेवाली संवेदनाओं का गलत तरीके से अर्थ लगाने की प्रवृत्ति है। उदाहरण के लिए हमारे पेट में हमेशा कुछ न कुछ हलचल महसूस होती है। ऐसी स्थिति में 'हायपोकॉड्रीयासिस' का मरीज इस हलचल को किसी न किसी उग्र बीमारी का लक्षण मानने लगता है। अपनी सेहत की ओर विशेष ध्यान देने की प्रवृत्ति इस प्रकार के लोगों में दिखाई देती है। साथ ही बचपन से ही निजी व्यक्तित्व में कुछ बिगाड़ का होना और अहं की भावना ज्यादा होना ये दो कारण भी इस बीमारी की जड़ में हो सकते हैं। इसलिए यह बीमारी शारीरिक न होकर मानसिक है।

मुझे माँ की बीमारी का स्वरूप समझ में आया किंतु मुझे यह समझ में नहीं आ रहा है कि जिस बीमारी का प्रत्यक्ष रूप से अस्तित्व ही नहीं उस बीमारी का इलाज कैसे कराऊँ?

इस बीमारी के मानसिक होने के कारण इसका इलाज मनोविकार विशेषज्ञ से करवाना जरूरी है। आपका फैमिली डॉक्टर या आपकी माँ का जिस व्यक्ति पर विश्वास है ऐसा आपके परिवार की कोई व्यक्ति इस काम में अगुआई कर सकता है। मनोविकार विशेषज्ञ की ओर जाने का डर आपकी माँ को न लगे इसलिए उसके साथ यह सुसंवाद स्थापित करना होगा कि 'अब तक हमने शारीरिक जाँच कराई, अब मन की भी जाँच कराएँगे।' यह सुसंवाद आपकी माँ को मनोविकार विशेषज्ञ की ओर ले जाने के लिए सहायक साबित हो सकता है।

'हायपोकॉड्रीयासिस' बीमारी में मुख्य बल मनोवार्ता पर होने के बावजूद चिंता

और उदासीनता कम करनेवाली कुछ दवाइयाँ भी इलाज के रूप में प्रयुक्त की जाती हैं। इलाज करनेवाले डॉक्टर पर ही अविश्वास होने के कारण 'हायपोकॉड्रीयासिस' बीमारी का इलाज कठिन होता है। इस बीमारी का इलाज लंबी अवधि का होता है, यह हमें पहले समझना होगा। मरीज के साथ अच्छी तरह से भावनिक रिश्ता जोड़कर मरीज को सभी प्रकार के इलाजों में स्थिर रखना यह मनोविकार विशेषज्ञ का सबसे महत्त्वपूर्ण काम होता है। मरीज की बीमारी के संदर्भ में जो धारणा है उसे भी समझना जरूरी होता है। कई बार इन धारणाओं में विसंगति दिखाई देती है। जैसे, कुछ मरीजों को ऐसा लगता है कि पेट में हलचल या कोई आवाज होना यह कैन्सर का लक्षण है। ऐसी स्थिति में मरीज के विचारों में निहित विसंगति का, धीरे-धीरे क्यों न हो, उसे एहसास करा देना जरूरी होता है। मरीज की बीमारी होने की धारणा उसकी दृष्टि से निश्चित ही सही होने की वजह से इस धारणा को आहत करना इलाज की दृष्टि से उचित नहीं होता है। ऐसा करने से मरीज का दुखी होकर इसका परिणाम डॉक्टर बदलने में हो सकता है। धीरे-धीरे मरीज की शारीरिक तकलीफें और इसके पीछे की मानसिक अस्वस्थता के कारण दोनों का तालमेल मरीज के सामने स्पष्ट करना भी जरूरी होता है।

अपने शरीर में घटित होनेवाले छोटे-छोटे स्वाभाविक बदलाव के संदर्भ में होनेवाली अति-संवेदनशीलता कम करने के लिए भी इसे सिखाना जरूरी होता है। मरीज का अपने ही शरीर और बीमारी की ओर केंद्रित हुआ ध्यान धीरे-धीरे बाह्य जगत की ओर लाना भी उसे सिखाना चाहिए।

कुछ निश्चित अवधि के बाद मुलाकातें और समुपदेशन जैसी बातें इलाज में महत्त्वपूर्ण होती है। 'हायपोकॉड्रीयासिस' के जिन मरीजों में स्वप्रतिमा को लेकर जो प्रश्न है उसे भी समुपदेशन की प्रक्रिया में सहेजना महत्त्वपूर्ण होता है।

'हायपोकॉड्रीयासिस' के मरीज को बड़ी मात्रा में भावनिक सहारे की जरूरत होती है, साथ ही उसे कुछ बातें बार-बार समझानी पड़ती हैं। यह सब बिना आलस्य के करना जरूरी होता है।

यह बीमारी मनोविकार विशेषज्ञ और मरीज के रिश्तेदार दोनों की सहनशीलता की परीक्षा लेनेवाली होती है, इसे हमेशा ध्यान में रखना जरूरी है।

मेरी अविवाहित बहन कमल मेरे साथ ही रहती है। उसको हमेशा कुछ न कुछ दर्द होता है। सिरदर्द, शरीर में दर्द। बधिरता, हाथ-पाँव ठंडे पड़ना, यह भी होता रहता है। सभी जाँच रिपोर्ट सामान्य हैं। हमारे फैमिली डॉक्टर का कहना है कि ये सभी मनोविकार हैं। क्या ऐसे लक्षण मनोविकार के हो सकते हैं?

जब किसी बीमारी में सभी शारीरिक जाँच रिपोर्ट सामान्य आने के बाद भी मरीज को कुछ न कुछ शारीरिक दर्द होता रहता है तो उसके मानसिक कारण होते हैं। मन में दबी हुई अव्यक्त भावनाएँ शारीरिक दर्द के माध्यम से व्यक्त करनेवाली बीमारी को 'भावनाओं का शरीरीकरण' कहते हैं। भावनाओं का शरीरीकरण करने की प्रवृत्ति पाश्चात्य जगत की तुलना में भारतीय समाज में बड़ी मात्रा में दिखाई देती है। पाश्चात्य समुदाय में लोगों को भावनाओं को स्पष्ट रूप से अभिव्यक्त करने की आदत होने की वजह से उसका शरीरीकरण नहीं होता है। भारतीय समाज की महिलाओं में, आपकी बहन जैसे दर्द के लक्षण बड़ी मात्रा में दिखाई देते हैं। उसका कारण यह कि हमारे समाज में व्यक्तिगत भावनाएँ स्पष्ट रूप से अभिव्यक्त करना लघुता का लक्षण माना जाता है। साथ ही भावनिक पीड़ा की अपेक्षा शारीरिक दर्द को डॉक्टर की मदद मिलने की संभावना ज्यादा होने की वजह से भावनाओं का शरीरीकरण करने की प्रवृत्ति बढ़ती है। इस प्रकार के मरीज सामान्यत: अन्य किसी भी डॉक्टर से इलाज न मिलने के बाद ही मजबूरन मनोविकार विशेषज्ञ के पास जाते हैं। लक्षण भले ही शारीरिक हों किंतु उसके कारण मानसिक होने की वजह से शारीरिक बीमारियों के डॉक्टर के इलाज से यह बीमारी ठीक नहीं होती है। रिश्तेदारों और समाज में भी जिन निजी दुखों को नि:संकोच रूप से अभिव्यक्त नहीं किया जा सकता ऐसा दर्द इस बीमारी की जड़ में होता है। आपकी बहन का अविवाहित होना भी इसका एक कारण हो सकता है।

हमारे डॉक्टर ने कहा है, 'आप मनोविकार विशेषज्ञ की सलाह लीजिए', उस पर बहन कहती है, 'आप मुझे पागल बनाने पर तुले हो क्या?' ऐसी स्थिति में हमें क्या करना चाहिए?

मनसिक विकार को लेकर समाज में कई गलतफहमियाँ हैं। सभी मानसिक विकारों का अर्थ 'पागल होना' यही लगाया जाता है। जिस मनोविकार में मरीज अपना समग्र नियंत्रण खोता है ऐसे उग्र प्रकार के मानसिक विकार को विशेषज्ञ 'पागल होना' ऐसा कहते हैं। आपकी बहन को होनेवाला दर्द और समाज में जिसे 'पागल होना' कहते हैं इसमें बहुत फर्क है। साम्य इतना ही है कि दोनों बीमारियों का इलाज मनोविकार विशेषज्ञ करते हैं। शारीरिक बीमारी के डॉक्टर जिस तरह सर्दी-खाँसी से लेकर हार्ट अटैक तक की सभी बीमारियों का इलाज करते हैं, वैसे ही मनोविकार विशेषज्ञ भी मन की भिन्न-भिन्न बीमारियों का इलाज करते हैं। यह सब आप आपकी बहन को समझा सकते हैं। परिवार के जिस व्यक्ति के साथ कमल दीदी के अच्छे भावनिक संबंध हैं, ऐसे व्यक्ति को इस काम की अगुआई करनी चाहिए। जब शारीरिक

शिकायतों का कोई कारण नहीं मिलता है, तब मानसिक जाँच जरूरी होती है, यह सुझाव भी उपयुक्त साबित हो सकता है।

कमल के इलाज में उसकी मानसिक विकारों के संबंध में जो गलतफहमी है उसे दूर करना जरूरी है। सबसे पहले उसके मूड के अनुरूप उससे भावनिक सुसंवाद प्रस्थापित करना जरूरी है। इस बारे में यह अनुभव है कि शुरू में भले ही कठिन प्रतीत हो किंतु एक बार भावनिक रिश्ता जुड़ता है तो इस बीमारी के मरीज बहुत स्पष्ट बोलने लगते हैं। इसका कारण यह है कि उनके शिकायती स्वभाव के कारण लोग धीरे-धीरे उन्हें टालने लगते हैं, इसलिए उनका कहना ध्यान से सुननेवाले व्यक्ति ऐसे मरीज को अपना आधार लगते हैं। भावनिक रिश्ता तैयार होने के बाद धीरे-धीरे मरीज का शारीरिक दर्द और उसके मन की गहराई में छिपा दुख, इन दोनों का मेल मनोविकार विशेषज्ञ को बिठाना पड़ता है। आपकी बहन के संदर्भ में, उसके अविवाहित होने की स्थिति के संदर्भ में और उस विषय के भावनिक अनुभव आदि के संदर्भ में उससे खुले मन से संवाद स्थापित करना जरूरी है। खुलेपन से अभिव्यक्त न किए जा सकें ऐसे कुछ दुख तो उसके मन में नहीं हैं, यह भी देखना होगा। इन तमाम बातों से उबरने के लिए मन की अस्वस्थता शारीरिक तौर से निकालने की अपेक्षा सुसंवाद के माध्यम से व्यक्त करने की आदत कमल को डालनी होगी। अपनी भावनिक अस्वस्थता को पहचानना और उसे शब्दों के माध्यम से अभिव्यक्त करना, ये दो बातें कमल ने सीखीं तो उसके लक्षण कम होने में मदद हो सकती है। इस समग्र प्रक्रिया में मन की अस्वस्थता कम करनेवाली कुछ दवाइयाँ भी उपयुक्त प्रतीत हो सकती हैं। कमल को बीमारी से मुक्त होने के लिए अपनी बीमारी का स्वरूप समझना और नियमित इलाज लेना बहुत जरूरी है।

विगत 3-4 साल से मुझे बहुत थकान, साथ ही कमजोरी भी महसूस हो रही है। इस थकान के कारण मैं कोई काम भी नहीं कर सकता। सभी जाँच रिपोर्ट सामान्य हैं। विटामिन की गोलियाँ खाने के बाद भी कुछ फर्क नहीं पड़ा है। क्या आप बता सकते हैं मुझे कौन सा विकार है?

यह लंबी अवधि की थकान या कमजोरी (क्रॉनिक फटीग सिंड्रोम) नामक एक बीमारी का प्रकार है। इसके अलावा यह बीमारी शारीरिक है या मानसिक इसके संदर्भ में राष्ट्रीय-अंतरराष्ट्रीय स्तर पर बड़ा विवाद है। इस बीमारी के संदर्भ में पूर्ण रूप से एकमत भले ही न हुआ हो फिर भी इसके बारे में कुछ बातें निश्चित हैं।

ज्यादा श्रम करने के बाद आनेवाली थकान आराम के बाद कम होती है, किंतु लंबी अवधि की थकान आराम के बाद भी कायम रहती है। भौतिक स्तर पर कुछ विशेष विषाणु के संक्रमण से लंबी अवधि की थकान के लक्षण शुरू हो सकते हैं।

साथ ही भोजन में मिलनेवाले कुछ अन्न घटकों की कमी के कारण लंबी अवधि की थकान हो सकती है। उचित निदान न हुई किसी शारीरिक बीमारी का लक्षण भी लंबी अवधि की थकान हो सकती है।

इन तमाम बातों से परे उदासीनता और चिंता जैसी बीमारियों में भी थकान एक लक्षण होता है। इन बीमारियों के लक्षण के रूप में आनेवाली थकान मूल बीमारियों का उचित इलाज लेने के बाद नियंत्रण में आती है। अनुसंधान से यह भी उजागर हुआ है कि लंबी अवधि की थकान का लक्षण जिस मरीज में है उसके जीवन में अन्य सामान्य व्यक्तियों की अपेक्षा कई तनावपूर्ण प्रसंग घटित हुए होते हैं। ऐसी तनावपूर्ण स्थिति में रहनेवाले व्यक्ति में भी थकान के लक्षण दिखाई देते हैं। भावना का शरीरीकरण करनेवाली अन्य बीमारियों की तरह लंबी अवधि की थकान, यह बीमारी भी लंबी अवधि के तनाव की भावना का शारीरिक रूपांतरण है। इसलिए प्रचलित बीमारियों की अपेक्षा भिन्न प्रकार की तकलीफ आपको है, यह आपको समझना होगा।

मुझे हो रही तकलीफ तो सही है। लेकिन उससे जल्द से जल्द छुटकारा मिले ऐसा मैं चाहता हूँ। क्या मेरी तकलीफ कम हो इसके लिए कुछ मदद मिल सकती है?

सबसे पहले आपकी अब तक हुई शारीरिक जाँच की रिपोर्ट विशेषज्ञ डॉक्टर को दिखाना जरूरी है, जिससे सभी रिपोर्ट सही हैं या किसी बीमारी की जाँच बाकी है, यह निश्चित होगा। साथ ही जब यह निश्चित होगा कि आपको महसूस हो रही थकान के पीछे कोई शारीरिक कारण नहीं है, तब मनोविद की सहायता से इलाज लेना होगा। थकान के साथ-साथ आपकी उदासीनता या चिंता जैसी किसी बीमारी का निदान होता है तो उस दृष्टि से भी आपका इलाज किया जाएगा। आपके जीवन का अतीत समझना भी इलाज की दृष्टि से जरूरी है। आपके जीवन में अब तक तनाव के कारण घटित हुई घटनाओं को भी आपका समुपदेशक समझ लेगा। अगर आपके जीवन में तनाव की घटनाओं के कारण मन में निहित भावनिक अस्वस्थता का शरीरीकरण करने की प्रवृत्ति बढ़ रही है तो उसे किस प्रकार से सहेजना चाहिए इस संदर्भ में भी समुपदेशक आपकी मदद कर सकता है।

मनोविद या मनोवार्ताकार के साथ खुले मन से सुसंवाद और भावनिक रिश्ता प्रस्थापित होने से भी आपके लक्षणों का सकारात्मक परिणाम हो सकता है। कई बार इस प्रकार की थकान के इलाज के रूप में विटामिन की गोलियाँ और शक्तिवर्धक दवाइयाँ इस्तेमाल की जाती हैं। किंतु हमारे शरीर के लिए आवश्यक विटामिन भोजन आदि से ही मिल रहा है तो ऊपर उल्लिखित गोलियों का फायदा केवल मरीज के

मानसिक समाधान तक ही सीमित रहता है। यह बीमारी मूलत: लंबी अवधि की बीमारी है, इसलिए इलाज का असर होने में लंबी अवधि लग सकती है। साथ ही बीमारी के जड़ से ठीक होने के लिए डॉक्टर की सलाह से नियमित रूप से इलाज लेना जरूरी है।

हमारे पड़ोस में रहनेवाली कविता दसवीं कक्षा में है। एक बार परीक्षा के दो दिन पहले अचानक उसके दाएँ हाथ की सारी ताकत चली गई। वह नौटंकी कर रही थी या परीक्षा के तनाव के कारण उसे ऐसा हुआ?

शरीर के सभी अवयवों पर मस्तिष्क का नियंत्रण रहता है। शरीर के किसी विशेष अवयव को सूचना देनेवाले मस्तिष्क के हिस्से में अगर कुछ खराबी हुई तो उस अवयव की हलचल या संवेदना कम होती है। जैसे, मस्तिष्क के किसी विशेष हिस्से में रक्तस्राव होता है तो हमारे शरीर का एक हिस्सा लूला पड़ता है और हमें लकवे की तकलीफ हो सकती है। कई बार तीव्र प्रकार के तनाव की वजह से मस्तिष्क के किसी विशेष हिस्से की अंतर्गत रचना भले ही सामान्य हो फिर भी उसमें कुछ भावनिक खराबी होती है, जिससे कुछ समय के लिए उस हिस्से का कार्य बंद होने की स्थिति पैदा होती है। दसवीं की परीक्षा के तनाव के चलते कविता के साथ ऐसा ही कुछ घटित होने की संभावना है। ऊपरी तौर पर देखते समय भले ही यह नौटंकी लग रही हो, फिर भी यह एक मनोविकार है। पहले इस बीमारी को 'हिस्टेरिया' कहा जाता था। अब इस बीमारी को 'कन्वर्जन डिसऑर्डर' यानी एक भावनिक स्थिति से दूसरी भावनिक स्थिति में जानेवाली बीमारी कहते हैं। इस बीमारी में हाथों की शक्ति अचानक जाना या कभी-कभी आवाज बंद होना, बेहोश होना, शरीर कांपना, ऐसे अलग-अलग लक्षण भी दिखाई देते हैं। कई बार ऐसी घटना आपकी जानकारी से परे किसी तनावपूर्ण प्रसंग की पार्श्वभूमि में घटित होने की वजह से उसे नौटंकी करना ऐसा कहा जा सकता है।

कविता को पहले फैमिली डॉक्टर के पास भेजा गया। तदुपरांत उनकी सलाह से ही उसे मनोविद के पास भेजा गया। उन्होंने उसे कुछ गोलियाँ दीं, कुछ इंजेक्शन दिए और अचानक उसके हाथ में जान आ गई। यह सब कैसे घटित होता है?

कविता जैसे मरीज का एक प्रयास रहता है अपनी भावनिक अस्वस्थता की ओर लोगों का ध्यान आकर्षित करना, साथ ही ऐसे मरीज के मन में बहुत तनाव जमकर

बैठा होता है। इसलिए कविता जैसे मरीज के साथ सामान्य संवेदनशीलता के साथ सुसंवाद भी प्रस्थापित किया तो उसके लक्षण कम हो सकते हैं।

उसके साथ ही चिंता कम करनेवाली कुछ दवाइयों या इंजेक्शन से भी तनाव कम होकर लक्षण नष्ट हो सकते हैं। ऊपरी तौर पर उग्र बीमारी के लक्षण दिखाई देने के कारण उनका ठीक होना नाटकीय लग सकता है। इस बीमारी का इलाज केवल लक्षण कम होने तक ही सीमित नहीं है, इस बात का खयाल हमें रखना ही होगा।

भविष्य में भी कई बार कविता जैसे मरीज को इस प्रकार से लोगों का ध्यान आकर्षित करने की आदत भी लग सकती है। इसलिए तात्कालिक लक्षण ठीक हुए हैं तो रुकना ठीक नहीं होगा। उससे भी आगे जाकर अपने मन में निर्मित हो रहे तनाव को लेकर गंभीरता से विचार करना जरूरी है। अपने मन के तनाव को उचित पद्धति से व्यक्त करना यह भी मनोवार्ता के माध्यम से सीखा जा सकता है। इन तमाम बातों के साथ ही मरीज के परिवारजनों को यह भी समझ लेना होगा कि मरीज ऐसा बर्ताव जानबूझकर नहीं कर रहा है, यह उसकी अपने मन के तनाव को व्यक्त करने की पद्धति हो सकती है। अन्यथा ऐसी बीमारी में मरीज के रिश्तेदारों की मरीज के साथ समझदारी से पेश आने की बजाय उससे घृणा करने की संभावना ज्यादा रहती है। ऐसा न करके ऐसी स्थिति में मरीज को आधार देना जरूरी होता है, यह हमें ध्यान में रखना होगा।

मिरगी की बीमारी

गूढ़ बीमारियों में मिरगी की बीमारी को अव्वल रूप में जाना जाता है। मिरगी ईश्वरीय प्रकोप है, यहाँ से लेकर प्याज सुँघाने से मिरगी का दौरा रुकता है यहाँ तक की कई गलतफहमियाँ इस बीमारी को लेकर समाज में प्रचलित हैं।

मानसिक और मस्तिष्क के विकार की सीमारेखा पर पाया जानेवाला यह विकार है। इसलिए मनोविद और मस्तिष्क विशेषज्ञ (न्यूरोलॉजिस्ट) दोनों मिरगी की बीमारी का इलाज कर सकते हैं। अधिकांशत: मिरगी लंबी अवधि की बीमारी होती है। साथ ही यह बीमारी मानव जीवन के कई अंगों को प्रभावित करनेवाली है। मस्तिष्क विज्ञान में हुई प्रगति के कारण आजकल मिरगी का अच्छी तरह से इलाज संभव हो रहा है, अत: इस बीमारी के संदर्भ में जानकारी लेना जरूरी है।

हमारा लड़का योगेश चौदह साल का है। आठ दिन पहले उसे पहली बार मिरगी का दौरा आया। हमारे घर में किसी को भी मिरगी की बीमारी नहीं है। हमने कभी किसी का कुछ भी बुरा नहीं किया। फिर भी हमारे लड़के को यह बीमारी क्यों हुई होगी?

मिरगी मस्तिष्क का विकार है। मस्तिष्क की एक मज्जापेशी से दूसरी मज्जापेशी की ओर जानेवाला संदेश बिजली की तरह का होता है। इस बिजलीनुमा संदेश वहन में कई कारणों से गड़बड़ी हो सकती है। इसलिए मस्तिष्क की ओर से समग्र शरीर की ओर जानेवाले संदेश वहन में कुछ समय के लिए बिगाड़ होने पर मिरगी का दौरा आता है। समग्र मस्तिष्क में यह बिगाड़ हो तो मरीज को संपूर्ण शरीर में मिरगी के झटके आते हैं। कई बार मस्तिष्क के कुछ विशेष हिस्से में बिगाड़ होने के बाद सिर्फ उसी हिस्से में जैसे, केवल हाथ या पैर ऐसे शरीर के विशेष अवयव में मिरगी के लक्षण दिखाई देते हैं।

किसी व्यक्ति को अगर पूरे शरीर में मिरगी के दौरे आ रहे हैं, तब कुछ समय के लिए वह व्यक्ति होश खोता है। उसके हाथ-पाँव और समग्र शरीर में एक विशेष प्रकार से बार-बार हलचल होती रहती है। कई बार जिह्वा दाँतों तले दबाई जाती

है। व्यक्ति का संतुलन खोना, कपड़ों में ही पेशाब होना, ऐसे भी लक्षण मिरगी की बीमारी में दिखाई देते हैं।

मस्तिष्क के किसी विशेष हिस्से में आनेवाले मिरगी के दौरे में मरीज अपना होश खोता नहीं किंतु कुछ समय के लिए वह मरीज उलझन में रहता है या उसके शरीर के किसी विशेष हिस्से में बार-बार हलचल होती रहती है। किसी व्यक्ति को एक से अधिक बार मिरगी का दौरा आता है तो उसे 'अपस्मार की बीमारी' कहते हैं। केवल 10 प्रतिशत लोगों में ही एक बार मिरगी का दौरा आने के बाद दोबारा नहीं आता है।

मिरगी की बीमारी होने के कई कारण है। देवी के प्रकोप से मिरगी की बीमारी होती है यह गलतफहमी सालों पहले यहाँ प्रचलित थी, किंतु मस्तिष्क विज्ञान में हुए अनुसंधान के बाद इसका सच सामने आया है। हृदय का आलेख निकालकर जिस तरह से हृदय का कार्य देखा जा सकता है, उसी प्रकार मस्तिष्क का आलेख निकालकर मस्तिष्क और मिरगी का निदान हो सकता है।

आनुवंशिकता मिरगी की बीमारी का एक महत्त्वपूर्ण कारण है। साधारणत: बीस प्रतिशत लोगों में मिरगी की बीमारी आनुवंशिकता की वजह से होती है। मस्तिष्क की कई बीमारियों में मिरगी आना यह लक्षण भी हो सकता है। जैसे, मस्तिष्क को क्षति पहुँचना, मस्तिष्क में गाँठ होना, मस्तिष्क दाह, मस्तिष्क का रक्तस्राव आदि बीमारियाँ। शराब जैसे व्यसन छोड़ते समय भी मिरगी आती है। छोटे बच्चों को तेज बुखार के बाद मिरगी का दौरा आता है। साधारणत: उम्र के पाँच साल के बाद इस प्रकार की मिरगी के दौरे बंद होते हैं। तीव्र रोशनी, बड़ी मात्रा में हुई आवाज, टीवी बंद करते समय होनेवाला प्रकाश, ज्यादा श्रम, भावनिक तनाव, रोजमर्रा की दिनचर्या में हुआ बदलाव, आवश्यक नींद न मिलना ऐसे कई कारणों से मिरगी के मरीज को बार-बार मिरगी का दौरा आने की संभावना हो सकती है। कई बार किसी ठोस कारण के बिना भी मिरगी की बीमारी हो सकती है।

अधिकांश लोगों में मिरगी की बीमारी बार-बार उपस्थित होने के कारण इस पर लंबी अवधि का इलाज लेना जरूरी है। इसलिए मिरगी का निदान होने के बाद मरीज को अपराधबोध की भावना से खुद को दूर रखना चाहिए। निजी या पारिवारिक चरित्र का या अच्छे-बुरे बर्ताव का मिरगी की बीमारी से कोई संबंध नहीं है।

क्या मिरगी मानसिक विकार है? इसका इलाज कैसे करना चाहिए?

शुरू में ही कहा गया है कि मिरगी का विकार मस्तिष्क में निहित विद्युत संदेश की वहन प्रक्रिया में हुई गड़बड़ी के कारण होता है। मिरगी का विकार मनोविकार नहीं है, किंतु विगत कई सालों से उसे मनोविकार माना गया है।

मिरगी की बीमारी अधिकांश मरीजों में लंबी अवधि तक रहने के कारण उदासीनता, चिंता, सायकोसिस जैसे कई मनोविकारों के लक्षण मिरगी की बीमारी में दिखाई देते हैं।

अधिकांशतः मिरगी की बीमारी का निदान लक्षणों से ही होता है। जरूरत के अनुसार मस्तिष्क का विद्युत आलेख (ईईजी) निकाला जा सकता है। कई बार निदान के लिए मस्तिष्क का सीटी स्कैन या एमआरआई स्कैन करना जरूरी होता है, जिससे मिरगी की बीमारी के पीछे मस्तिष्क का ट्यूमर या रक्तस्राव जैसा कोई शारीरिक कारण तो नहीं है यह पता चलता है।

मिरगी की बीमारी में दवाइयाँ लंबी अवधि तक लेनी होती हैं। एक बार निदान होने के बाद सामान्यतः पाँच साल तक ये दवाइयाँ लेनी होती हैं। इस पाँच साल की अवधि में अगर मिरगी के दौरे आते हैं तो, वहाँ से आगे पाँच साल इस अनुपात में दवाइयाँ लेनी पड़ती हैं। सामान्यतः दवाइयों की मात्रा मरीज के लक्षण किस तरह नियंत्रण में रहते हैं उस पर निर्भर होती है। मरीज के खून की आवश्यकता के अनुसार दवाइयों की मात्रा निश्चित करनेवाली चिकित्सा पद्धति अब उपलब्ध है।

मिरगी के लिए प्रयुक्त सभी दवाइयों के कुछ न कुछ दुष्परिणाम (साइड इफेक्ट) होने के कारण ये दवाइयाँ डॉक्टर की सलाह से ही लेना जरूरी होता है। और कभी-कभी कुछ निश्चित अवधि के दरमियान दवाइयों के साइड इफेक्ट तो नहीं हो रहे हैं, यह समझने के लिए कुछ जाँच भी जरूरी होती हैं।

नई-नई प्रभावशाली दवाइयों की उपलब्धता से अधिकांश मिरगी के मरीज अब लंबी अवधि के लिए ठीक हो सकते हैं।

मिरगी के लिए प्रयुक्त दवाइयों के साथ-साथ बीमारी का स्वरूप मरीज को और उसके रिश्तेदारों को समझाना, उनके मन में बीमारी के संदर्भ में जो संदेह तथा गलतफहमियाँ हैं उनका निराकरण करना भी बहुत जरूरी होता है।

मरीज और उसके रिश्तेदारों को भावनिक आधार देना, मिरगी के दौरे नहीं आ रहे हों तो भी गोलियाँ खाते रहना कितना जरूरी है, यह भी उन्हें समझाना जरूरी है। मिरगी की बीमारी के मरीज को कुछ नियमों का पालन करना जरूरी होता है। वे नियम निम्न तरह से हैं—

- आवश्यक नींद (7 से 8 घंटे) लेना।
- समय पर भोजन करना।
- शराब और तंबाकू के व्यसन से खुद को दूर रखना।
- कष्टप्रद शारीरिक और भावनिक तनाव टालना।
- समय पर दवाइयाँ लेना।

रास्ते में हम कई बार मिरगी का दौरा आने से बेहोश पड़े व्यक्ति को देखते हैं। उसे प्याज, चप्पल जैसी चीजें सुँघाई जाती हैं तो वह व्यक्ति ठीक होकर उठ बैठता है। यह कैसे संभव होता है?

अधिकांशत: किसी व्यक्ति को आनेवाली मिरगी आपने आप ठीक होती है। इसलिए प्याज या चप्पल सुँघाने का मिरगी के रुकने से कोई संबंध नहीं होता है। फिर भी ऐसा करने में जो समय व्यय होता है उस बीच व्यक्ति के मिरगी का दौरा अपने आप रुकता है।

हमारे सामने किसी व्यक्ति को मिरगी का दौरा आ रहा है तो सबसे जरूरी है, उस व्यक्ति को किसी भी प्रकार की चोट न लगे, इसके बारे में खयाल रखना। साथ ही निम्नलिखित कुछ बातें हम सहज रूप से कर सकते हैं—

- संभव हो तो मरीज को एक करवट के बल सुलाएँ।
- मरीज के मुँह में किसी भी प्रकार की कोई चीज डालने की कोशिश न करें।
- मिरगी के दौरे की उग्रता पाँच मिनट से ज्यादा देर चल रही हो तो मिरगी कम करनेवाला इंजेक्शन मरीज को देना जरूरी होता है।
- मिरगी का दौरा आकर कम होने के बाद मरीज काफी समय तक सोता रहता है। उसकी नींद खुलने के बाद उसे भावनिक आधार देना जरूरी होता है।

हमारी लड़की स्वप्ना को मिरगी की बीमारी है। एक बार मिरगी का दौरा आकर जाने के बाद वह पाँच-छ: घंटे तक गुस्से में रहती है। साथ ही इस बीच वह हड़बड़ी की मानसिकता में रहती है। कई बार तो मारपीट भी करती है। इसका क्या इलाज हो सकता है?

मिरगी की बीमारी में हो रही हड़बड़ी की मानसिकता और मनोरोगी का हिंसक बर्ताव इसमें अंतर है। मस्तिष्क के विद्युत प्रवाह में बदलाव होने के कारण निर्माण हुई गड़बड़ी और गुस्सा यह कुछ विशेष उद्‌देश्य की हिंसकता से अलग होता है। बहुत बार मनोरोगी भ्रम-विभ्रम के प्रभाव से हिंसक बनते हैं। किंतु मिरगी की बीमारी में मस्तिष्क का विद्युत प्रवाह असंतुलित होने के कारण मरीज को कुछ समझाना कठिन होता है। इसलिए मरीज को उचित पद्धति से शारीरिक दृष्टि से जकड़कर रखना और दवाई-इंजक्शन का इस्तेमाल करके मरीज के मन में हो रही हड़बड़ी और गुस्से को नियंत्रण में लाना यही प्रभावी इलाज होता है।

मिरगी की बीमारी की दवाइयों में वृद्धि करके बार-बार आनेवाली मिरगी पर नियंत्रण रखना भी महत्त्वपूर्ण होता है।

मेरी लड़की अब 20 साल की है। उसे मिरगी की बीमारी है। फिलहाल दवाइयों की वजह से बीमारी नियंत्रण में है। किंतु अब उसके विवाह की चिंता सता रही है। मिरगी की बीमारी जिस लड़की को है उसके साथ कौन विवाह करेगा?

इसके पूर्व कहा गया है कि मिरगी की बीमारी के संदर्भ में हमारे समाज में बहुत गलतफहमियाँ हैं। मिरगी अन्य बीमारियों की तरह ही एक शारीरिक बीमारी होने के बावजूद उसके प्रति हमारे समाज में बड़ी मात्रा में अपराधबोध की भावना दिखाई देती है। इसलिए आपकी चिंता जायज है। मिरगी की बीमारी के मरीज को लंबी अवधि तक दवाइयाँ लेनी होती हैं। इसलिए विशेषत: महिलाओं के बारे में कुछ प्रश्न उपस्थित हो सकते हैं। बीमारी को लेकर अपराधबोध की भावना के कारण विवाह तय होते समय बीमारी छुपाने की रिश्तेदारों की प्रवृत्ति होती है। किंतु इससे समस्या आसान होने की अपेक्षा कठिन ही होती है क्योंकि बीमारी छिपाने के कारण विवाह के बाद बहुत बार दवाइयाँ लेना टाल दिया जाता है। परिणामस्वरूप बीमारी दोबारा लौटती है। इस कारण ससुरालवालों के मन में, धोखाधड़ी की भावना निर्मित होती है। परिणामस्वरूप वैवाहिक जीवन के आरंभ में ही पति-पत्नी के बीच तनाव की स्थिति निर्गित हो सकती है। इसलिए मिरगी की बीमारी के मरीज का विवाह तय करते समय विवाह के पूर्व ससुरालवालों को बीमारी के बारे में स्पष्ट बताना फायदेमंद होता है। इसके साथ ही मिरगी की बीमारी के बारे में उन्हें उचित जानकारी देना और इस बारे में उनकी गलतफहमियों को दूर करना भी जरूरी होता है। इस काम में इलाज करनेवाले डॉक्टर की सलाह और सहयोग भी महत्त्वपूर्ण साबित होता है।

मिरगी की बीमारी और गर्भधारण

मिरगी की अधिकांश दवाइयों का गर्भ पर दुष्प्रभाव हो सकता है। यह दुष्प्रभाव कभी सौम्य तथा कभी उग्र प्रकार का भी हो सकता है। इसलिए उस समय की स्थितियों को ध्यान में रखकर डॉक्टर की सलाह से निर्णय लेना उचित होता है। मिरगी की दवाइयाँ बंद करने के बाद होनेवाली तकलीफ और दुष्परिणामों की तीव्रता इन दोनों का तुलनात्मक अध्ययन करके निर्णय लिया जाता है। दवाइयां चालू रखने का निर्णय लिया तो बीच-बीच में भिन्न-भिन्न प्रकार की जाँच करके दवाइयों से गर्भ

को कुछ तकलीफ नहीं हो रही है इसका अंदाज लेना होता है। ऐसे कई प्रश्न मिरगी के मरीज के जीवन में उपस्थित होते हैं। इसलिए इन तमाम बातों की जानकारी देकर ही रिश्ता तय किया जाता है तो उसे निभाए जाने की संभावना ज्यादा होती है। इन तमाम मुश्किलों के बावजूद मिरगी की बीमारी से ग्रस्त लड़के-लड़कियों के विवाह होते हैं और उनके निरोगी बच्चे भी होते हैं, इसलिए बीमारी का विषय न बढ़ाकर धीरज से बीमारी का सामना करने का सकारात्मक दृष्टिकोण ऐसी स्थिति में फायदेमंद होता है।

मुझे दो साल पहले स्टेट ट्रान्सपोर्ट बस सर्विस में ड्राइवर की नौकरी मिली और इधर छः माह पूर्व मुझे पहली बार मिरगी का दौरा आया। मैंने अभी तक स्टेट ट्रान्सपोर्ट विभाग को इसके बारे में सूचना नहीं दी है। किंतु मुझे डर लगता है कि गाड़ी चलाते समय मिरगी का दौरा आया तो क्या होगा?

अधिकांशतः मिरगी का दौरा किसी भी प्रकार की पूर्वसूचना न देकर आता है। कुछ ही मरीजों को मिरगी का दौरा आने के कुछ समय पूर्व कुछ विशेष शारीरिक लक्षणों से मिरगी की पूर्व जानकारी मिल सकती है। इसी कारण मिरगी की बीमारी से ग्रस्त व्यक्ति को ड्राइविंग लाइसेन्स देने से नकारा जाता है। विदेशों में इस नियम पर सख्ती से अमल किया जाता है। किंतु हमारे देश में सख्ती से इस कानून पर अमल न करने के कारण कई मिरगी के मरीजों को भी ड्राइविंग लाइसेन्स मिल जाता है। मिरगी के मरीज द्वारा गाड़ी चलाना यह उस मरीज के लिए और गाड़ी में सफर कर रहे यात्रियों के लिए खतरनाक हो सकता है। क्योंकि ड्राइवर को गाड़ी चलाते समय अगर मिरगी का दौरा आता है तो उसका गाड़ी पर से नियंत्रण हटकर बड़ी सड़क दुर्घटना होने की संभावना होती है। इसलिए भले ही आपको नौकरी मिलने के बाद मिरगी की बीमारी शुरू हुई हो तो भी अपनी और अन्य लोगों की सुरक्षा को ध्यान में रखकर आपको यह बात आपके वरिष्ठ अधिकारियों को बताना जरूरी है। कानूनन इस प्रकार के व्यक्ति को सरकारी नौकरी से नहीं निकाला जा सकता है। उस व्यक्ति की बीमारी को ध्यान में रखकर उसके कामकाज में बदलाव करके नौकरी में शामिल करना सरकार की जिम्मेदारी होती है। फिर एक साल से अधिक अवधि तक अगर मिरगी नहीं आती है तो कोई भी मरीज दोबारा ड्राइविंग लाइसेन्स के लिए आवेदन कर सकता है। आवेदन के साथ इलाज करनेवाले डॉक्टर का वैद्यकीय प्रमाणपत्र जोड़ना आवश्यक होता है।

मिरगी की बीमारी के कारण मरीज के रोजमर्रा के जीवन पर कई निर्बंध आते हैं। अकेले सफर करना, मैदानी खेल खेलना, तैरना, अकेले आग के पास काम

करना ऐसी बातों पर बंधन लगते हैं। ऐसे बंधनों के कारण मरीज में निराशा और चिड़चिड़ेपन की भावना होने की संभावना होती है। ऐसी स्थिति में बीमारी का विषय न बढ़ाकर अपने हिस्से आई बेबाक सचाई को स्वीकार करके अपने जीवन की अन्य महत्त्वपूर्ण बातों पर ध्यान केंद्रित करना फायदेमंद होता है।

हमारे संजय को विगत पंद्रह साल से मिरगी के दौरे आ रहे हैं। कई डॉक्टरों को दिखाया लेकिन मिरगी की मात्रा कुछ कम नहीं हो रही है। दस-पंद्रह दिन में एक बार तो मिरगी को दौरा आ रहा है। हमने यह सुना है कि आजकल सहज रूप से ठीक न होनेवाली मिरगी की बीमारी के लिए ऑपरेशन का इलाज है। क्या यह सच है?

सामान्यत: पाँच से दस प्रतिशत मरीजों की मिरगी की बीमारी इलाज को प्रतिसाद नहीं देती है। यह स्थिति मरीज, उसके रिश्तेदार और डॉक्टर सभी के लिए एक चुनौती होती है। सामान्यत: इलाज के लिए सहयोग न देनेवाली मिरगी की बीमारी में तीन या चार अलग-अलग दवाइयों को साथ देकर इलाज करने की प्रविधि अपनाई जाती है। सहज रूप से नियंत्रण में न आनेवाली मिरगी की बीमारी पर प्रभावशाली दवाइयाँ अब उपलब्ध हो रही हैं। इन तमाम बातों से परे, आपको मिली जानकारी के अनुसार मिरगी की बीमारी के इलाज के रूप में मस्तिष्क का ऑपरेशन भी किया जाता है। ऊपरी तौर पर मिरगी की बीमारी का कारण बननेवाले मस्तिष्क के कुछ हिस्सों में सूक्ष्म प्रकार से शल्यक्रिया (माइक्रोसर्जरी) की जाती है। इस ऑपरेशन के कारण कई बार मिरगी पूर्ण रूप से रुक जाती है, तो कई बार मिरगी की दवाइयों का डोज कम किया जा सकता है या दवाइयों को सहयोग न देनेवाली बीमारी दवाइयों को सहयोग देने लगती है।

जब ऑपरेशन की बात आती है तो रिस्क लेना पड़ता है। फिलहाल इस प्रकार के ऑपरेशन कुछ विशेष स्पेशलाइज्ड सेंटर पर ही उपलब्ध हैं, साथ ही उनका खर्चा भी बहुत ज्यादा है। फिर भी संजय जैसे मरीज के लिए यह एक महत्त्वपूर्ण आशादायक बात है।

मेरे भाई को पिछले बीस साल से मिरगी की बीमारी है। दवाइयों के बाद वह नियंत्रण में आती है किंतु मेरे भाई का स्वभाव धीरे-धीरे बदल रहा है। उसे बहुत गुस्सा आने लगा है। साथ ही वह थोड़ा संशयी भी हुआ है। वह लोगों में घुलना-मिलना टाल रहा है। उसे ऐसी क्या व्याधि है?

आपके भाई की मिरगी के दौरे आने की मात्रा भले ही कम हुई हो किंतु लंबी

अवधि की मिरगी की बीमारी के मरीज के मस्तिष्क तथा व्यक्तित्व पर उसके कई परिणाम होते रहते हैं।

लंबी अवधि की मिरगी की बीमारी के कारण मस्तिष्क की कुल रचना में सूक्ष्म बदलाव होते हैं, जिसका प्रतिबिंब मनुष्य के व्यक्तित्व पर दिखाई देता है। इसे मनोविकार विज्ञान की भाषा में 'इपिलेप्टिक पर्सनैलिटी चेंज' कहते हैं।

लंबी अवधि की मिरगी की बीमारी के कुछ मानसिक-सामाजिक परिणाम भी होते हैं। मिरगी की बीमारी के कारण मरीज के रोजमर्रा के जीवन पर कुछ बंधन आते हैं। जैसे, गाड़ी चलाना, अकेले सफर करना, पर्वतारोहण जैसे साहसी काम करना, तैरना आदि पर। इन तमाम बातों का परिणाम स्वाभाविक रूप से मरीज की मानसिकता पर होता है। मुझे कभी भी मिरगी का दौरा आ सकता है यह डर हमेशा उस पर मंडराता रहता है। मिरगी की बीमारी के बारे में हमारे समाज में बड़ी मात्रा में अपराधबोध की भावना है। मुझे मिरगी है यानी मुझमें कुछ दोष है, ऐसा मरीज को लगता है। समाज भी ऐसे मरीज की ओर कुत्सित नजरिये से देखता है। इन तमाम बातों का परिणाम उदासीनता आना, अविश्वास बढ़ना इनमें होता है। इन बातों को आपने अच्छी तरह से समझ लिया तो आपको भाई के स्वभाव में हुए बदलाव का कारण समझ में आएगा। उसकी भावनाएँ समझ लेना, मिरगी की बीमारी को मन से स्वीकारने के लिए उसे सहयोग देना और इसके साथ सौम्य प्रकार की दवाइयों के इस्तेमाल से भी आपके भाई का इलाज हो सकता है।

हमारा लड़का राजू आठ साल का है। कभी-कभी वह उलझन में दिखाई देता है। उसे ऐसी स्थिति में उसके इर्द-गिर्द क्या हो रहा है समझ में नहीं आता। उस समय वह ठीक से किसी को पहचान भी नहीं पाता। डॉक्टर को दिखाने के बाद डॉक्टर कहते हैं कि यह मिरगी का प्रकार है। हाथ-पाँव ऐंठते नहीं, मुँह में झाग आता नहीं फिर यह मिरगी का कैसा का प्रकार है? हमें तो कुछ समझ में नहीं आ रहा है।

मिरगी की बीमारी के अलग-अलग प्रकार होते हैं। समग्र मस्तिष्क के विद्युत प्रवाह में हुए बिगाड़ के कारण आनेवाली मिरगी का प्रकार हमें मालूम है। इसमें हाथ-पाँव ऐंठना, मुँह में झाग, ऐसे लक्षण दिखाई देते हैं। किंतु मस्तिष्क के विशेष हिस्से में हुए बिगाड़ के कारण आनेवाली मिरगी के बारे में हमें जानकारी नहीं है। आपके राजू को हो रही तकलीफ मिरगी के इसी प्रकार के लक्षण हैं। इसमें मस्तिष्क के जिस हिस्से में बिगाड़ होता है, उस हिस्से का कार्य कुछ अवधि के लिए खंडित होने के कारण इस प्रकार के लक्षण दिखाई देते हैं—

जैसे, होश खोए बिना मरीज का कुछ अवधि के लिए गड़बड़ी की मानसिकता

में रहना या केवल हाथ-पाँव जैसे शरीर के किसी विशेष अवयव की हलचल होना। कई बार मिरगी की इस प्रकार की बीमारी में मरीज को कुछ निश्चित दृश्य दिखाई देना, कोई विशेष आवाज या धुन सुनाई देना ऐसे भी लक्षण हो सकते हैं। हमारी पिछली चर्चा के अनुसार मस्तिष्क का आलेख निकालकर इसका निदान किया जा सकता है। मिरगी के इस प्रकार पर अब बहुत प्रभावशाली दवाइयाँ उपलब्ध होने के कारण उन दवाइयों से इन लक्षणों को नियंत्रण में रखा जा सकता है।

क्या मिरगी के कुछ मरीजों को ईश्वरीय साक्षात्कार जैसे धार्मिक अनुभव होते हैं?

अलौकिक अनुभूति विज्ञान के क्षेत्र में हमेशा से विवाद का विषय रही है। इसमें मनुष्य की पंचेंद्रियों के द्वारा होनेवाली अनुभूति का समावेश होता है। जैसे, कुछ विशेष दृश्य दिखाई देना, कुछ संवाद सुनाई देना, इर्द-गिर्द किसी के न होने पर भी स्पर्श का एहसास, साथ ही कोई विशेष स्वाद या गंध का एहसास ऐसी अनुभूति साक्षात्कार में वर्णित होती है।

संवेदना का अर्थ स्पष्ट करनेवाले मस्तिष्क के हिस्से में हुए बिगाड़ के कारण ऐसी अनुभूति होने लगती है।

सिजोफ्रेनिया जैसे मानसिक विकार या मिरगी की बीमारी के कुछ प्रकार इनमें ऐसी अनुभूति हो सकती है।

कुछ मरीजों में वास्तविकता का एहसास न रहना, तंद्रा की अवस्था में जाना या व्यक्तित्व का कुछ समय के लिए विघटन होना ऐसी प्रवृत्ति ज्यादा रहती है। ऐसे लोगों को भी भावनिक उत्तेजना के समय चमत्कार की अनुभूति हो सकती है। किंतु इसमें गूढ़ता का हिस्सा न होकर शास्त्रीयता से इन साक्षात्कारों की अनुभूति का विश्लेषण हो सकता है।

बच्चों के मनोविकार

'हम दो हमारे दो' से 'हम दो हमारा एक' यह स्थिति बड़ी तेजी से हमारे देश में आ रही है। जिसका अनायास परिणाम यह हो रहा है कि अभिभावक अपने बच्चों के समग्र विकास की दृष्टि से ज्यादा सचेत हो रहे हैं। साथ ही दूसरी ओर जानलेवा स्पर्धा, बच्चों से बढ़ती अपेक्षाएँ, बच्चों के पढ़ाई की बढ़ती चिंता इन तमाम बातों का बच्चों के मानसिक स्वास्थ्य पर बड़ी मात्रा में प्रभाव परिलक्षित हो रहा है। किशोरावस्था के बच्चों में बढ़ती खुदकुशी की प्रवृत्ति बच्चों में बढ़ रहे तनाव को रेखांकित करती है। बच्चों में बढ़ रही मानसिक समस्याओं के प्रति 'विश्व स्वास्थ्य संगठन' भी चिंतित है।

बचपन में भी बच्चों को मानसिक विकार हो सकते हैं, इसे लेकर बहुत से अभिभावक अनभिज्ञ होते हैं। मस्तिष्क के विकास की उम्र में हुए मानसिक विकारों के दुष्परिणाम बच्चों को लंबी अवधि तक भुगतने पड़ते हैं, इसलिए हमें बच्चों के मानसिक विकारों के बारे में जानकारी होना आवश्यक है।

हमारा लड़का राकेश आठ साल का है। वह थोड़ी देर भी एक स्थान पर बैठता नहीं है, हमेशा कुछ न कुछ करता रहता है। पढ़ाई में भी वह एकाग्र नहीं होता है। मुझे उसकी चंचलता को लेकर चिंता हो रही है। यह कोई विकार है क्या?

उम्र के पाँच साल तक बच्चे चंचल रहते हैं। किंतु पाँच साल के बाद भी यह चंचलता कायम रहती है तो उसकी ओर ध्यान देना जरूरी होता है। अतिचंचलता (अटेंशन डेफिसिट हायपर एक्टिविटी डिसऑर्डर) मुख्यत: छोटे बच्चों में पाया जानेवाला एक विकार है। इस विकार में बच्चे बहुत ही चुलबुले रहते हैं। वे एक जगह पर आराम से बैठते ही नहीं। स्कूल में शिक्षक पढ़ा रहे हैं तो भी उनकी चुलबुलाहट जारी रहती है। चंचलता अधिक होने के कारण उन्हें एकाग्रता से बैठना संभव ही नहीं होता, जिसका असर उनकी पढ़ाई पर होता है। खेलते समय या पढ़ाई करते समय ऐसे बच्चे जरा भी संयम नहीं रखते हैं। उनके ऐसे बर्ताव के कारण स्कूल में वे अप्रिय

होने लगते हैं। साथ ही अभिभावकों को और अन्य परिवारजनों को भी उन पर ध्यान रखना मुश्किल होता है। मूलत: अतिचंचलता मानसिक विकार है, यह जानकारी हमें नहीं होती है, इसलिए राकेश जैसे बच्चों को अनुशासनहीन, शरारती कहकर उनको बदनाम किया जाता हैं। परिणामस्वरूप राकेश जैसे बच्चों के मन में अपराधबोध की भावना निर्मित होती है। उपरोक्त पृष्ठभूमि को ध्यान में रखते हुए राकेश में जो लक्षण है वे मनोविकार के लक्षण हैं, यह आपका अंदाज सही लगता है।

राकेश को यह तकलीफ क्यों हो रही है? उसके अभिभावक के रूप में हमारी क्या जिम्मेदारी है?

अतिचंचलता यह विकार अन्य मानसिक विकारों की तरह ही जैव-मानसिक-सामाजिक कारणों से होता है, जिसमें आनुवंशिकता का भी कुछ हिस्सा है। इस बीमारी में मस्तिष्क की एकाग्रता के लिए जरूरी खून में निहित 'नॉरइपिनेफ्रिन' नामक द्रव की मात्रा में बदलाव होता है। बचपन में होनेवाली उदासीनता या चिंता के विकार का लक्षण भी बच्चों की अतिचंचलता के पीछे हो सकता हैं। मन की भावनाएँ शब्दों में व्यक्त करने की सामर्थ्य इन बच्चों में न होने के कारण मन की भावनाओं को ऐसे बच्चे शरीर के माध्यम से व्यक्त करते हैं। माता की गर्भावस्था के दौरान की बीमारियाँ, पैदा होते ही वजन की कमी, बचपन के आरंभिक सालों में हुए मस्तिष्कदाह या मस्तिष्क की अन्य बीमारियों की वजह से भी ऐसे बच्चों में अतिचंचलता आ सकती है।

अभिभावक के रूप में जब हम ऐसे विकारों को देखते हैं तो सबसे पहले विशेषज्ञ चिकित्सक की ओर से बीमारी का निश्चित निदान करना जरूरी है। सौम्य और मध्यम गति की अतिचंचलता अधिकांशत: केवल मानसिक-सामाजिक इलाज से ही ठीक हो सकती है। मरीज की अतिचंचलता अगर उग्र स्वरूप की है तो उसे मनोविद की सलाह से दवाइयाँ देना जरूरी होता है।

अतिचंचलता एक विकार है यह समझाना ही मानसिक-सामाजिक इलाज का एक महत्त्वपूर्ण हिस्सा है। अभिभावक, शिक्षक, विशेषज्ञ मनोवार्ताकार और डॉक्टर आदि के सामूहिक प्रयास से इस बीमारी का इलाज होता है।

अतिचंचलता के विकार से ग्रस्त बच्चों के अभिभावकों को सूचनाएँ—

1. अन्य बच्चों की अपेक्षा इन बच्चों के लिए ज्यादा समय देना होगा।
2. इन बच्चों की वजह से हो रही पीड़ा उनकी बीमारी के कारण हो रही है, यह ध्यान में रखकर बच्चों को पीटना नहीं चाहिए। इसकी अपेक्षा आपके बच्चे ने अगर ज्यादा तकलीफ दी तो उसे 10 से 15 मिनट एक कोने में खड़ा करना (टाइम आउट) ठीक रहेगा।

3. इन बच्चों के किए अच्छे काम की प्रशंसा जरूर करनी चाहिए।
4. पहले नहा लो फिर पढ़ाई के लिए बैठो ऐसी दो सूचनाएँ एक साथ न देकर एक-एक सूचना देने की कोशिश करनी चाहिए।
5. दैनंदिन जीवनशैली में उसके लिए खुले मैदान में खेलने के लिए समय देना चाहिए, जिससे उसकी ऊर्जा खेलकूद में इस्तेमाल होगी।
6. बच्चों के शिक्षकों को भी इलाज प्रक्रिया में शामिल कराना जरूरी होता है। इसके साथ बच्चों के साथ भावनिक स्तर पर भी सुसंवाद प्रस्थापित करने का प्रयास करने से, उनको बीमारी की वजह से होनेवाली लघुता की भावना कम हो सकती है।

मेरे चाचा का लड़का संदेश, जिसे हाल ही में छठा साल लगा है, बहुत ही शरारती है। हर रोज घर झगड़ा लेकर आता है। परसों तो उसने घर में ही चोरी की। उस पर गुस्सा करने से कुछ भी असर नहीं हो रहा है। मुझे तो यह डर लग रहा है कि कहीं वह गुंडा तो नहीं होगा। क्या यह कोई बीमारी है?

समाज के प्रचलित नियमों के विरोध में विद्रोह करना यह मनुष्य की नैसर्गिक प्रवृत्ति होती है। किंतु यह विद्रोह अगर गलत दिशा से हो रहा है तो उसका रूपांतरण विकार में होने में देर नहीं लगती। सामान्यतः समाज नियम तोड़नेवाले लोगों को हम 'गुंडा' कहते हैं। मनोविकार विज्ञान की भाषा में उसे समाज विघातक प्रवृत्ति का व्यक्तित्व दोष (एंटीसोशल पर्सनैलिटी डिसऑर्डर) कहते हैं। इस प्रकार के व्यक्तित्व के बच्चों के रूप को 'कॉन्डक्ट डिसऑर्डर' या 'वर्तन का विकार' कहा जाता है। संदेश में दिखाई दे रहे लक्षण उसी बीमारी के प्रारंभिक लक्षण हैं। समाज के प्रचलित नियम तोड़ने की ओर रुख होना यह इस बीमारी का महत्त्वपूर्ण लक्षण है। इसलिए ऐसे बच्चों के हमेशा किसी न किसी से झगड़े होते रहते हैं। साथ ही पैसे चुराना यह भी इस प्रकार के लक्षणों का ही प्रकार है। इन लक्षणों के साथ ही झूठ बोलना भी ऐसे बच्चों में पाया जाता है। बच्चों के समूह बनाकर मारपीट करना, स्कूल के नियम तोड़ना, बचपन में ही सिगरेट, तंबाकू, शराब जैसे व्यसन शुरू करना ऐसे भी लक्षण कभी-कभी दिखाई देते हैं। इसलिए संदेश के लक्षणों को एक मानसिक विकार के रूप में देखना जरूरी है।

संदेश जैसे बच्चे ऐसा बर्ताव क्यों करते हैं?

किसी व्यक्ति की सामाजिक नीति-नियम पालन करने की प्रवृत्ति मुख्यतः उसके

व्यक्तित्व की निर्मिति प्रक्रिया और इर्द-गिर्द की सामाजिक परिस्थिति से तैयार होती है।

परिवार में और इर्द-गिर्द के माहौल में सामाजिक नियमों का पालन करने की जो प्रवृत्ति है उसका प्रतिबिंब बच्चे के मन पर पड़ता है। इसलिए गरीबी और गुनहगारी की पृष्ठभूमि में पले-बढ़े बच्चों में सामाजिक नीति-नियम तोड़ने की प्रवृत्ति ज्यादा होती है। साथ ही स्वभाव से ही बच्चा अगर शरारती या अतिचंचल है तो ऐसे बच्चे के आगे जाकर उन्मादी होने की संभावना होती है। अभिभावकों में और घर के बड़े लोगों में परिवार पर नियंत्रण रखने का कौशल अगर ठीक नहीं तो इसका भी परिणाम बच्चों पर होता है। घर पर मिली आजादी का बच्चे गलत इस्तेमाल कर सकते हैं।

इसके साथ ही बच्चों के उन्मादी बनने में उनकी जैविकता का भी हिस्सा होता है, यह अब स्पष्ट हो रहा है। भावनाओं पर नियंत्रण रखनेवाला और सामाजिक नीति-नियमों का संकेत देनेवाला मस्तिष्क का हिस्सा इन बच्चों में अन्य बच्चों की तुलना में अविकसित होता है।

संदेश भविष्य में बदमाश प्रवृत्ति का न बने ऐसी हमारी बहुत इच्छा है। इसके लिए हमें क्या करना होगा?

हमारे समाज में संदेश जैसे स्वभाव के बच्चों की ओर केवल शरारत का लक्षण इस रूप में देखा जाता है। इसलिए संदेश जैसे बच्चे के इलाज के लिए उसके परिवार के सभी वरिष्ठ सदस्यों का विश्वास हासिल करना जरूरी होता है। परिवार के उन वरिष्ठ सदस्यों को शरारत और बीमारी में निहित फर्क समझाना आवश्यक होता है। नहीं तो ये वरिष्ठ व्यक्ति संदेश जैसे बच्चों की शरारत का समर्थन ही करेंगे ऐसी संभावना होती है। बच्चों पर अनुशासन लगाने के संदर्भ में कुछ नियमों का पालन परिवार के सभी सदस्यों को करना जरूरी होता है। सामान्यत: बच्चों के लिए शारीरिक सजा का प्रयोग बड़ी मात्रा में किया जाता है। शारीरिक सजा के कारण बच्चों के बर्ताव में बदलाव तो होते ही नहीं, अपितु परिवार के वरिष्ठ सदस्यों के प्रति बच्चों के मन में अप्रियता की भावना का निर्माण होता है। बच्चों को सजा देते समय अपनी मानसिकता को स्थिर रखना बहुत जरूरी होता है। हमारे गुस्से में आकर की गई कृति बच्चों के सुधार के लिए हानिकारक हो सकती है।

परिवार के सभी सदस्यों को अनुशासन के प्रति एकमत होना जरूरी होता है। नहीं तो संदेश जैसे बच्चे उसका लाभ उठाकर अपना अनुशासनहीन बर्ताव जारी रखते हैं। अनुशासन के प्रति नियमितता रखना भी जरूरी होता है। बच्चों के लिए एक नियम और बड़े-बुजुर्गों के लिए दूसरा नियम ऐसी बातें ठीक नहीं होती हैं।

बच्चों को उनकी की हुई गलतियाँ स्पष्ट शब्दों में बताना भी आवश्यक होता है। कई बार ऐसे बच्चों को उनसे निश्चित क्या गलती हुई यह समझ में नहीं आता है, जिससे वे बच्चे उलझन में पड़ते हैं।

संदेश जैसे लड़कों के हिस्से में हमेशा कटु टिप्पणियाँ ही आती हैं। उनके किए अच्छे काम की उपेक्षा की जाती है। संदेश जैसे लड़कों के अभिभावकों को अपने बच्चों के अच्छे काम की प्रशंसा करना भी बहुत महत्त्वपूर्ण होता है।

इन तमाम बातों से परे होकर अपने बच्चों को बिना शर्त स्वीकार करना अभिभावकों के लिए जरूरी होता है। गुण-दोष के साथ मेरे अभिभावक मुझे स्वीकृत कर रहे हैं यह भावना बच्चों तक पहुँचनी जरूरी होती है क्योंकि संदेश जैसे बच्चों के स्वभाव में हो रहे बदलाव एक लंबी अवधि की प्रक्रिया हैं। इसमें अभिभावक तथा मनोविद दोनों के लिए एक चुनौती होती है।

संदेश जैसे बच्चों की मानसिकता कई बार इधर से उधर झूलती रहती है। मनोविद की सहायता से मूड स्थिर रखनेवाली दवाइयाँ ऐसे बच्चों के लिए उपयुक्त प्रतीत होती हैं।

एक आठवीं कक्षा के छात्र के खुदकुशी करने की जानकारी मेरे पढ़ने में आई। मुझे तो यही सवाल सताता है कि इतनी छोटी उम्र में बच्चे खुदकुशी का विचार कैसे कर सकते हैं?

वरिष्ठ व्यक्ति के मन में खुदकुशी के विचार कैसे आते हैं, यह हमने पीछे देखा, बच्चों में भी कम-अधिक मात्रा में खुदकुशी के वही कारण होते हैं। किशोरावस्था के बच्चों में मृत्यु के लिए खुदकुशी यह चौथा कारण है। आजकल अभिभावक अपने बच्चों से ज्यादा अपेक्षाएँ रख रहे हैं। परीक्षा में सफलता पाना इस बात को जरूरत से ज्यादा महत्त्व दिया जा रहा है। असफल होना जैसे कोई भयावह बात घटित हुई हो यह भी मानसिकता हो रही है। इन तमाम बातों से बच्चों के मन पर अनजाने में ही तनाव निर्माण हो रहा है।

मन में आए विचारों के नियंत्रण के संदर्भ में किशोरों में आवश्यक समझदारी नहीं होती है। उन्हें खुदकुशी के लिए इस्तेमाल कर रहे मार्ग की तीव्रता समझ में न आने के कारण उनमें खुदकुशी के प्रयास का पर्यावसन प्रत्यक्ष खुदकुशी में होता है।

किशोरावस्था के बच्चे अपनी भावनाएँ सहज रूप से अभिव्यक्त नहीं करते हैं, इसलिए उनकी भावनिक अस्वस्थता से जुड़ी छोटी-छोटी बातों के प्रति अभिभावकों और शिक्षकों को सतर्क रहना जरूरी होता है। यही किशोरावस्था के बच्चों की खुदकुशी टालने के लिए महत्त्वपूर्ण होता है।

मैं एक प्राइमरी टीचर हूँ। मेरी कक्षा में तीन-चार छात्र ऐसे हैं, जिन्हें कितनी बार भी समझाओ तो भी उनकी समझ में नहीं आता है। क्या ये छात्र मंदबुद्धि होंगे?

सामान्यत: एक से तीन प्रतिशत बच्चों की बौद्धिकता समाज के अन्य बच्चों की बौद्धिकता की तुलना में कम होती है। ऐसे बच्चों का बौद्धिक विकास बचपन से ही मर्यादित होता है। मनुष्य की बौद्धिकता गिनने के लिए बुद्ध्यांक गणना पद्धति प्रयुक्त की जाती है। बुद्ध्यांक के अनुसार बौद्धिकता के स्तर निम्न प्रकार से निर्धारित किए जाते हैं—

90 से 110 - सामान्य स्तर।
70 से 90 - बॉर्डर लाइन (सीमारेखा के नजदीक)।
50 से 70 - सौम्य (मंदबुद्धि)।
30 से 50 - मध्यम (मंदबुद्धि)।
20 से 30 - तीव्र (मंदबुद्धि)।

बुद्ध्यांक को मनोवैज्ञानिक जाँच का प्रयोग करके निकाला जाता है। कम बुद्ध्यांक के बच्चों में कुछ विशेष लक्षण बचपन में ही दिखाई देते हैं। जैसे, अन्य सामान्य बच्चों की तुलना में इन बच्चों के विकास की गति और इनकी क्षमताओं में कमी नजर आती है। अगर अन्य बच्चे सामान्यत: एक से डेढ़ वर्ष की उम्र में चलने लगते हैं तो, ये मंदबुद्धि बच्चे उनकी तुलना में देर से चलेंगे। मूलत: बौद्धिक क्षमता कम होने के कारण कोई भी विषय समझ लेने के संदर्भ में, साथ ही पढ़ाई, लेखन जैसी पढ़ाई के लिए आवश्यक बातों के संदर्भ में ये बच्चे अन्य सामान्य बच्चों की तुलना में पीछे रहते हैं। ये बातें अभिभावकों के ध्यान में आईं तो भी मंदबुद्धि छात्रों के लिए अलग स्कूल की व्यवस्था ज्यादातर स्थानों पर उपलब्ध न होने के कारण उनकी पढ़ाई सामान्य पाठशाला में ही होती है, जिससे आपकी कक्षा के जैसे हालात घटित होते हैं।

ऐसे बच्चों के अभिभावकों को कितनी मानसिक परेशानी सहन करनी पड़ती होगी, इस कल्पना से ही मन चिंतित होता है। क्या यह मंदबुद्धि का दोष दूर नहीं किया जा सकता?

मंदबुद्धि दोष होने के कुछ कारणों को रोका जा सकता है। जैसे, गर्भावस्था में माता को हुई संसर्गजन्य बीमारियों की वजह से, साथ ही गर्भावस्था में माता के भोजन की आवश्यक मात्रा न लेने की वजह से होनेवाला मंदबुद्धि दोष रोका जा सकता है।

कुछ आनुवंशिक बीमारियों का भी मंदबुद्धि दोष के साथ संबंध होता है, यह भी अब सिद्ध हुआ है। इसलिए जेनेटिक टेस्टिंग के आधार पर यह आनुवंशिक बीमारी से होनेवाला मंदबुद्धि दोष रोका जा सकता है।

बच्चे के जन्म के उपरांत होनेवाली बीमारियों की वजह से होनेवाले मंदबुद्धि दोष के कुछ प्रकार होते हैं। जैसे, बचपन में होनेवाली मस्तिष्कदाह की बीमारी के उचित इलाज से भी मंदबुद्धि दोष कुछ मात्रा में कम हो सकता है।

अगर परिवार में कोई मंदबुद्धि का व्यक्ति है तो गर्भावस्था में पति-पत्नी दोनों की जेनेटिक काउंसिलिंग और आवश्यकता के अनुरूप जेनेटिक टेस्टिंग करना फायदेमंद साबित हो सकता है।

मंदबुद्धि दोष के कई कारण आज भी चिकित्सा विज्ञान को ज्ञात नहीं हुए हैं। ऐसी स्थिति में मंदबुद्धि दोष का निदान जल्द होना और अभिभावकों को उसके बारे में उचित मार्गदर्शन मिलना इससे जुड़ी कई बातें अनुभवी लोगों से बात कर जानी जा सकती हैं।

मंदबुद्धि बच्चे और उसके अभिभावकों के लिए फिलहाल निश्चित रूप में किस प्रकार की सहायता उपलब्ध है?

सामान्यत: उम्र के चौथे साल तक मंदबुद्धि दोष का निदान करना टाला जाता है क्योंकि इस बीच मस्तिष्क का विकास जारी होता है।

हर बच्चे के माँ-बाप को उससे बहुत अपेक्षाएँ होती हैं। साथ ही हमारा लड़का/लड़की कुशाग्र बुद्धि का होना चाहिए यह उम्मीद अभिभावकों को होती है। ऐसी स्थिति में अपना बच्चा अन्य बच्चों की तुलना में बौद्धिक दृष्टि से पीछे है यह स्वीकार करना कठिन होता है। मंदबुद्धि बच्चे के अभिभावकों को अपने बच्चे के बौद्धिक स्तर को स्वीकार करने के लिए मदद करना यह विशेषज्ञ व्यक्ति के सामने चुनौती होती है। नैसर्गिक बौद्धिकता को बड़े प्रयास के बाद विकसित भी किया जा सकता है, किंतु बुद्ध्यांक को विकसित करके बढ़ाया नहीं जा सकता। अधिकांशत: यह सचाई स्वीकार करने में ही अभिभावकों को कई महीने या कई वर्ष लगते हैं। ऐसी स्थिति में अभिभावकों को मौजूदा हालात का सामना करने का धैर्य देना जरूरी होता है।

आज महाराष्ट्र में लगभग हर तहसीलनुमा गाँव में भी मंदबुद्धि छात्रों के लिए स्वतंत्र पाठशालाएँ हैं। इन पाठशालाओं में मंदबुद्धि छात्रों के सामने रखकर पाठ्यक्रम पढ़ाया जाता है।

इन पाठशालाओं के शिक्षक मंदबुद्धि के छात्रों की शिक्षा के लिए विशेष तौर पर प्रशिक्षित होते हैं, इसीलिए इस बात का इन छात्रों को लाभ मिलता है। कई

जगह तो इस प्रकार की पाठशालाएँ मंदबुद्धि से पीड़ित बच्चों के अभिभावकों ने साथ मिलकर शुरू की हैं।

कई जगह पर मंदबुद्धि बच्चों के अभिभावकों के सहायता समूह कार्यरत हैं। इन सहायता समूहों में मंदबुद्धि बच्चों के अभिभावक ही एक-दूसरे को आधार और सहायता देकर साथ मिलकर आगे जाने का प्रयास करते हैं।

इन बच्चों में दिखाई देनेवाले बर्ताव की समस्या के समाधान के लिए मनोवैज्ञानिक समुपदेशन का प्रयोग किया जा सकता है।

केंद्र सरकार की ओर से भी सभी प्रकार की शारीरिक तथा मानसिक विकलांगता के लिए सामूहिक शिक्षा की सुविधा उपलब्ध हुई है। इसमें सरकार के विशेष प्रशिक्षित शिक्षक मंदबुद्धि छात्रों को उनके स्कूल में जाकर विशेष शिक्षा देते हैं।

मंदबुद्धि दोष को अब मानसिक विकलांगता कहा जाने लगा है। सरकार की ओर से हमने अपने बच्चे के लिए विकलांगता का प्रमाणपत्र लिया तो उसे यात्रा में आर्थिक रियायत मिलने का लाभ हो सकता है।

इन तमाम बातों के साथ ही जीवन के हर पड़ाव पर सामान्य बौद्धिकता के व्यक्ति की तुलना में मंदबुद्धि बच्चों की आवश्यकताएँ भिन्न होती हैं, यह समझना जरूरी होता है। अभिभावक, शिक्षक और इलाज करनेवाले विशेषज्ञ इन सभी के लिए यह एक चुनौतीभरी स्थिति होती है, इसका एहसास होना जरूरी है।

मंदबुद्धि बच्चों को भी हर्षोल्लास का जीवन जीना संभव होगा ऐसी कई सुविधाएँ धीरे-धीरे उपलब्ध हो रही हैं।

ऑटिज्म से क्या तात्पर्य है?

ऑटिज्म छोटे बच्चों में दिखाई देनेवाली एक मानसिक विकलांगता है। इस बीमारी में मुख्यत: तीन प्रकार के लक्षण दिखाई देते हैं। पहला और सबसे महत्त्वपूर्ण लक्षण यह कि इन बच्चों का सामाजिक दृष्टि से होनेवाला विकास अवरुद्ध होता है।

अपने अभिभावकों या हमउम्र बच्चों के साथ ये बच्चे भावनिक संबंध प्रस्थापित नहीं कर पाते। प्यार से करीब आना या एक-दूसरे की ओर देखकर स्मित हास्य करना, ऐसी सामाजिक जीवन में महत्त्वपूर्ण बातें ऑटिज्म के शिकार बच्चों के लिए करना संभव नहीं होता है। नजर से नजर मिलाना भी ये बच्चे टालते हैं। रिश्ते-नाते जोड़ना यह किसी भी सामाजिक प्रक्रिया का महत्त्वपूर्ण हिस्सा होता है। इस मूलभूत कौशल में ही ऑटिज्म के शिकार बच्चे पीछे रहते हैं।

ऑटिज्म का दूसरा लक्षण है, इन बच्चों की सुसंवाद प्रस्थापित करने

की क्षमता बहुत सीमित होती है। ऑटिज्म के अधिकांश बच्चे कुछ देर से ही बोलना आरंभ करते हैं। उनकी बातचीत में कुछ विशेष शब्दों का बार-बार प्रयोग मिलता है। इन बच्चों को वार्तालाप करते समय शारीरिक भाषा का प्रयोग करने का कौशल नहीं आता है, इसलिए उनके सामाजिक सहभाग पर मर्यादा आने लगती है।

ऑटिज्म का तीसरा लक्षण है किसी विशेष प्रकार के बर्ताव करने की ओर इन बच्चों का आकर्षण होता है। जैसे, एक खेल ही बार-बार खेलना या एक ही खिलौने का इस्तेमाल करना। रोजमर्रा की जीवनशैली में जरा भी बदलाव होता है तो उन्हें पसंद नहीं आता है। एक विशेष पद्धति से तालियाँ बजाना या गोल-गोल घूमना जैसी बातें ऑटिज्म के शिकार बच्चे बार-बार करते हैं।

इन लक्षणों के सिवाय ऑटिज्म के शिकार तीन चौथाई बच्चों में बौद्धिक क्षमता अन्य सामान्य बच्चों की अपेक्षा कम होती है।

ऑटिज्म बीमारी मुख्यतः जैविक कारणों से होती है। इस बीमारी में भाव-भावनाएँ पहचानने के लिए जरूरी मस्तिष्क की आईना पेशी (मिरर न्यूरान) का उचित विकास नहीं होता है।

ऑटिज्म के शिकार बच्चों में 10 से 20 बीस बच्चों का बौद्धिक विकास अन्य सामान्य बच्चों जैसा होता है। ये बच्चे थोड़ी विशेष सहायता से नियमित पाठशाला में जा सकते हैं किंतु ऑटिज्म के बाकी बच्चों को विशेष पाठशाला की जरूरत होती है।

क्या ऑटिज्म की बीमारी का कुछ इलाज है?

उदासीनता या चिंता की बीमारी के लिए जितने प्रभावशाली इलाज मनोविकार विज्ञान में हैं, उतने प्रभावशाली इलाज ऑटिज्म की बीमारी के नहीं हैं, यह एक कड़वी सचाई है। फिर भी ऑटिज्म के शिकार बच्चों को और उनके अभिभावकों को सहायता मिल सके ऐसे कई वैज्ञानिक इलाज उपलब्ध हैं। ऑटिज्म के बच्चों के दोष कम करने के लिए कुछ प्रभावशाली दवाइयाँ उपलब्ध हैं। इन दवाइयों से ऑटिज्म के बच्चों के बार-बार तालियाँ पीटने या गोल-गोल घूमने के तकलीफदेह बर्ताव पर विजय पाई जा सकती है।

ऑटिज्म के कारण बच्चों की शिक्षा में व्यवधान तो नहीं आएगा इसकी चिंता करना भी जरूरी होता है। पुणे-मुंबई जैसे बड़े शहरों में अब ऑटिज्म के बच्चों के लिए चलाई जानेवाली विशेष पाठशालाएँ भी उपलब्ध हैं। ऑटिज्म के शिकार जो बच्चे सामान्य बौद्धिक स्तर के होते हैं, उन्हें अन्य सामान्य बच्चों के साथ पाठशाला में भेजा जा सकता है। किंतु इसके लिए उस पाठशाला के प्रधानाचार्य

और अध्यापकों का सहयोग जरूरी होता है। ऑटिज्म के साथ, जिनकी बौद्धिक क्षमता भी कम है ऐसे मंदबुद्धि छात्रों को मंदबुद्धि के छात्रों की पाठशालाओं में पढ़ाया तो लाभदायक होगा।

इन बच्चों का संवाद कौशल बढ़े तथा उनका अकेलापन दूर हो इसलिए शिक्षा की विभिन्न पद्धतियों का प्रयोग किया जा सकता है।

इन तमाम बातों के साथ ही ऑटिज्म के शिकार बच्चों के अभिभावकों को भी भावनिक सहायता की जरूरत होती है। ऐसे अभिभावकों के सहायता समूह भी महाराष्ट्र में कार्य कर रहे हैं।

ऑटिज्म के कारण अगर मानसिक विकलांगता आई है तो विकलांगों के लिए सरकार की जो विभिन्न योजनाएँ और रियायतें हैं, उनका लाभ इन बच्चों और उनके अभिभावकों को मिल सकता है।

आमिर खान की 'तारे जमीन पर' फिल्म के कारण 'डिसलेक्सिया' विकार पर बहुत चर्चा हुई। वह फिल्म देखने के बाद ही यह विकार निश्चित तौर पर किस प्रकार का है इसकी वैज्ञानिक जानकारी मिलनी चाहिए, यह इच्छा हो रही है। इस बीमारी का निश्चित स्वरूप क्या है?

सिनेमा जनचेतना का बहुत प्रभावशाली माध्यम है। मानसिक विकार के क्षेत्र से जुड़े हजारों कार्यकर्ता अपना समग्र जीवन व्यय करके भी जितना प्रबोधन नहीं कर सकते, उससे कई गुना ज्यादा प्रबोधन एक सिनेमा से हुआ है, यह सचाई है। 'डिसलेक्सिया' इस एक नाम से भले ही इस बीमारी की पहचान हो, फिर भी वैज्ञानिक भाषा में यह कई बीमारियों का समूह है। उस समूह की बीमारियों में व्यक्ति की शिक्षा के लिए जरूरी क्षमताओं में दोष निर्माण होता है। इसलिए इन बीमारियों को 'स्पेसिफिक लर्निंग डिसेबिलिटी' कहते हैं। इसमें पढ़ाई, लेखन और गणित ऐसी तीन मुख्य शिक्षा विषयक प्रक्रियाओं की क्षमताओं में कमी दिखाई देती है। अधूरी कोशिश या शिक्षा का उचित अवसर न मिलना ऐसे कारणों से ये लक्षण नहीं आते हैं तो उसके पीछे निश्चित जैविक कारण होते हैं। जैसे, अंकगणित के संदर्भ में शैक्षिक समस्या जिन बच्चों को है उनके जोड़ (+) और गुणा चिह्न (×) में बड़ी गड़बड़ी होती है। पढ़ने की समस्या के शिकार बच्चे पढ़ते समय कुछ शब्द छोड़ देते हैं या पूर्णत: दूसरे शब्दों का ही उच्चारण करते हैं। लेखन की समस्या से ग्रस्त बच्चे लिखते समय मूलाक्षरों में ही गड़बड़ी करते हैं। साधारणत: दूसरी-तीसरी कक्षा में इस बीमारी का निदान हो सकता है। किंतु कई बार इस प्रकार की भी कोई बीमारी हो सकती है, इसकी अभिभावकों और शिक्षकों को जानकारी न होने के कारण इन बच्चों को शैक्षिक दृष्टि से अविकसित कहा जाता है। इस कारण इन

बच्चों का आत्मविश्वास कम होने लगता है, तो कई बार ऐसे बच्चे विद्रोही बनते हैं जिससे उनकी शिक्षा प्रक्रिया खंडित होती है। ऑटिज्म के शिकार बच्चों के समान ही 'डिसलेक्सिया' की बीमारी के शिकार बच्चों की भी, उनके बर्ताव में निहित दोषों के इलाज, अलग तरीके से शैक्षिक सुविधा और अभिभावकों को भावनिक और वैधानिक सलाह देकर, तीन स्तरों पर मदद की जा सकती है। ऐसा करने से जिन बच्चों की शैक्षिक दृष्टि से पीछे रहने की संभावना है उन्हें मुख्य प्रवाह में लाने के लिए मदद हो सकती है।

हमारा बेटा रवींद्र अब नौ साल का हुआ है, किंतु अभी भी उसे नींद में कपड़े गीले होने की बात समझ में नहीं आती। इसलिए वह कहीं भी रिश्तेदारों के घर जाना टालता है। हमें अब उसकी चिंता होने लगी है। क्या रवींद्र का कुछ इलाज किया जा सकता है?

साधारणतः 3-4 साल तक की उम्र के बच्चों को पेशाब आने की स्थिति पूर्ण रूप से समझ में आने लगती है। इस समय तक उनकी नींद में कपड़े गीले करने की मात्रा धीरे-धीरे कम होने लगती है। किंतु फिर भी अगर आपका बेटा रात में नींद में ही कपड़े गीले करता है तो उसे 'नॉक्टरल एन्युरेसिस' यानी रात के समय नींद में पेशाब करने की बीमारी कहते हैं। अधिकाशंतः इस बीमारी का कारण मानसिक अस्वस्थता होती है। किंतु कई बार मस्तिष्क में निहित पेशाब का एहसास देनेवाली यंत्रणा में बिगाड़ की भी संभावना हो सकती है। इसलिए मानसिक स्तर पर इलाज शुरू करने के पहले इस बीमारी के पीछे कोई शारीरिक कारण है क्या, इसकी पहले जाँच करनी होती है।

मानसिक स्तर पर बच्चे में चिंता या उदासीनता की बीमारी या परिवार में बढ़ता तनाव, अभिभावक की व्यसनाधीनता, दोनों में से एक अभिभावक (माता-पिता) का अभाव, इनमें से किसी भी कारण से अगर बच्चे का मन अस्वस्थ होता है तो भी रवींद्र जैसे लक्षण बच्चे में दिखाई दे सकते हैं।

रवींद्र के इलाज में यह जरूरी है कि नींद से दो-तीन घंटे पहले उसका पानी पीना बंद करना चाहिए। साथ ही नींद लगने से पहले उसे पेशाब को जाकर आना भी जरूरी है।

शारीरिक या मानसिक किसी भी कारण से रवींद्र की बीमारी शुरू हुई हो, इन दोनों के लिए बहुत प्रभावशाली दवाइयाँ अब उपलब्ध हैं। इसलिए रवींद्र के लक्षण नियंत्रण में आ सकते हैं। साथ ही मानसिक दृष्टि से उसे अस्वस्थ करनेवाला कोई कारण हो तो उसकी खोज करके उसका इलाज किया जा सकता है। नींद में साधारणतः कितने बजे वह पेशाब करता है इसे नोट करना और उसके कुछ समय

पहले अलार्म लगाकर उसे जगाना और पेशाब करने के लिए कहकर दुबारा सोने देना, इस पद्धति से भी उसका इलाज हो सकता है। इस विकार का उचित समय पर इलाज नहीं किया तो उसका परिणाम बच्चे की स्वप्रतिमा पर हो सकता है, जिससे बच्चे रिश्तेदारों की ओर जाना टालने लगते हैं। इसलिए विशेषज्ञ की सहायता लेकर आपको शीघ्र ही रवींद्र का इलाज शुरू करना चाहिए।

लैंगिक समस्याएँ

भूख, प्यास, नींद और मैथुन ये मानव की चार मूलभूत प्रेरणाएँ मानी गई हैं। किंतु इन चार प्रेरणाओं में मैथुन यानी लैंगिकता को अन्य तीन प्रेरणाओं की अपेक्षा अलग समझा जाता है। हमारे समाज में लैंगिकता की ओर वैज्ञानिक दृष्टिकोण से देखने की अपेक्षा उसकी ओर 'छुपाकर रखने की बात' इस दृष्टि से देखा जाता है। इससे ही लैंगिकता की ओर स्वस्थ दृष्टि से देखने के लिए दिक्कतें आती हैं। वास्तविकत: लैंगिकता जितनी शारीरिक अवधारणा है, उतनी ही मानसिक स्तर की अवधारणा भी है क्योंकि लैंगिकता के बारे में विचार सबसे पहले व्यक्ति के मन में निर्मित होते हैं। केवल अधूरी तथा गलत जानकारी या अज्ञान से अधिकांश लैंगिक समस्याएँ अनिर्मित होती हैं। परिणामस्वरूप कई परिवार टूटने तक की स्थिति निर्मित होती है। हस्तमैथुन से समलैंगिकता तक की लैंगिकता से संबंधित कई बातों के बारे में हमें जानकारी होना जरूरी है। इस अध्याय में हम इस विषय के बारे में जानकारी लेंगे।

> **मैं अभी 28 साल का हूँ। विगत कई सालों से मुझे हस्तमैथुन की बुरी आदत लगी है। इस आदत के कारण मेरा बहुत ज्यादा वीर्यनाश होने की वजह से मुझे अब शादी करने में डर लग रहा है।**

हमारे समाज में लैंगिकता की अवधारणा के बारे में बड़ी मात्रा में अज्ञान है। गलत जानकारी देनेवाली पुस्तकों के कारण समाज में गलतफहमियाँ प्रचलित होती हैं। युवा होने की नैसर्गिक प्रक्रिया का मुख्य कार्य लड़के का पुरुष और लड़की का स्त्री में परिवर्तन करना होता है, जिससे मानव समुदाय का वंशसातत्य बना रहता है।

पुरुष के शरीर में निहित पुंबीज और स्त्री के शरीर में निहित स्त्री बीज के संयोग से गर्भ की निर्मिति होती है। समागम के समय पुरुष के शरीर में स्थित पुंबीज के स्त्री के शरीर में वहन के लिए वीर्य की उपयोगिता होती है। मनुष्य के मुँह में

स्थित लारग्रंथि की तरह ही उसके शरीर में वीर्यग्रंथि होती है, जिसमें से वीर्य वहन होता है। जिस तरह शरीर में बार-बार लार तैयार हो सकती है, उसी तरह वीर्य भी बार-बार तैयार होता है। लिंग में कठोरता आना और वीर्य स्खलन होना यह प्रक्रिया युवावस्था में आए हर युवा के साथ नैसर्गिक ही होती है। इस तरह हस्तमैथुन की क्रिया भी एक नैसर्गिक क्रिया है। युवा हुए सभी लड़कों में यह बात कम-अधिक मात्रा में दिखाई देती है। दिन में कितनी बार हस्तमैथुन करना उचित है इसका कोई नियम नहीं है। वीर्य स्खलन के कारण शरीर से बाहर निकला वीर्य कुछ घंटे की अवधि में दोबारा तैयार होता है।

'वीर्य की एक बूंद यानी खून की चालीस बूंदें' यह हमारे समाज में फैली हुई बड़ी गलतफहमी है। वीर्य तथा खून का ऊपरी तौर पर कुछ भी संबंध नहीं है। कई बार युवाओं के मन में यह गलतफहमी जड़ जमाती है कि बार-बार वीर्यस्खलन से मुझे थकान और कमजोरी हो रही है और इससे मेरी लैंगिक शक्ति कम हुई है। मनोइलाज की भाषा में इस विकार को 'धातु सिंड्रोम' कहते हैं। वीर्य के लिए प्रयुक्त किए जानेवाले 'धातु' शब्द से इस विकार को यह नाम दिया गया है। उचित पद्धति से दी हुई लैंगिक शिक्षा और भावनिक सहयोग के द्वारा इस गलतफहमी से निर्मित होनेवाले मानसिक विकारों के इलाज किए जाते हैं।

मेरी उम्र पैंतालीस है। आजकल मेरे लिंग में पहले जैसी कठोरता नहीं आ रही है। इससे समागम का सुख मुझे नहीं मिल रहा है। क्या यह उम्र के मुताबिक होता है या इसके कुछ कारण हैं?

लैंगिकता के बारे में युवावस्था में जो आकर्षण होता है वह सामान्यत: मध्यम उम्र में कम होने लगता है। यह एक नैसर्गिक प्रक्रिया है। लिंग की कम हो रही कठोरता शारीरिक तथा मानसिक ऐसे दोनों कारणों से हो सकती है।

लिंग में आनेवाली कठोरता मुख्य रूप से लिंग में खून का बहाव बढ़ने के कारण होती है। डायबिटीज, रक्तचाप जैसी कुछ बीमारियों में लिंग की कठोरता कम होने की संभावना होती है।

इसके भावनिक कारणों में एक-दूसरे के प्रति क्रोध, द्वेष जैसी नकारात्मक भावना का होना होता है। सामान्यत: पति-पत्नी के रिश्ते में आए भावनिक तनाव को हल करने से अन्य भावनिक कारणों से निर्मित लैंगिक समस्या को दूर करना आसान होता है।

शारीरिक कारणों से उत्पन्न लैंगिक परेशानी शारीरिक कारणों का इलाज कराने के बाद नियंत्रण में आती है। इसके साथ ही लिंग का रक्तप्रवाह बढ़ाकर लिंग की कठोरता लंबी अवधि तक बरकरार रखने के लिए कुछ दवाइयाँ भी अब उपलब्ध

हैं। समागम के आधे या एक घंटे पूर्व यह दवा लेने के बाद लिंग की कठोरता बढ़ने में और उसे बरकरार रखने में सहायता होती है।

मेरी हाल ही में शादी हुई है। मेरी पत्नी समागम के लिए बहुत डरती है क्योंकि समागम के समय उसे बहुत तकलीफ होती है। क्या किया जाए, मुझे कुछ समझ में नहीं आ रहा है। ऐसी स्थिति में मुझे कैसा बर्ताव करना चाहिए, मार्गदर्शन कीजिए।

लैंगिकता का विषय हमारे समाज में गोपनीयता का विषय रहा है। विवाह करने वाले युवक-युवतियों को लैंगिक संबंधों के बारे में वैज्ञानिक जानकारी नहीं दी जाती है। इस कारण उन्हें लैंगिक संबंधों के बारे में मिला हुआ ज्ञान किसी सिनेमा या दोस्तों में हुई चर्चा से मिला होता है जो अधूरा तो होता ही है साथ ही कई बार गलत भी होता है। इस कारण कुछ लोगों के मन में लैंगिक संबंधों को लेकर डर पैदा होता है। साथ ही विवाह के बाद के आरंभिक कुछ दिनों में पति-पत्नी को आवश्यक एकांत नहीं मिलता है। ऐसी हालत में एक-दो बार समागम उचित नहीं हुआ तो इससे डर बढ़ सकता है। पति-पत्नी ने एक-दूसरे की अच्छी पहचान के लिए कुछ समय दिया तो दो-तीन महीनों में शारीरिक संबंध सुचारु बन सकते हैं।

किसी व्यक्ति का स्वभाव मूलत: चिंताग्रस्त रहने वाला है तो ऐसे व्यक्ति के स्नायु मानसिक तनाव बढ़ने के बाद अकुंचन की स्थिति में जाते हैं। इसी कारण स्त्री के योनिमार्ग के स्नायु भी समागम के समय अकुंचित होते हैं जिससे समागम के लिए तकलीफ होने लगती है। स्त्री के योनिमार्ग पर जड़ा पर्त होना या जंतु संसर्ग होना ऐसे शारीरिक कारणों से भी शरीर संबंध के दौरान तकलीफ हो सकती है।

लैंगिक संबंध में हो रही तकलीफ अगर गलतफहमी या सौम्य प्रकार के हीनताबोध से हो रही है तो परिवार की किसी बुजुर्ग स्त्री अथवा किसी हमउम्र सहेली के धैर्य देने हेतु कहे चंद शब्दों से वह ठीक हो सकती है। अगर इस समस्या की तीव्रता ज्यादा है तो लैंगिक विषय के किसी विशेषज्ञ की सहायता लेनी चाहिए। ये विशेषज्ञ ऐसे हालात में चिंता कम करनेवाली दवाइयों का प्रयोग करते हैं। साथ ही मनोवार्ता के माध्यम से शरीर संबंधों के बारे में हो रही चिंता दूर की जाती है। स्नायु का अकुंचन कम करनेवाला 'डिप मसल रिलैक्सेशन' इलाज भी ऐसी स्थिति में फायदेमंद होता है।

हमारी शादी को छः महीने हुए हैं। मैं अपनी पत्नी को शरीर सुख नहीं दे सकता हूँ क्योंकि समागम के समय मेरा शीघ्र ही वीर्यस्खलन होता है। क्या इसका कोई इलाज है?

शीघ्रपतन पूर्णरूप से ठीक होनेवाली बीमारी है, इसलिए उसकी चिंता नहीं करनी चाहिए। लैंगिक संबंधों के बारे में अज्ञान, 'मैं उचित तरह से समागम कर सकूंगा या नहीं' इसकी चिंता, आवश्यक एकांत न मिलना, ऐसी बातें अगर शीघ्रपतन की बीमारी की जड़ में होती हैं तो शीघ्रपतन की समस्या से मुक्ति मिलना संभव है। इस चिंता को कम करने के लिए समुपदेशन की भी मदद हो सकती है।

वीर्यस्खलन यह एक अनायास होनेवाली तकनीकी क्रिया है। किंतु सभी पुरुषों को वीर्यस्खलन होने के कुछ क्षण पूर्व वीर्यपतन होने का अंदाज होता है। इस बात का उपयोग शीघ्रपतन टालने के लिए 'स्क्वीज तकनीक' प्रविधि से किया जाता है। 'स्क्वीज तकनीक' प्रविधि में वीर्यपतन के कुछ क्षण पहले शिश्न योनिमार्ग से बाहर निकाला जाता है, साथ ही शिश्नमुंड को अंगूठे और पहली उँगली के जरिए धीरे से दबाया जाता है। इस दबाव से वीर्य के कुछ समय के लिए पीछे जाने से शीघ्रपतन रुकता है। यह छोटी-सी बात 80 से 90 प्रतिशत शीघ्रपतन कम करने के लिए उपयुक्त होती है। शीघ्रपतन रोकने के लिए केवल कुछ वक्त ही गोलियाँ लेनी चाहिए।

समाचार-पत्रों में या टीवी पर लैंगिक शक्ति बढ़ानेवाली कई प्रकार की गोलियों का विज्ञापन प्रसारित होता है। साथ ही लैंगिक विषय के स्वयंघोषित विशेषज्ञों के अस्पताल भी गल्ली-मोहल्ले में दिखाई देते हैं। क्या वाकई इन बातों का लाभ होता है?

इसके पूर्व हमने चर्चा की है कि लैंगिकता विषय के बारे में हमारे समाज में बहुत बड़ा अज्ञान है। साथ ही दूसरी ओर लैंगिकता विषय पर शास्त्रीय मार्गदर्शन करनेवाले और इलाज करनेवाले विशेषज्ञों की बड़ी कमी है। इस कमी का फायदा स्वयंघोषित लैंगिक विशेषज्ञ अपना व्यावसायिक विज्ञापन देकर उठाते हैं। हमारे समाज में अच्छे पौरुषत्व का संबंध लैंगिक सक्षमता से जोड़ा जाता है, इसलिए समाज के कई पुरुष अपनी लैंगिक क्षमता बढ़ाने वाली गोलियों के धोखादायक विज्ञापन के शिकार होते हैं।

यही बात गल्ली-मोहल्ले में दिखाई देनेवाले लैंगिकता के स्वयंघोषित विशेषज्ञों की है। सामान्यत: इन विशेषज्ञों के पास चिकित्साशास्त्र की कोई उपाधि नहीं होती है। इनमें से अधिकांश लोग अपने नाम के साथ झूठी उपाधियाँ भी लगाते हैं। लैंगिकता के बारे में शास्त्रीय जानकारी देने की अपेक्षा इस विषय की रहस्यमयता को ही ये लोग बढ़ावा देते हैं। इस कारण मुख्य समस्या तो ठीक होती नहीं, किंतु मरीज का

आर्थिक नुकसान ही होता है। इसी कारण लैंगिकता विषय से संबंधित ठगनेवाले विज्ञापन और झूठा इलाज करनेवालों से बहुत सावधानी रखना जरूरी होता है।

दो साल पहले मुझसे एक बार विवाह बाह्य संबंध की गलती हुई। अब मुझे एच.आई.वी. की बीमारी हुई होगी ऐसा डर लग रहा है। सात-आठ बार जाँच कराई रिपोर्ट निगेटिव आए, किंतु मेरे मन को विश्वास नहीं होता है। मुझे कुछ समझ में नहीं आ रहा है। क्या सचमुच मुझे एच.आई.वी. की बीमारी हुई होगी?

अगर आपकी एच.आई.वी. की रिपोर्ट निगेटिव है तो आप निश्चित रूप से एच.आई.वी. से बाधित नहीं हैं। आपको हो रही तकलीफ मानसिक स्तर की है। इस तकलीफ में विशेषज्ञों की बात पर भी हमारा विश्वास नहीं होता है और जाँच के निष्कर्ष नकारने की मनोवृत्ति होती है। वास्तविक रूप से यह 'चिंता की बीमारी' का ही एक मनोविकार है। कई बार इसे 'वरीड वेल' यानी चिंतित फिर भी स्वस्थ कहा जाता है। इसलिए बार-बार जाँच कराने की अपेक्षा मन से चिंता दूर करनेवाले इलाज की आपको ज्यादा जरूरत है।

विवाह बाह्य संबंध के कारण मन में पैदा हुई अपराधबोध की भावना का कई बार चिंता में पर्यावसन होता है। मन के किसी अव्यक्त स्तर पर मैं दोषी हूँ, यह मानसिकता बनती है। इससे ही एच.आई.वी. जैसी बीमारी मुझे हुई होगी यह डर पैदा होता है। इलाज में विवाह बाह्य संबंध के कारण हुई अपराधबोध की भावना के अच्छी तरह से क्रियान्वयन के लिए आपको समुपदेशक सहयोग कर सकते हैं। इससे आपकी अपराधबोध की भावना तो कम होगी ही, साथ ही दुबारा यह गलती आपसे नहीं होगी। इन तमाम बातों के साथ चिंता कम करनेवाले 'डिप मसल रिलैक्सेशन' का भी लाभ हो सकता है। आप इलाज करनेवाले डॉक्टर की सलाह तो ले सकते हैं, लेकिन एच.आई.वी. की जाँच कराना आपको टालना चाहिए। कई बार डॉक्टर की सलाहानुसार चिंता कम करनेवाली दवाइयाँ लेने से भी लाभ हो सकता है।

हमारा लड़का रोहित नौवीं कक्षा में है। विगत दो साल से वह इंटरनेट का प्रयोग करता है। पिछले दो-तीन माह से हमें यह समझ में आया है कि वह रात में पढ़ाई का बहाना करके देर तक जागता है और इंटरनेट पर पोर्न वेबसाइट देखता है। उसके साथ इस विषय पर कैसे बात कर सकते हैं?

साधारणत: बारह-तेरह साल की उम्र के बच्चे किशोरावस्था में पदार्पण करते हैं। इस प्रक्रिया का मुख्य उद्देश्य लड़के का रूपांतरण पुरुष में और लड़की का रूपांतरण

स्त्री में करना यह होता है। लैंगिक अवयवों का विकसित होना और लैंगिकता की भावना का मन में निर्माण होना ये दो मुख्य बदलाव इस प्रक्रिया में होते हैं। इस उम्र को 'पौगंडावस्था' कहते हैं। युवावस्था में बच्चों को दी जानेवाली लैंगिक शिक्षा किस प्रकार की हो इसे लेकर हमारे समाज में बड़ी मतभिन्नता है। साथ ही युवा होने की प्रक्रिया के बारे में बच्चों को उचित वैज्ञानिक जानकारी नहीं दी जाती है। दूसरी ओर आजकल इंटरनेट के द्वारा बिलकुल सहज रूप से लैंगिक विषय के बारे में छायाचित्र, फिल्में बच्चों को उपलब्ध हो सकती हैं। ऐसी स्थिति में अभिभावकों के मन में खलबली होना स्वाभाविक है। इस समस्या का इलाज दो स्तर पर किया जा सकता है। पहले स्तर पर अभिभावक के रूप में आपको रोहित को विश्वास दिलाकर युवा होने की प्रक्रिया के बारे में आसान भाषा में समझाना जरूरी है। इसके लिए आसान और उपयुक्त जानकारी देनेवाली कई किताबें आजकल उपलब्ध हैं। दूसरी ओर रोहित को इंटरनेट पर पोर्न वेबसाइट देखने के दुष्परिणामों की जानकारी देना जरूरी है। साथ ही रोहित को अनुशासन से बर्ताव करने के लिए कठोर बातें कह देना जरूरी है। कुछ समय बाद उसके बर्ताव में हुए बदलाव को जाँचना भी जरूरी है। अगर इन सभी बातों से सफलता नहीं मिल रही है तो अपने फैमिली डॉक्टर या मनोविकार विशेषज्ञ की सलाह लेना जरूरी है।

मेरी लड़की वनिता 17 साल की है। हाल ही में उसने कॉलेज जाना शुरू किया है। उसके बहुत सारे दोस्त-सहेलियाँ हैं। वह अपने दोस्तों के साथ देर तक फोन पर बातें करती रहती है। दिखने में उसके सुंदर होने के कारण मुझे हमेशा डर लगता है कि उसको कोई फंसा तो नहीं लेगा?

भिन्नलिंगी व्यक्ति के प्रति आकर्षण महसूस होना युवावस्था की प्रक्रिया का एक महत्त्वपूर्ण मोड़ है। वर्तमान भारतीय समाज इस संदर्भ में परिवर्तन से गुज़र रहा है। हम आजकल स्कूल की शिक्षा से ही लड़के-लड़कियों की एक साथ शिक्षा को स्वीकार कर रहे हैं। इस कारण लड़के-लड़कियों का एक साथ घुलमिलकर रहना और उनमें दोस्ती होना, यह एक स्वाभाविक प्रक्रिया है। बच्चों के युवा होने के बाद इस दोस्ती का खास कारण आकर्षण होता है, जिससे कई बार बच्चों से गलती होने की संभावना होती है। कई बार इसके इलाज के रूप में युवावस्था के लड़के-लड़कियाँ एक-दूसरे के संपर्क ही न आएँ ऐसी व्यवस्था करने की सलाह दी जाती है। किंतु इसके नैसर्गिक वृद्धि प्रक्रिया की विरोधी स्थिति होने से इससे बच्चों को फायदा होने की अपेक्षा उनका नुकसान ही होने की संभावना ज्यादा होती है। ऐसी स्थिति में अपने बच्चे को विवाहपूर्व के स्त्री-पुरुष के रिश्ते में निहित संभाव्य दुष्परिणामों की स्पष्ट जानकारी देना जरूरी होता है। साथ ही स्त्री-पुरुष

के रिश्ते और दोस्ती के रिश्ते की सीमारेखा की जानकारी भी बच्चों को देना जरूरी होता है। बच्चों को दोस्ती में अपनी भावनाओं पर नियंत्रण रखकर एकांत टालना तथा शारीरिक नजदीकी नकारना ऐसी संयम से जुड़ी बातों का महत्त्व भी समझाना चाहिए। साथ ही युवा अवस्था में पदार्पण करनेवाली लड़की को विशेष रूप से इस उम्र में लड़के को स्पष्ट नकार देने का कौशल सिखाना जरूरी होता है। इन तमाम बातों के साथ ही अभिभावकों ने अगर अपने बच्चों की युवावस्था की प्रक्रिया को सकारात्मक दृष्टिकोण से देखने का निश्चय किया तो यह समय तनावपूर्ण होने की अपेक्षा आनंददायी हो सकता है। उपरोक्त बातें ध्यान में रखकर अगर आपने वनिता के साथ सुसंवाद प्रस्थापित करने का प्रयास किया तो आपकी चिंता कम हो सकती है।

समलिंगी संबंधों के बारे में आजकल बहुत चर्चा हो रही है। हाल ही में भारत में समलिंगी संबंधों को कानूनी मान्यता देने की बात दिल्ली उच्च न्यायालय ने कही है। आपका मनोविकार विज्ञान समलिंगी संबंधों के बारे में क्या कहना है?

1990 तक समलैंगिकता को मनोविकार समझा जाता था किंतु बाद में मनोविकारों की सूची से समलैंगिकता को निकाला गया। इसके लिए समलैंगिकता पर अंतरराष्ट्रीय स्तर पर हुआ अनुसंधान और समलिंगी लोगों के संगठन द्वारा अपने अधिकारों के प्रति किया आंदोलन ये दोनों बातें महत्वपूर्ण साबित हुईं। समलैंगिकता कोई बीमारी नहीं यह बात सिद्ध होने में समलैंगिकता एक नैसर्गिक निरालापन है यह युक्तिवाद महत्त्वपूर्ण माना गया। अगर शारीरिक, मानसिक और सामाजिक स्तर पर किसी बात के कारण तकलीफदेह स्थिति निर्मित नहीं हो रही है तो उसे बीमारी समझने की कोई जरूरत नहीं है यह विश्व स्वास्थ्य संगठन का कथन है। जिस प्रकार प्रत्येक व्यक्ति को कौन से वस्त्र पहनने हैं, कहाँ रहना है यह निश्चित करने का स्वातंत्र्य है, उसी प्रकार अपनी लैंगिकता क्या होनी चाहिए यह भी तय करने का अधिकार उसे होता है, यह दलील लैंगिकता के चयन अधिकार के पीछे है।

मनोविकार का संबंध समलैंगिकता के साथ दो जगह पर आता है। पहली बात, भिन्नलिंगी व्यक्ति के समान ही समलिंगी लोगों को भी मानसिक विकार होते हैं, इसलिए उनका इलाज करनेवाले मनोविकार विशेषज्ञ को लैंगिकता के बारे में जानकारी होना बहुत जरूरी होता है। नहीं तो समलिंगी व्यक्ति की सभी मानसिक तकलीफों का कारण उसकी लैंगिकता में ही खोजने का डर ज्यादा होता है। कुछ लोग अपनी समलैंगिकता के साथ समझौता करने के लिए मनोविकार विशेषज्ञ की सहायता लेते हैं तो कुछ लोग इस समलैंगिकता के आकर्षण से बाहर निकलने

के लिए मनोविद की सहायता लेते हैं। अपनी तटस्थता कायम रखकर मरीज की आवश्यकतानुसार उसकी सहायता करना मनोविकार विज्ञान का महत्त्वपूर्ण तत्त्व है। मरीज की आवश्यकता के अनुसार मनोविद के इलाज की दिशा स्पष्ट होती है।

समलिंगी लोगों के कुछ सहायता समूह भी कार्यरत हैं। इसलिए भावनिक स्वास्थ्य बरकरार रखने के लिए इन सहायता समूहों की मदद भी समलिंगी व्यक्ति के लिए उपयुक्त हो सकती है।

कुछ पुरुषों द्वारा लिंग परिवर्तन का ऑपरेशन कराके स्त्री होने का या स्त्री द्वारा ऑपरेशन कराके पुरुष होने के समाचार हम समाचार-पत्र में पढ़ते हैं। यह सब नैसर्गिक है या यह कोई मनोविकार है?

एकाध व्यक्ति का शारीरिक दृष्टि से स्त्री या पुरुष होना उसका लिंग (सेक्स) है। लिंग तथा लिंगभाव (जेंडर) ये दो भिन्न-भिन्न बातें हैं। लिंगभाव से तात्पर्य है व्यक्ति की खुद की स्त्री या पुरुष होने की भावना। सामान्यत: किसी भी व्यक्ति का जो लिंग होता है, वही उसका लिंगभाव होता है। किंतु कभी-कभी शारीरिक दृष्टि से पुरुष का लिंगभाव स्त्रीत्व का भी हो सकता है। सामान्यत: बचपन से ही उसमें इस प्रकार के लक्षण दिखाई देते हैं। उदाहरण के तौर पर किसी शारीरिक दृष्टि से पुरुष का लिंगभाव स्त्रीत्व का है तो उसे बचपन से ही लड़कियों जैसे कपड़े पहनने में रुचि होती है। लड़कियों जैसे हावभाव करना, लड़कियों के खेल खेलना, लड़कों की अपेक्षा लड़कियों में ही घुलना-मिलना ऐसे लक्षण बचपन से ही दिखाई देते हैं। ऐसे बच्चों के लिए युवा होने की प्रक्रिया बहुत ही तनावपूर्ण होती है क्योंकि इसी अवधि में व्यक्ति की लैंगिक भावनाएँ जाग्रत होती हैं और इन बच्चों में इस संदर्भ में बहुत ही गड़बड़ी की स्थिति पैदा होती है।

लिंगभाव और लिंग इनके बीच गड़बड़ी होनेवाले व्यक्ति किशोरावस्था में इस गड़बड़ी से मुक्त होकर किसी एक ही लिंगभाव पर स्थिर होते हैं। वह लिंगभाव पुरुषत्व है तो कोई दिक्कत नहीं होती है। किंतु वह लिंगभाव अगर विलोम प्रकार का है तो कई प्रकार की उलझनें शुरू होती हैं। लिंगभाव के बारे में जिन लोगों में गड़बड़ी है ऐसे अधिकांश व्यक्ति समाज के सामने अपना लिंगभाव खुला न करते हुए अपने निजी जीवन में चोरी-छुपे अपने लिंगभाव की जरूरतों को पूर्ण करने का प्रयास करते हैं। कुछ लोग ही सार्वजनिक तौर पर अपना लिंगभाव खुला करके अपना लिंग बदलकर लिंगभाव के अनुरूप जीवन जीने का निर्णय लेते हैं। ऑपरेशन के द्वारा अगर लिंग परिवर्तन कराना है तो आपको मनोविशेषज्ञ से जाँच करवा लेना जरूरी होता है। उसके बाद ऑपरेशन करके लिंग बदलाव करने की भावना एक साल तक बरकरार रहती है तो ही मनोविद ऐसे ऑपरेशन के लिए अनुमति दे

सकते हैं। सगलैंगिकता के इलाज के समान ही लिंग भावना की समस्या से ग्रस्त व्यक्तियों की भी मनोविद उनकी भावनिक जरूरत के अनुसार लिंग भावना के बारे में जो अनुभूति है उसके क्रियान्वयन में मदद कर सकते हैं।

लैंगिक विकृति के बारे में कई बार हम समाचार-पत्रों में पढ़ते हैं। लैंगिक विकृति असल में क्या है?

मानव जाति का वंशसातत्य बरकरार रखने के लिए लैंगिक संबंध आवश्यक होते हैं। किंतु मानव समुदाय में लैंगिकता पर कुछ सामाजिक निर्बंध हैं। लैंगिकता सामाजिक नियमों के अनुसार एक निजी बात है, जिसमें प्रत्यक्ष समागम के पूर्व प्रणयाराधन और फिर समागम क्रिया ऐसे मोड़ हैं जिसमें कोई व्यक्ति अनैसर्गिक क्रिया कर रहा है तो उसे लैंगिक विकृति कहते हैं। जैसे लैंगिक संबंधों के दौरान साथी को शारीरिक या भावनिक पीड़ा देना या अपने साथी से खुद को पीड़ा देने के लिए कहना ऐसे अनुचित प्रकारों से अगर लैंगिक उद्दीपन की प्राप्ति हो रही है तो उसे लैंगिक विकृति कहा जाता है।

कई बार समागम करने वाले कपल को देखकर लैंगिक उद्दीपन प्राप्त किया जाता है। यह भी एक लैंगिक विकृति है।

भिन्नलिंगी व्यक्ति के सामने खुद नंगा होना या अश्लील हावभाव करना, यह भी एक प्रकार की लैंगिक विकृति है।

गुदाद्वार जैसी अनैसर्गिक जगह पर लैंगिक संबंध करना इसे भी लैंगिक विकृति कहा जाता है। साथ ही छोटे बच्चों के साथ संबंध रखना यह भी लैंगिक विकृति है। एक ओर लैंगिक विकृति एक बीमारी तो है ही, साथ ही दूसरी ओर यह एक गुनाह भी है। इसी कारण कई बार ऐसे मरीज मनोविद तक पहुँचते नहीं हैं। उनका ज्यादातर संबंध पुलिस व्यवस्था और अदालत से ही होता है। लैंगिक विकृति एक मनोविकार है, इसके बारे में हमारे समाज में बहुत कम जानकारी है। दवाइयों और मनोवार्ता के प्रयोग से कई लैंगिक विकृतियों पर नियंत्रण रखा जा सकता है। लैंगिक विकृति पर नियंत्रण की दृष्टि से पुलिस, न्यायव्यवस्था और मनोविद इन सभी का मिलजुलकर काम करना जरूरी है।

छोटे बच्चों पर किए गए लैंगिक अत्याचार के समाचार हम कई बार समाचार-पत्रों में पढ़ते हैं। क्या मनोविद ऐसे लोगों की कुछ मदद कर सकते हैं?

हमने पिछले प्रश्न के उत्तर में बताया कि छोटे बच्चों का लैंगिकता के लिए इस्तेमाल

करना एक विकृति है। किसी व्यक्ति की इस प्रकार की विकृति के कारण हुए लैंगिक शोषण को भुगतने वाले बच्चों की पीड़ा बहुत बड़ी होती है। अधिकांशत: लैंगिक विकृति करनेवाला व्यक्ति परिवार का सदस्य या नजदीकी रिश्तेदार होता है। दोस्ती या रिश्ते के नाम पर यह लैंगिक शोषण चलता रहता है। छोटी उम्र के बच्चों को इसकी वास्तविकता समझ में नहीं आती है, किंतु 'मेरी मर्जी के खिलाफ कुछ तो गलत हो रहा है' यह एहसास उन्हें निश्चित होता है। कई बार लैंगिक शोषण करनेवाला व्यक्ति उस बच्चे को धमकी देता है, परिणामस्वरूप परिवार के अन्य सदस्यों को लैंगिक शोषण की जानकारी ही नहीं मिलती है।

इन तमाम बातों का असर उस बच्चे के मानसिक विकास और उसके समग्र व्यक्तित्व पर होता है। ऐसे बच्चे किसी के हलके से स्पर्श से ही छुईमुई हो जाते हैं। उनमें अस्वस्थता और उदासीनता के लक्षण दिखाई देने लगते हैं। खुद के प्रति एक न्यूनता की भावना उनके मन में निर्मित होती है तो कई बार इन तमाम बातों का तनाव असह्य होने से बच्चे बचपन में ही लैंगिक वर्तन शुरू करते हैं। बचपन में हुए लैंगिक शोषण के दीर्घकालीन दुष्परिणाम भी दिखाई देते हैं। विवाह के बाद होनेवाली लैंगिक समस्याओं की जड़ में भी कई बार बचपन में हुआ लैंगिक शोषण होता है।

अभिभावक के रूप में हम जिस प्रकार बच्चों की शारीरिक सुरक्षा की चिंता करते हैं, उसी प्रकार उनकी लैंगिक सुरक्षा को लेकर भी चिंता करना जरूरी है।

किसी बच्चे का लैंगिक शोषण हो रहा है तो उसे रोकने के लिए शीघ्र ही कदम उठाना जरूरी होता है। शोषण करनेवाले व्यक्ति को समझाकर, सामाजिक दबाव का सहारा लेकर या कानून की सहायता से शोषित बच्चे को शोषणमुक्त करना जरूरी होता है।

लैंगिक शोषण के शिकार हुए बच्चों के इलाज में उनके साथ भावनिक सुसंवाद प्रस्थापित करना बहुत जरूरी होता है क्योंकि कई बार इन बच्चों का नजदीकी रिश्तों पर से विश्वास उठ जाता है। मनोवार्ता और जरूरत हुई तो दवाइयों की सहायता से इन बच्चों को और उनके अभिभावकों को, लैंगिक शोषण से उनके जीवन में निर्माण हुए भावनिक तूफान से बाहर निकालने के लिए मदद की जा सकती है।

बुढ़ापे के मनोविकार

भारत जब स्वतंत्र हुआ तब हमारे देश का औसत आयुर्मान 60 से 65 साल के करीब था। पिछले पैंसठ साल में वह बढ़कर 70 से 75 साल तक हो गया है। बढ़ती उम्र के साथ जैसे शारीरिक बीमारियों की मात्रा बढ़ गई, वैसे ही मानसिक बीमारियों की मात्रा भी बढ़ गई है। बुढ़ापे में आनेवाला अकेलापन, क्षीण होनेवाले रिश्ते, शारीरिक बीमारी के कारण मिलनेवाली विफलता और विस्मरण जैसी ढेरों मानसिक समस्याओं का बुजुर्ग व्यक्तियों को सामना करना पड़ रहा है। लेकिन बढ़ती उम्र में ऐसा होता है, यह सोचकर नजरअंदाज करने लायक ये बीमारियाँ निश्चित ही नहीं होती हैं। बुजुर्ग लोगों में पाई जानेवाली स्मृतिभ्रंश जैसी मानसिक बीमारी मरीज के साथ समग्र परिवार के लिए ही एक चुनौती प्रतीत हो रही है। इस बीमारी का समय पर ही निदान हुआ तो आगे की परेशानी रोकने में मदद हो सकती है, साथ ही परिवारजनों को इस बीमारी की तीमारदारी के बारे में जानकारी होना आवश्यक है। इसलिए बुढ़ापे में होनेवाले इस मानसिक विकार को हम समझ लेंगे।

हाल ही में मैं अमरीका स्थित अपनी लड़की के पास कुछ दिन गुजारकर आया हूँ। वहाँ वरिष्ठ नागरिकों में स्मृतिभ्रंश की बीमारी एवं उस कारण मरीज और उसके परिवारजनों की होनेवाली दुर्दशा, इस विषय पर बड़ी चर्चा दिखाई दी। वास्तविकतः यह बीमारी क्या है?

बढ़ती उम्र के कारण जैसे शरीर के अन्य अवयवों की क्षति होती है, वैसे ही मस्तिष्क की भी क्षति होती है। समाज में साधारणतः 5 प्रतिशत लोगों में यह क्षति बड़ी तेजी से और बड़ी मात्रा में होती है। इस कारण होनेवाली बीमारी को स्मृतिभ्रंश कहते हैं।

साधारणतः उम्र के 60 से 65 साल के दौरान इस बीमारी की शुरुआत होती है, पर कुछ लोगों में 60 साल के पहले भी बीमारी के लक्षण पाए जाते हैं। इस

बीमारी का आरंभ छोटी-छोटी बातों को भूलने से होता है। जैसे पैकेट, रूमाल, चाबी जैसी चीजें कहाँ रखी हैं यह याद न आना। बीमारी की बढ़ती तीव्रता में अपने घर का या परिचित स्थलों का रास्ता भूल जाना, हाल ही में सीखी कोई बात याद न आना ऐसे लक्षण दिखाई देते हैं। हस्ताक्षर करते समय कठिनाई होना, बैंक व्यवहार करते समय तकलीफ होना ऐसी बातें भी दिखाई देती हैं। बीमारी के अगले पड़ाव पर मरीज रोजमर्रा के जीवन की कुछ बातें भूलने लगता है। कुछ मरीज तो भोजन होने के बाद भी फिर से खाना माँगते हैं, नहाने के बाद फिर से नहाना ऐसे भी लक्षण दिखाई देते हैं।

चिंता, उदासीनता, अस्वस्थता, भ्रम-विभ्रम, भावनाओं पर का नियंत्रण खोना ऐसे लक्षण भी स्मृतिभ्रंश की बीमारी में दिखाई देते हैं।

घर में बाथरूम ही न मिलना, खुद के कपड़े पहनने में कठिनाई होना जैसी बातें भी कभी-कभी दिखाई देती हैं।

धीरे-धीरे करीबी लोगों के नाम भूल जाना शुरू होता है और आगे बीमारी की तीव्रता बढ़ने के कारण करीबी रिश्तेदारों के नाम भूलना, कई बार खुद की पहचान भी भूलना ऐसी बातें भी घटित हो सकती हैं।

निर्णय क्षमता, विवेकपूर्ण विचार, बातचीत का कौशल, अमूर्त संकल्पनाओं का प्रयोग करना ऐसे मस्तिष्क के अन्य कौशल भी कम होने लगते हैं।

बीमारी की तीव्र स्थिति में मरीज पूर्णत: परावलंबी होता है। भोजन, नहाना, पेशाब-शौच ये रोजमर्रा की क्रियाएँ भी उसे याद न रहना, स्वाभाविकत: खुद मरीज एवं उसके परिवारजनों को बहुत ही कठिन एवं तकलीफदेह महसूस होता है। मरीज की खुद की जिम्मेदारी रखने की क्षमता कम होने के कारण स्वाभाविकत: रिश्तेदारों पर ज्यादा जिम्मेदारी बढ़ती है।

यह बीमारी किस कारण होती है?

स्मृतिभ्रंश के दो प्रकार हैं—इलाज से ठीक होनेवाला और इलाज से भी ठीक न होनेवाला स्मृतिभ्रंश। पोषण की कमी और थायराइड जैसी ग्रंथि के दोषों के कारण होनेवाली स्मृतिभ्रंश की बीमारी कई बार इन मूल कारणों को ठीक करने के बाद दुरुस्त हो सकती है।

मुख्यत: मस्तिष्क की क्षति नियंत्रित करनेवाली संरचना में बिगाड़ होने के कारण यह बीमारी होती है। जाँच में जिसकी वजह समझ नहीं आती ऐसी स्मृतिभ्रंश की बीमारी को 'अल्जायमर' की बीमारी कहा जाता है। मस्तिष्क में रक्तस्राव होने से मस्तिष्क का कुछ हिस्सा खराब होना या फिर मस्तिष्क में लंबी अवधि तक खून की पूर्ति कम होना, इन वजहों से भी स्मृतिभ्रंश हो सकता है।

पुरुषों में स्मृतिभ्रंश की बीमारी होने की मात्रा स्त्रियों कि तुलना में ज्यादा है। स्मृतिभ्रंश की बीमारी के कारणों को लेकर पूरी दुनिया में अनुसंधान शुरू है। फिर भी स्मृतिभ्रंश की बीमारी का मूल कारण अभी तक पता नहीं चला है।

स्मृतिभ्रंश की बीमारी के मरीज की देखभाल कैसे करनी चाहिए?

हमारे समाज में बढ़ती उम्र में होनेवाले विस्मरण को 'उम्र के अनुसार होनेवाले बदलाव' की दृष्टि से देखा जाता है। किंतु कभी-कभी यह स्थिति स्मृतिभ्रंश की बीमारी की शुरुआत भी हो सकती है। इसी कारण जब हमारे किसी रिश्तेदार में विस्मरण के लक्षण दिखाई देते हैं तब विशेषज्ञ या डॉक्टर से उसका इलाज कराना जरूरी होता है। यदि इसमें स्मृतिभ्रंश का निदान हुआ तो इसके लिए निम्न तरह से इलाज का नियोजन करना होता है—

इस बीमारी में कुछ मात्रा में दवाइयों का प्रयोग हो सकता है। मस्तिष्क की अब तक हुई क्षति की भले ही पूर्ति न हो किंतु इसके आगे होनेवाली मस्तिष्क क्षति की गति दवाइयों से कम तो कर सकते हैं। स्मृतिभ्रंश की बीमारी के साथ दिखाई देनेवाले मानसिक बीमारी के लक्षण (जैसे, भ्रम-विभ्रम, उदासीनता, नींद न आना आदि) दवाइयों से कम हो सकते हैं। स्मृतिभ्रंश के मरीज सामान्यत: खुद के स्वास्थ्य को लेकर सचेत नहीं होते हैं, अत: मरीज के खान-पान की ओर ध्यान देना जरूरी है। साथ ही वे खुद की देखभाल ठीक से रखते हैं या नहीं, इसका ध्यान रखना परिवारजनों की जिम्मेदारी है।

स्मृतिभ्रंश के मरीज की नई-नई बातें सीखने की काबिलियत कम होती जाती है, इसलिए उसके दैनंदिन उपक्रम की एक निश्चित रूपरेखा होना जरूरी है। यह उपक्रम बार-बार बदलने से अथवा नई जगह पर जाने से मरीज के अस्वस्थ होने और चिड़चिड़ा बनने की संभावना होती है।

स्मृतिभ्रंश के मरीज के आर्थिक व्यवहारों के बारे में उसके परिवारजनों को मिलजुलकर चर्चा करना और निर्णय लेना जरूरी है, क्योंकि कभी-कभी मरीज को खुद के आर्थिक व्यवहार के बारे में ठीक से याद नहीं होता है और इस कारण आर्थिक व्यवहार में गड़बड़ी हो सकती है।

घर से बाहर निकलते समय ऐसे मरीज के साथ कोई होना जरूरी है क्योंकि कभी-कभी ऐसे मरीज रास्ता भूल सकते हैं।

स्मृतिभ्रंश की तीव्रता बढ़ने के बाद ज्यादातर मरीज घर से बाहर नहीं जा सकते हैं। वे रोजमर्रा की दैनिक विधि भी नहीं कर पाते। ऐसी स्थिति में परिवारजनों की देखभाल और नियोजन की कठिन परीक्षा होती है। जब मरीज अपने परिवारजनों की और खुद की पहचान भी भूल जाते हैं तो ऐसी स्थिति में मरीज की देखभाल

करने में बहुत तकलीफें उठानी पड़ती है। परिवार के सभी सदस्यों द्वारा जिम्मेदारी बाँटकर मिलजुलकर काम करने से यह कठिन राह थोड़ी आसान होती है।

तीव्र प्रकार के स्मृतिभ्रंश की वजह से होनेवाली मरीज की अवस्था जैसी मेरी हालत न हो ऐसा मुझे लगता है। हर इनसान को खुद की मृत्यु निश्चित करने का यानी इच्छामृत्यु का अधिकार होना चाहिए, ऐसा भी मुझे लगता है। मनोविज्ञान की इस विषय के बारे में क्या राय है?

आधुनिक चिकित्सा विज्ञान ने इनसान की आयु मर्यादा बढ़ाई है। वैसे ही बढ़ती उम्र के साथ जीवन के बारे में अलग विचार करने की ओर लोगों का झुकाव बढ़ रहा है। इच्छामृत्यु की चर्चा उनमें से एक महत्त्वपूर्ण विषय है।

तीव्र प्रकार के स्मृतिभ्रंश का शिकार हुए व्यक्ति के मस्तिष्क को चोट लगने की वजह से वह बेहोशी में (कोमा) जाता है तो उसके जीवन का गुणात्मक स्तर भी बिलकुल सीमित होता है। ऐसे समय में 'जिस इनसान को खुद का एवं दुनिया का एहसास नहीं होता है, ऐसे इनसान को ज्यादा पैसा खर्च करके जीवित रखने से कुछ लाभ नहीं होता' इस तरह का विचार निर्माण होना स्वाभाविक है। दूसरी ओर हर इनसान की जीवन-इच्छा में जमीन-आसमान का अंतर होता है। मेरी मृत्यु के पश्चात् भविष्य में यदि मुझे हुई बीमारी पर कुछ इलाज विकसित हुआ तो उसका लाभ मुझे मिल सके इसलिए मेरा मृत शरीर शून्य डिग्री तापमान के नीचे (क्रायोसस्पेन्शन) सुरक्षित रखा जाए, ऐसी सोच रखनेवाले लोग भी इस दुनिया में हैं। इसलिए इच्छामृत्यु इस अवधारणा पर एकमत होना कठिन है।

ऑस्ट्रेलिया जैसे देशों में इच्छामृत्यु का कानून बना दिया गया है। किंतु उस राष्ट्र का इच्छामृत्यु के कानून के बारे में अनुभव कुछ अच्छा नहीं है। इस कानून का दुरुपयोग मंदबुद्धि और मनोविकृत इनसानों का जीवन जीने का अधिकार नकारने के लिए हो सकता है, यह सचाई है।

अमरीका के कुछ राज्यों में इच्छामृत्यु का कानून अभी भी अस्तित्व में है। किंतु उस कानून के तहत 'इच्छामृत्यु की इच्छा रखनेवाले व्यक्ति का जीवन केवल छः माह तक का ही बचा है' ऐसी विशेषज्ञ डॉक्टर की रिपोर्ट पेश करना जरूरी होता है। इच्छामृत्यु देनेवाला डॉक्टर या दवाइयाँ देनेवाला केमिस्ट निजी स्तर पर इस प्रकार की दवाइयाँ देने से इनकार कर सकता है।

अमरीका के कुछ राज्यों में 'एडवांस डायरेक्टिव' अर्थात मृत्यु के संदर्भ में पूर्व दिशानिर्देश देनेवाला अतिरिक्त अनुमतिपत्र अपने जीवन की स्वास्थ्यमयी अवस्था में भरकर रखने की सुविधा है। जब मेरा नाममात्र का अस्तित्व बचा है, ऐसी स्थिति

उत्पन्न होने के बाद मेरे ऊपर किया जानेवाला इलाज रोका जाए एवं 'मुझे मरने दो' ऐसी अनुमति इस पत्र के द्वारा अग्रिम रूप में दी जाती है।

भारत जैसे राष्ट्र में कानून के प्रति विशेष सम्मान की भावना समाज में दिखाई नहीं देती है, इसलिए यहाँ इच्छामृत्यु जैसे अधिनियमों का दुरुपयोग होने की ज्यादा संभावना रहती है। इस वजह से इच्छामृत्यु एक बहुत महत्त्वपूर्ण सवाल होने के बावजूद उसके संदर्भ में निश्चित जवाब या इलाज फिलहाल तो उपलब्ध नहीं है। व्यक्तिगत स्तर पर अपने परिवारजनों से अपनी जो इच्छा है उसके बारे में चर्चा करना और वैसा लिखकर रखना यह बीच का एक आसान मार्ग हो सकता है।

बुढ़ापे में मानसिक स्वास्थ्य कैसे बनाये रख सकते हैं?

साधारणतः उम्र के साठ साल के बाद की स्थिति को बुढ़ापा कहा जाता है। यह जीवन के अवकाशग्रहण का समय माना जाता है। लेकिन बढ़ती उम्र तथा प्रगत वैद्यकीय सेवाओं की उपलब्धि के कारण अब साठ साल की उम्र के बाद भी 15-20 साल तक तंदुरुस्त जीवन मिल सकता है। बुढ़ापे का मानसिक स्वास्थ्य ठीक रखने के लिए इस बदलती स्थिति को सजगता से अपनाना होगा। बुढ़ापे का नियोजन युवावस्था में ही करना होता है। इस नियोजन में आर्थिक नियोजन का जितना ज्यादा महत्त्व है, उतना ही पारिवारिक एवं भावनिक नियोजन की ओर ध्यान देना जरूरी है।

पारिवारिक नियोजन में हमारे निवास की जगह, अपने बच्चों और रिश्तेदारों से हम कैसा रिश्ता रखना चाहते है, इसका भी नियोजन करना होता है।

भावनिक नियोजन में बुढ़ापे के कारण अपनी बदलती भूमिका के बारे में हमें सोचना होता है। सामान्यतः अपनी पारिवारिक जिम्मेदारियाँ इस उम्र तक पूर्ण की होती हैं। साथ ही लड़के-बहू-जमाई आदि ने परिवार में प्रधान भूमिका लेने की शुरुआत की होती है। इसको स्वीकृत करना बहुत मुश्किल होता है। फिर भी परिवार के और खुद के स्वास्थ्य के लिए इसे स्वीकृत करना जरूरी होता है।

आवकाशग्रहण के बाद अचानक बहुत सारा खाली समय मिलता है। उस खाली समय का हम किस प्रकार उपयोग कर सकते हैं, इसका भी असर हमारे मानसिक स्वास्थ्य पर होता है। विगत जीवन में समय के अभाव में जो बातें बाकी रह गई हैं जैसे, पसंदीदा अभिरुचि, मौजमस्ती आदि बातों को पूर्ण करने के लिए इस समय का अच्छा उपयोग हो सकता है।

अकेलापन यह बुढ़ापे की एक महत्त्वपूर्ण समस्या है। इस कारण पुराने दोस्तों को याद करना, रिश्तेदारों और दोस्तों के संपर्क में रहना, नये दोस्त जोड़ना, ज्येष्ठ नागरिक संघ जैसे सार्वजनिक समारोह के साथ खुद को जोड़ना आदि बातों से अकेलापन कम हो सकता है। दूसरों पर निर्भर रहने के कारण बुढ़ापे में खुद के

मन के विपरीत कुछ समझौता करना होता है, ऐसे समय में मन की समझौता करने की प्रवृत्ति दिखानी होती है।

बढ़ती उम्र के साथ कई प्रकार की बीमारियाँ हमारे जीवन में प्रवेश करती हैं। उनको लेकर गुस्सा करने की अपेक्षा उनको स्वीकार करना यह शारीरिक और मानसिक स्वास्थ्य कायम रखने के लिए मददगार होता है। इन तमाम बातों के आगे जाकर हमने जीवन में जो किया उसके बारे में एक कृतज्ञता की भावना दिल में रखना जरूरी होता है। इसके साथ-साथ जो काम करने बाकी रह गए हों उनसे निर्माण होनेवाली अपूर्णत्व की भावना अधिक सक्षमता से सहेजने से मानसिक स्वास्थ्य बरकरार रह सकता है। इतना ही नहीं, वह बढ़ने भी लगता है।

स्त्रियों के मनोविकार

हम जिस सामाजिक स्थिति में रहते हैं, उस स्थिति का और हमारी मनोवृत्ति का एक-दूसरे पर प्रभाव होता है। पुरुषप्रधान समाज व्यवस्था में बरसों से स्त्रियों को जो दोयम स्थान मिला है उसका उनकी मनोवृत्ति पर बड़ी मात्रा में प्रभाव दिखाई देता है। स्त्री और पुरुषों में कुछ मानसिक बीमारियों की मात्रा भिन्न-भिन्न होती है। गर्भधारण और प्रजनन प्रकिया के साथ महिलाओं की मनोवृत्ति में जो बदलाव दिखाई देते हैं उन पर अलग से सोचना होगा। इसलिए प्रस्तुत अध्याय में महिलाओं की मानसिक बीमारियों के बारे में जान लेते हैं।

पंद्रह दिन पहले हमें लड़की हुई। बच्ची ठीक है पर मेरी पत्नी नीता पिछले आठ-दस दिनों से उदासीन है। छोटी-छोटी बातों पर गुस्सा करती है। पहली संतान है इसलिए घर के सभी लोग खुश हैं। हमारे परिवार में लड़का ही चाहिए ऐसी कोई बात नहीं है। फिर भी नीता का व्यवहार ऐसा क्यों हो रहा है?

गर्भधारण और प्रजनन प्रक्रिया का समय महिलाओं के लिए मानसिक उथलपुथल का समय होता है। प्रजनन के समय जैसे शारीरिक बदलाव होते हैं, उसी प्रकार मानसिक बदलाव भी होते हैं। सामान्यत: 20 प्रतिशत महिलाओं में प्रजनन प्रक्रिया के बाद आपकी पत्नी की तरह कुछ लक्षण देखने को मिलते हैं। इसे ही प्रजनन के बाद आनेवाली उदासीनता कहते हैं। इसके कई कारण हैं। प्रजनन प्रक्रिया की वजह से शरीर में होनेवाले संप्रेरक (हॉर्मोन्स) के बदलाव उसका प्रमुख कारण हैं। इसके अलावा गर्भधारण और प्रजनन प्रक्रिया का तनाव, बच्चा स्वस्थ, तंदुरुस्त होगा या नहीं इसकी चिंता, बच्चे को दूध पिलाने के लिए रात को जागना, बच्चे की हमेशा की देखभाल आदि के कारण भी तनाव बढ़ता है।

हमारे समाज में लड़की पैदा होने के बाद इसके लिए सामान्यत: स्त्रियों को ही दोषी ठहराया जाता है। इसी वजह से 'लड़की पैदा हुई तो मुझमें ही कुछ खामियाँ हैं और लड़का पैदा हुआ तो जिंदगी सफल हुई' यह बात स्त्री के दिल में पैठी

होती है। ऐसी स्थिति में दूसरे लोग भले ही कुछ भी न कहें किंतु वह स्त्री खुद को दोषी मानने लगती है।

इनमें से एक या एक से ज्यादा कारण एक साथ आकर प्रजनन प्रक्रिया के बाद आनेवाली उदासीनता के लक्षण के रूप में दिखाई देते हैं। कई बार दस से पंद्रह दिन में शरीर और मन के नई स्थितियों से परिचित होने के बाद ये लक्षण कम होते हैं। किंतु पंद्रह प्रतिशत महिलाओं में दस-पंद्रह दिनों से अधिक समय तक उदासीनता के लक्षण रहते हैं। ऐसे समय में प्रजनन प्रक्रिया के बाद की उदासीनता को, बीमारी हुई है ऐसा समझना चाहिए। उदासीनता की बीमारी में हमारे देखे हुए सभी लक्षण इस समय दिखाई देते हैं। इस उदासीनता की मात्रा बढ़ने के बाद स्त्री का खुद की ओर और बच्चे की ओर ध्यान न देना जैसे लक्षण दिखाई देते हैं।

किंतु ऐसी स्थिति में हमें कैसा व्यवहार करना चाहिए यह हमारी समझ में नहीं आ रहा है।

ऐसे वक्त परिवारजनों की भूमिका महत्त्वपूर्ण होती है। शिशु की माँ से बार-बार सुसंवाद करना महत्त्वपूर्ण होता है। बच्चे की देखभाल में परिवार के अन्य सदस्यों और विशेषकर पति को मदद करना जरूरी होता है।

शिशु की माँ को आवश्यक नींद मिलनी चाहिए यह बात महत्त्वपूर्ण है।

उदासीनता के लक्षण यदि दो हफ्तों से ज्यादा समय रहते हैं तो स्त्रीरोग विशेषज्ञा की सलाह के अनुसार मनोविद की सहायता लेनी चाहिए।

उदासीनता की तीव्रता ज्यादा न होने पर समुपदेशन के जरिये इलाज कराना फायदेमंद होता है क्योंकि दवाइयों के कारण अल्प मात्रा में ही क्यों न हो दूध के साथ दवाइयों का अंश शिशु के शरीर में जाता है। पर ज्यादा उदासीनता होने पर उदासीनता कम करनेवाली दवाइयाँ लेना जरूरी होता है। इन दवाइयों का बच्चे के दूध पर कोई साइड इफेक्ट न हो ऐसी दवाइयाँ प्रयुक्त की जाती हैं। इन दवाइयों से उदासीनता की बीमारी ठीक होती है किंतु इसके बाद भी लगभग एक साल तक दवाइयाँ लेनी चाहिए। नहीं तो यह उदासीनता की बीमारी फिर से होने की संभावना होती है।

पुरुषों की तुलना में महिलाओं में मनोविकार की मात्रा ज्यादा होती है, क्या यह बात सही है?

सिर्फ उदासीनता की बीमारी के बारे में सोचने पर यह बात सच है। पर स्मृतिभ्रंश जैसी बीमारियाँ पुरुषों में ज्यादातर दिखाई देती हैं। इसलिए सभी बीमारियों के

बारे में सोचा जाए तो यह वाक्य अर्धसत्य है। उदासीनता की मात्रा देखी जाए तो स्त्रियों में उदासीनता 15 से 20 प्रतिशत और पुरुषों में 3-5 प्रतिशत है। स्त्रियों में उदासीनता की बीमारी की मात्रा ज्यादा होती है, इसके जैविक कारणों के साथ ही सामाजिक कारण भी हैं।

जैविक कारणों में प्रजनन से संबंधित संप्रेरक (हॉर्मोन्स) की वजह से मानसिकता पर प्रभाव होने की संभावना, यह प्रमुख कारण है। सामाजिक कारणों में पुरुषों के हाथ में सत्ता होने से स्त्रियों को दोयम स्थान मिलता है, यह भी एक कारण है। परिवार में दोयम स्थान होने की वजह से उन्हें कई तनावों का सामना करना पड़ता है। हमारे समाज में महिलाओं के विचारों का और मानसिकता का सम्मान नहीं होता है। इसका परिणाम मानसिक अस्वस्थता होती है जिससे उदासीनता आ सकती है। साथ ही पारिवारिक हिंसाचार के कारण उनके मन की उम्मीद नष्ट होने से उदासीनता आती है।

इससे विपरीत भारत में मानसिक रूप से बीमार पुरुषों को स्त्रियों की तुलना में अच्छे इलाज मिलते हैं। स्त्रियों को समाज में दिए जानेवाले दोयम दर्जे का ही यह प्रतीक है।

बहुत होशियारी से हमारे समाज में स्त्रियों पर मानसिक कमजोरी की मुहर लगाने एक पद्धति है। दरअसल इस बात का कोई भी शास्त्रीय कारण नहीं है। मानसिक दृष्टि से विकारग्रस्त महिलाओं के इलाज और उनकी मानसिकता के बारे में पुरुषों की नकारात्मक सोच से समाज को बाहर निकालने के लिए हमारे समाज का बड़े पैमाने पर प्रबोधन करने की जरूरत है।

मन का इलाज

शारीरिक वेदनाओं को कम करने के लिए दवाइयाँ लेना हम सहज स्वीकार करते हैं, लेकिन मन के वेदना या बीमारी को कम करने के लिए अगर दवा लेनी हो तो हमारी बहुत ही न्यूनता की भावना होती है। 'मेरे मन पर मेरा नियंत्रण होना ही चाहिए' यह धारणा हमारे मन में जमकर बैठी होती है। इस गलत धारणा की वजह से बहुत से लोग मानसिक बीमारियों का इलाज टालते रहते हैं। वास्तविक रूप से देखा जाए तो मानसिक बीमारियों के इलाज की प्रविधि बड़ी तेजी से विकसित होनेवाली वैज्ञानिक प्रविधि है। हर महीने अधिकाधिक प्रभावशाली और सीमित साइड-इफेक्ट करनेवाली दवाइयाँ बाजार में आ रही हैं। समुपदेशन की विभिन्न प्रविधियों में भी मन की अस्वस्थता दूर करने की सामर्थ्य है। शारीरिक बीमारियों की तरह ही हम मानसिक बीमारियों का इलाज भी सहज स्वीकृत करेंगे तो मानसिक बीमारियों के इलाज पद्धति में यह बहुत बड़े विकास का मोड़ होगा। उस दृष्टि से मानसिक बीमारियों के इलाज के बारे में कुछ जानकारी लेते हैं।

हमने सुना है कि मनोविकार विशेषज्ञ केवल नींद की गोलियाँ देते हैं तथा उनकी दवाइयों से मनुष्य संवेदनाहीन होता है। क्या यह सच है?

मानसिक बीमारियों के इलाज के बारे में बड़ी मात्रा में गलतफहमियाँ हैं। पहले हम नींद की गोलियों के बारे में जानकारी लेते हैं।

नींद कम या ज्यादा होना यह अधिकांश मानसिक बीमारियों में पाया जानेवाला एक लक्षण होता है। साथ ही मानसिक बीमारियों में दी जानेवाली कई दवाइयों का नींद ज्यादा आना अथवा नींद कम होना यह साइड इफेक्ट (दवाइयों का अनुषांगिक दुष्परिणाम) होता है। जरूरत न होने पर नींद की गोलियों को टालने की तरफ मनोविकार विशेषज्ञों का झुकाव होता है। बीमारियों के मुख्य लक्षण कम हों इसी तरह की दवाइयाँ वे देते हैं किंतु इलाज की प्रारंभिक अवस्था में गोलियों का असर मरीज पर हो इस उद्देश्य से गोलियों की मात्रा कम-ज्यादा करने में कुछ समय बीत जाता है। उस समय नींद ज्यादा आने जैसे दुष्परिणाम दिखाई देते हैं। मरीज

इन दुष्परिणामों के बारे में मनोविकार विशेषज्ञ को बता दे तो वे गोलियों की मात्रा कम-ज्यादा करके दुष्परिणामों को कम कर सकते हैं। किंतु दुष्परिणामों के डर से गोलियों की मात्रा अपनी मर्जी से कम करना अथवा डरकर दवाइयाँ पूर्णत: बंद करना तकलीफदेह हो सकता है।

यहाँ बधिरता आने के बारे में भी समझ लेना जरूरी है। उदासीनता अथवा सिजोफ्रेनिया जैसी बीमारियों में बधिरता एक लक्षण होती है। इस बीमारी की दवाइयाँ जड़ता कम करने के लिए होती हैं किंतु कई बार बीमारी के लक्षणों को ही दवाइयों का दुष्परिणाम समझने की गलती करने से इलाज के बारे में गलतफहमियाँ होती हैं। साधारणत: 15-20 साल पहले बड़ी मात्रा में कुछ दवाइयों का प्रयोग करने से बधिरता का दुष्परिणाम होता था, किंतु उसे भी दवाई की उचित मात्रा से नियंत्रित किया जा सकता था।

पिछले दस-पंद्रह सालों में मनोविकार विज्ञान की दवाइयों में बड़ी क्रांति हो गई है। बहुत ही निश्चित कार्य करनेवाली और सीमित दुष्परिणाम वाली कई दवाइयाँ अब उपलब्ध हैं। इसलिए मनोविकार विज्ञान में प्रयुक्त की जानेवाली दवाइयों के बारे में जो गलतफहमियाँ हैं उन्हें दूर करने की जरूरत है।

कहा जाता है कि मानसिक बीमारियों की दवाइयों की आदत लग जाती है। क्या यह सही है?

शारीरिक और मानसिक बीमारियों की इलाज पद्धति में कुछ मौलिक अंतर हैं। उन्हें हमें सबसे पहले समझना होगा। अधिकांश शारीरिक बीमारियों में 'जितने दिन बीमारी के लक्षण उतने दिन दवाइयाँ' ऐसी इलाज की प्रविधि होती है। लेकिन डायबिटीज, उच्च रक्तचाप जैसी बीमारियों में लंबी अवधि तक दवाइयाँ लेनी पड़ती हैं। अधिकांश मानसिक बीमारियों में भी लंबी अवधि तक दवाइयाँ लेनी होती हैं। इसका महत्त्वपूर्ण कारण यह है कि अधिकांश मानसिक बीमारियों के बार-बार लौटने का डर होता है। इसीलिए लक्षणों के कम होने पर भी बीमारी फिर से न हो इसलिए दवाइयाँ कुछ समय तक जारी रखनी होती हैं। मतलब यह है कि शारीरिक बीमारियों की तुलना में मानसिक बीमारियों के इलाज लंबी अवधि तक चलते हैं। जैसे, उदासीनता अथवा चिंता की बीमारी में साधारणत: नौ महीने से एक साल इतनी अवधि तक दवाइयाँ लेना जरूरी होता है। इलाज को उचित प्रकार के मानसिक-सामाजिक इलाज का सहयोग न मिला तो बीमारी ठीक होने की प्रक्रिया इतनी प्रभावी नहीं होती है। ऐसी स्थिति में दवाइयाँ कम अथवा बंद करने से फिर बीमारी के लक्षणों का एहसास होने लगता है। दवाइयों की आदत लग जाएगी, इस गलतफहमी से बहुत से मरीज बीमारी के लक्षण थोड़े कम होने के बाद दवाइयाँ बंद करते हैं और इसी कारण

आधी ठीक हुई बीमारी का फिर से उद्भव होता है। दवाइयों के बारे में होनेवाली गलतफहमियों पर निर्भर रहकर निर्णय लेने की अपेक्षा इलाज करनेवाले डॉक्टर की सलाह से दवाइयों का समय निर्धारित करना उचित होता है।

इसका अर्थ इन दवाइयों के साइड-इफेक्ट नहीं होते हैं?

दुनिया में ऐसी कोई दवा नहीं, जिसका कोई साइड-इफेक्ट नहीं होता है। सभी दवाइयों के, यहाँ तक कि विटामिन की गोलियों के भी दुष्परिणाम होते हैं। उसी तरह मानसिक बीमारियों की दवाइयों के भी दुष्परिणाम होते हैं। उनमें से कुछ दवाइयों के दुष्परिणाम दवाइयों के शुरू करने के बाद आरंभिक कुछ दिनों में तो कुछ दवाइयों के दुष्परिणाम लंबी अवधि के सेवन के बाद दिखाई देते हैं।

सभी मरीजों को एक महत्त्वपूर्ण बात ध्यान में रखनी चाहिए कि विशेषज्ञ डॉक्टरों के मार्गदर्शन से इलाज किया और इससे किसी भी प्रकार का दुष्परिणाम हुआ तो तुरंत डॉक्टरों की सलाह से दवाइयों की मात्रा का समायोजन कर लेने से दुष्परिणामों को दूर किया जा सकता है। मानसिक बीमारी पर पहली बार प्रभावशाली दवाई की खोज सन 1953 में हुई। पिछले 50-60 सालों में मानसिक बीमारी की दवाइयों में कई सकरात्मक परिवर्तन हुए हैं।

सातवें-आठवें दशक में सौम्य मानसिक बीमारी के लिए उपलब्ध कई दवाइयों के कारण ज्यादा नींद आना, मुँह सूखना, हाथ-पैरों में कंपन आदि तकलीफों से लेकर हृदय की गति में परिवर्तन होना, मिरगी का दौरा आना आदि गंभीर दुष्परिणाम दिखाई देते थे। लेकिन यह भी याद रखना चाहिए कि ऐसे तीव्र स्वरूप के दुष्परिणाम एक या दो प्रतिशत मरीजों में ही पाये जाते थे।

विगत दस-पंद्रह सालों में सौम्य मानसिक बीमारियों पर विकसित हुई दवाइयों के बहुत ही कम दुष्परिणाम हैं और अधिकांश दुष्परिणाम इलाज से दस-पंद्रह दिनों में कम होते हैं। नई दवाइयों के गंभीर दुष्परिणाम तो न के बराबर हैं। भूख कम होना, अस्वस्थता, साथ ही कुछ मात्रा में सीमित अवधि के लिए लैंगिक संदर्भ के दुष्परिणाम इन नई दवाइयों में पाये जाते हैं।

तीव्र स्वरूप की मानसिक बीमारियों पर प्रयुक्त की जानेवाली पहली पीढ़ी की दवाइयों के बहुत से दुष्परिणाम थे। जिसमें हाथ-पैर में जड़ता आना, कंपवात जैसे लक्षण, लार रिसना, चेहरे के भावों को दर्शाने की क्षमता कम होना ऐसे दुष्परिणाम थे। दूसरी पीढ़ी की नई दवाइयों में ये दुष्परिणाम लगभग नहीं के बराबर हैं। अतिक्षुब्ध मन को शांत करने की उत्कृष्ट क्षमता इस दूसरी पीढ़ी की दवाइयों में हैं। किंतु इन दवाइयों के दीर्घ समय तक सेवन से वजन बढ़ना, खून में शर्करा की मात्रा बढ़ना ऐसे कुछ दुष्परिणाम दिखाई देते हैं। डॉक्टर के अपॉइन्टमेंट में वजन जाँचना तथा

हर तीन महीने में खून की शर्करा की मात्रा जाँचना यह करने से इन दुष्परिणामों से छुटकारा पाया जा सकता है।

हाल ही में हमने अखबार में 'शॉक ट्रीटमेंट' के बारे में कुछ भला-बुरा पढ़ा है। कहा जाता है कि विदेशों में यह इलाज प्रविधि प्रयोग नहीं की जाती है और हमारे यहाँ ऐसी क्रूर इलाज प्रविधि प्रयोग की जाती है। क्या यह सच है?

मानसिक बीमारी की अन्य इलाज पद्धतियों की तरह 'इलेक्ट्रो कन्वल्जिव थेरेपी' (ईसीटी) इस मनोविकार विज्ञान की इलाज प्रविधि को लेकर समाज में बहुत गलतफहमियाँ हैं। आम लोगों की जुबान में इस इलाज प्रविधि को 'शॉक देना' कहते हैं। पहले इस इलाज पद्धति के बारे में जानकारी लेते हैं।

मनोविकार विज्ञान की दवाइयों की तरह ही ईसीटी की खोज भी अकस्मात ही की गई। कुछ वैज्ञानिकों की समझ में यह बात आई कि यदि मनोरोगी को मिरगी आए तो उसकी मानसिक बीमारियों के लक्षण कम होते हैं। इस निरीक्षण के आधार पर ईसीटी का शस्त्र तैयार हुआ। इस इलाज पद्धति में बहुत सौम्य स्वरूप में बिजली का प्रवाह मरीज के सिर के हिस्से से शरीर में छोड़ा जाता है। इस कारण उस मरीज में मिरगी की बीमारी जैसे मूर्छा के लक्षण निर्मित होते हैं। यह पूरी प्रक्रिया बेहोशी के स्थिति में की जाती है। बेहोश करने से मिरगी के शरीर पर होनेवाले दुष्परिणाम नियंत्रित रहते हैं।

ऊपरी तौर पर देखते समय यह इलाज प्रविधि क्रूर लगती है फिर भी मनोविकार विज्ञान में यह एक अत्यंत परिणामकारक इलाज पद्धति है। मरीज के मन पर काबू पाने के लिए यह उपयोग में लाई जाती है, इससे यह अधिक क्रूर लगती है। बहुत से ऑपरेशन में शरीर के अलग-अलग हिस्सों को काटकर फिर से जोड़ा जाता है। रक्तस्राव रोकने के लिए नसों को विद्युत प्रवाह की सहायता से सील किया जाता है। वह हमें क्रूर नहीं लगता, क्योंकि उससे हम अनजान रहते हैं।

ईसीटी के बारे में समाज में गलतफहमियाँ बढ़ने का कारण स्वयं मनोविकार विशेषज्ञ होते हैं। कई बार मनोविकार विशेषज्ञ ईसीटी का उपयोग सभी के लिए करते हैं। लेकिन मरीज और उसके रिश्तेदारों को इलाज पद्धति समझाने के लिए उचित समय नहीं देते। ईसीटी इलाज पद्धति कुछ विशेष प्रकार की मानसिक बीमारियों में ही उपयोग में लाई जाती है। इसके बारे में अब अंतरराष्ट्रीय स्तर पर बहुमत है। विदेशों में कुछ दबाव गुट इसके विरुद्ध प्रचार करने में आगे हैं। ईसीटी का प्रयोग निम्नलिखित विशेष लक्षणों में ही किया जाता है :

- अत्यंत क्षुब्ध और खुद के लिए तथा समाज के लिए खतरनाक साबित होनेवाला मरीज।

- खुदकुशी के विचार मन में लानेवाला मरीज।
- अन्य दवाइयों के इलाज को कुछ भी प्रतिसाद न देनेवाला मरीज।

साथ ही ईसीटी इलाज के पूर्व मरीज की और उसके रिश्तेदारों की अनुमति लेना कानूनन अनिवार्य होता है। इस परिप्रेक्ष्य से हमारी समझ में आ सकता है कि ईसीटी यह इलाज पद्धति उचित ढंग से अपनाई जाए तो प्रभावी सिद्ध हो सकती है।

ईसीटी के कुछ दुष्परिणाम हैं?

हाँ, ईसीटी के कुछ दुष्परिणाम होते हैं। ईसीटी के बाद कुछ समय मन में उलझन-सी रहती है। साथ ही ईसीटी के बाद कुछ मरीजों में शारीरिक दर्द के लक्षण आने की संभावना हो सकती है। क्षणिक विस्मरण हो जाना यह भी ईसीटी का एक महत्त्वपूर्ण दुष्परिणाम है। ईसीटी की वजह से होनेवाले लाभ निश्चित ही दुष्परिणामों की तुलना में कम होते हैं फिर भी मरीज की हिंसक वृत्ति कम हो जाने के साथ ही मन से खुदकुशी के विचार भी दूर हो जाने जैसी स्थिति ईसीटी की वजह से बहुत शीघ्र होती है, जिसका मरीज के ठीक होने में अधिक हिस्सा होता है। एक दिन के अंतराल से सामान्यत: छ से बारह बार ईसीटी का प्रयोग किया जाता है। इसमें आरंभिक 2-3 ईसीटी को छोड़कर अन्य ईसीटी अस्पताल में भर्ती किए बिना बाह्य मरीज की तरह की जा सकती है। दो ईसीटी के बीच का अतंराल बढ़ाना ऐसी उपाययोजना करके ईसीटी के दुष्परिणाम कम किए जा सकते हैं।

एकाग्रता और स्मरणशक्ति बढ़ाने के लिए आपके पास कुछ दवाइयाँ है?

एकाग्रता न होना, स्मरणशक्ति में मुश्किलें आना ये लक्षण कई बार अलग-अलग कारणों से हो सकते हैं।

अधिकांशत: अपनी कार्यशैली (परफॉर्मेन्स) ठीक हो जाएगी या नहीं इस चिंता के कारण व्यक्ति की एकाग्रता कम हो जाने से अपने आप स्मरणशक्ति कम हो जाती है।

पाठशाला में जाने वाले छात्रों में मुख्यत: अध्ययन का तनाव और अपेक्षाओं का दबाव जैसी स्थिति का परिणाम उनकी एकाग्रता और स्मरणशक्ति पर होता है। इस स्थिति को कम करने की दृष्टि से समुपदेशन किया तो अच्छा परिणाम दिखाई देता है।

उदासीनता और चिंता जैसी बीमारी में कई बार मानसिकता स्थिर न होने के कारण एकाग्रता कम होती है, जो उस बीमारी की दवाइयों से पूर्वस्थिति में आ सकती है।

जिसे कोई भी मानसिक अथवा शारीरिक विकार नहीं हो ऐसे सामान्य व्यक्ति की एकाग्रता और स्मरणशक्ति कुछ छोटे-छोटे कौशल के प्रयोग से कुछ मात्रा में बढ़ सकती है। लेकिन नैसर्गिक एकाग्रता शक्ति और स्मरण शक्ति में अधिक मात्रा में सुधार किया जाना कठिन काम होता है।

मेरी उम्र अभी 60 साल है। पहले मुझे जल्दी नींद आती थी लेकिन पिछले छः माह से बिस्तर पर लेटने के बाद भी 2-3 घंटे नींद नहीं आती है। रात में नींद खुलती है तो फिर नींद नहीं आती है। क्या मुझे निद्रानाश की बीमारी हो गई है?

उम्र के हिसाब से 60 साल के करीब की आयु में मनुष्य को नींद की आवश्यकता कम हो सकती है। सामान्यतः मनुष्य को 6 से 8 घंटे तक नींद की आवश्यकता होती है।

निद्रानाश के दो-तीन प्रकार हैं। पहला प्रकार वह है जिसमें बिस्तर पर लेटने के तुरंत बाद नींद न आना। दूसरा प्रकार है नींद जल्द ही खुलना और उसके बाद नींद ही न आना, तो तीसरा प्रकार है रात को शांत और स्वस्थ नींद न होना। कई बार ऊपर उल्लिखित तीनों प्रकार के लक्षणों का मिश्रण भी मरीज में पाया जाता है। सामान्यतः माह के कई दिन नींद की तकलीफ हो रही हो तो उसे निद्रानाश की बीमारी कहते हैं।

इनसान को नींद क्यों आती है, उसके लाभ क्या होते हैं इसे लेकर मस्तिष्क के स्तर पर बड़ी मात्रा में अनुसंधान जारी है। किंतु उसकी उचित जानकारी अभी तक विज्ञान जगत को प्राप्त नहीं हुई है।

सिर्फ निद्रानाश बीमारी बहुत कम मात्रा में दिखाई देती है। अधिकतर समय निद्रानाश अन्य मानसिक बीमारियों के लक्षण के रूप में दिखाई देती है। जैसे उदासीनता से सिजोफ्रेनिया तक लगभग सभी बीमारियों के लक्षण के रूप में निद्रानाश बीमारी हो सकती है। इसलिए प्राथमिक निद्रानाश का निदान करने से पहले अन्य मानसिक विकारों के लक्षण जाँचने की आवश्यकता होती है।

अधिकाशंतः स्वास्थ्य संबंधी गलत आदतों के कारण भी निद्रानाश बीमारी हो सकती है। जैसे, सोने का और जागने का ठीक समय न रखना और टीवी देखते समय सो जाना। ऐसी आदतें निद्रानाश का कारण बन जाती हैं।

क्या अब मुझे नींद की गोलियाँ लेनी होंगी?

निद्रानाश के कारणों पर ही इलाज की प्रविधि निर्भर होती है। शारीरिक अथवा

मानसिक कारणों से होनेवाली निद्रानाश बीमारी के मुख्य कारणों का इलाज किया जाए तो यह बीमारी पूर्णत: ठीक हो जाती है, साथ ही जीवन के कुछ तनावपूर्ण प्रसंग के कारण होनेवाली निद्रानाश की बीमारी तनाव कम होने के बाद नियंत्रण में आती है।

निद्रानाश की पीड़ा में जल्दबाजी में दवाइयाँ देने की अपेक्षा नींद के संदर्भ में कुछ छोटे-छोटे इलाज का प्रयोग करना फायदेमंद हो सकता है। जैसे—

- सोने तथा जागने के समय का निश्चित पालन करना।
- दिन में नींद न लेना।
- नींद से पहले कॉफी, चाय जैसे उत्तेजक पेय टालना।
- हर दिन थोड़ी देर विशिष्ट शारीरिक व्यायाम करना।
- सोने से पहले टीवी अथवा इंटरनेट का प्रयोग न करना।
- रात के समय ज्यादा भोजन टालना।
- रात के समय रिलैक्सेशन और ध्यान साधना करने की आदत डालना।

यदि इन बातों का उचित लाभ नहीं हो रहा है तो दवाइयों का प्रयोग किया जाता है। नींद की दवाई के बारे में समाज में बड़ी मात्रा में गलतफहमी है। नींद की दवाई की आदत हो सकती है, यह सचाई होने के बावजूद लत की संभावना न हो ऐसे कई विकल्प आज बाजार में उपलब्ध हैं।

नींद की दवाइयाँ अधिकतर डॉक्टर की सलाह के बिना सीधे मेडिकल स्टोर से लाकर ली जाती हैं। इस कारण धीरे-धीरे गोलियों की मात्रा कम करने का अनुपालन नहीं किया जाता है। लिहाजा नींद की गोलियों की आदत हो सकती है। महत्त्वपूर्ण बात यह है कि नींद न आना अथवा गोलियाँ लेने के बाद नींद आना इस तरह दो विकल्प सामने होने के बाद अपना स्वास्थ्य किस विकल्प में है, इसका विचार करके निर्णय लेने की आवश्यकता होती है। इस कारण नजदीकी विशेषज्ञ की सलाह से इलाज किया जाना चाहिए।

कुछ आध्यात्मिक गुरु मन:शांति के लिए योगासन और प्राणायाम का मार्ग बताते हैं। इसमें कुछ अवैज्ञानिकता है?

किसी भी इलाज पद्धति को वैज्ञानिक इलाज पद्धति के रूप में स्वीकृत करने से पूर्व उस पद्धति की जाँच करना जरूरी होता है। बढ़ती श्रेणी से कठिन होनेवाली चिकित्सा में जो इलाज पद्धति अस्तित्व रखने में सफल रहे वह शास्त्रीय चिकित्सा पद्धति के रूप में स्वीकृत हो जाती है। मानसिक बीमारियों पर सोचते समय दवाइयों को इलाज और समुपदेशन आदि को ही शास्त्रीय इलाज पद्धति के रूप में मान्यता प्राप्त हुई है। योगा और प्राणायाम जैसे व्यायाम केवल पूरक इलाज पद्धति के रूप

में फायदेमंद होते हैं, ऐसे शास्त्रीय शोध अब सामने आ रहे हैं।

वर्तमान समय में मानसिक तनाव भी बड़ी मात्रा में दिखाई दे रहे हैं। इन तनावों का मनोविकार में पर्यवसन नहीं हुआ होता, अधिकांशतः इस तनाव की जड़ बदलती जीवनशैली से जुड़ी होती है। इन मानसिक तनावों पर उपाय योजना बनाने के लिए जीवनशैली में बदलाव महत्त्वपूर्ण बन जाता है। इसी के साथ पूरक इलाज पद्धति के रूप में योगा और प्राणायाम का विज्ञापन 'लाख दुखों की एक दवा' इस प्रकार किया जाता है, जो सच नहीं है। कैन्सर, एच.आई.वी. जैसी बीमारी के लिए मन:शांति ही एकमात्र इलाज होता है ऐसा बताया जाता है, लेकिन इसकी कभी शास्त्रीय दृष्टि से जाँच नहीं होती है।

योगासन और प्राणायाम जैसी इलाज पद्धति का अधिक गहराई से शास्त्रीय अध्ययन होना वर्तमान समय की जरूरत है।

काउंसिलिंग माने क्या होता है?

संवाद के माध्यम से किसी व्यक्ति के मन को समझना और उसकी भावनात्मक जरूरतों के अनुसार उसकी मदद करना, ये दो बातें किसी भी काउंसिलिंग की प्रक्रिया की जड़ मानी जाती हैं।

मनुष्य के मन की अस्वस्थता कम करने के लिए बहुत महत्त्वपूर्ण साधन संवाद हमारे पास उपलब्ध है। मानव जीवन में विज्ञान के आविष्कार से पहले संवाद के माध्यम से एक-दूसरे के मन को समझना और एक-दूसरे को आधार देना, ये बातें होती आ रही हैं। काउंसिलिंग की प्रक्रिया में उसे वैज्ञानिक आधार देने की कोशिश की गई है।

भावनात्मक दृष्टि से अस्वस्थ व्यक्ति की व्यथा को दिल से सुनना और उसका विश्लेषण करके उस व्याधि से उसे मुक्त करने के लिए मदद करना, ये दो बातें काउंसिलर करता है।

अपनी बात कोई तो मन से सुन रहा है इस भावनात्मक विचार से ही कुछ मरीजों को अच्छा लगता है तो कुछ मरीजों को मन में दबी भावनाओं को किसी के सामने व्यक्त किया है इससे अच्छा महसूस होता है। कुछ व्यक्तियों को अपने जीवन में उपस्थित प्रश्नों पर विचार करके उनका हल ढूंढ़ने में रुचि होती है।

उपरोक्त जिस प्रविधि का प्रयोग किया जाता है उसी के अनुसार उस काउंसिलिंग की पद्धति को नाम दिया जाता है। जैसे—जिस काउंसिलिंग पद्धति में व्यक्ति की मानसिकता को किसी भी पूर्वाग्रह के बिना सुनने पर ज्यादा बल होता है उसे 'मानवतावादी काउंसिलिंग' (ह्युमैनिटेरियन काउंसिलिंग) कहा जाता

है तथा जिस काउंसिलिंग में मरीज को आधार देने पर ज्यादा बल दिया जाता है उसे 'आधारभूत काउंसिलिंग' (सपोर्टिव काउंसिलिंग) कहा जाता है। जब विचारों के आधार पर भावनिकता सहेजने की शिक्षा दी जाती है उस पद्धति को 'विवेकनिष्ठ इलाज काउंसिलिंग' कहा जाता है। व्यक्ति के स्वभाव गुणधर्म के अनुसार उसके लिए विशिष्ट काउंसिलिंग पद्धति उपयुक्त होती है।

मनोविकार और अंधविश्वास

मनोविकार यानी मन से जुड़ी बीमारियाँ। वास्तव में मन है क्या? वह कहाँ है? इससे आज के वैज्ञानिक युग में भी कई लोग बेखबर है। मन का विकारग्रस्त होना यानी क्या? इसकी हम कल्पना भी नहीं कर कर सकते। शरीर बुखारग्रस्त हुआ तो स्पर्श से ही समझ में आता है, पर मन को हुई पीड़ा को कैसे समझें, इसका कोई अंदाज नहीं होता। शारीरिक दृष्टि से तंदुरुस्त व्यक्ति में भी अचानक पनपनेवाले मनोविकारों के लक्षण रहस्यमयी लगते हैं तो कभी-कभी ये लक्षण अचानक कम भी हो जाते हैं। मन को कोई व्याधि हो ऐसा कोई स्पष्ट कारण भी नहीं होता फिर भी व्यक्ति को मनोविकार बार-बार होते हैं। इन तमाम बातों से इस बीमारी की रहस्यात्मकता बढ़ती है। परिणामस्वरूप इस बीमारी को 'जादू-टोना' या 'बाहरी बाधा' से संबोधित किया जाता है। कभी-कभी ओझा-मांत्रिकों, देवऋषियों, बुवा-बाबाओं की मार से या कुछ तात्कालिक उपायों से इसमें कुछ सुधार दिखाई देता है, जिससे शरीर में कोई दैवी शक्ति संचार कर रही है ऐसा दावा करनेवाले ढोंगी व्यक्ति को बेवजह महत्त्व मिलता है। उपाय की क्षमता जल्द ही समाप्त होती है तो इस पर ओझा-मांत्रिकों की ओर से यह तर्क-वितर्क किया जाता है कि भूतबाधा बहुत ही जमकर हुई थी, या भक्त ईश्वर की याचना में असफल हुआ। ऐसी बेबुनियादी दलीलों पर लोग विश्वास भी करते हैं। मनोविकार पीढ़ीगत, वंशगत संक्रमित होते हुए भी दिखाई देते हैं। उचित ज्ञान के अभाव में उस खानदान के लिए वह अभिशाप बन जाता है।

सौम्य विकारग्रस्त व्यक्ति साधारणत: बिलकुल सामान्य होता है, पर नवरात्र, दुर्गाष्टमी, गाँव का मेला या ज्यादा तनावग्रस्त होने पर पूर्णिमा या फिर हर शुक्रवार को उसके शरीर में देवी का संचार होता है। उसका चेहरा, हावभाव बदल जाते हैं। पारंपरिक संस्कार और समझ रखनेवाला वर्ग उसे 'देवी-प्रकोप' मानता है। ऐसा व्यक्ति कई बार न थकते हुए भी ज्यादा समय तक जोर-जोर से अभुआता रहता है। जबकि सामान्य स्थिति में यह सब उसके लिए असंभव होता है। स्वाभाविक तौर पर शरीर में संचारित यह अतिरिक्त शक्ति देवी की या भूतबाधा की मानी जाती है। कई बार जिस भाषा का उसे कतई ज्ञान नहीं उस भाषा में भी वह फटाफट बोलने लगता है। इस प्रसंग की बिना-जाँच पड़ताल किए हम इसे अद्‌भुत मानने लगते हैं।

उत्कटता के साथ तल्लीन होकर प्रभु की याचना करने वाले व्यक्ति को कई बार 'मुझे ईश्वर के दर्शन हुए', 'ईश्वर ने मुझसे बात की' ऐसा लगता है। ऐसा व्यक्ति समर्पित एवं प्रामाणिक साधक होता है, इसलिए उस पर किसी को झूठ बोलने का आरोप लगाकर उँगली उठाना उचित नहीं लगता। किंतु निश्चित तौर पर क्या हुआ है इस बात की किसी को समझ भी नहीं होती। ऐसी सभी घटनाएँ ईश्वर का चमत्कार, देवी का संचार, भूत-बाधा जैसे अंधविश्वास से संबंधित होती हैं और इस कारण बगैर मन के विज्ञान को जाने-पहचाने, मन की अवस्था को समझे बिना इन घटित घटनाओं को अंधविश्वास के साथ जोड़ा जाता है।

भूतों की कल्पना कहाँ से आई?

भूतों की कल्पना का निर्माण दो प्रकार से हो सकता है। पहला, मनोविकार या उससे जुड़ा अज्ञान तथा हमारे पारंपरिक विचार। और दूसरा, किसी व्यक्ति पर हुए भूत के काल्पनिक संस्कार, गलत विचारों की स्वीकृति या इंद्रियजन्य भ्रम इन कारणों से भूत दिखाई दिया ऐसा एहसास हो सकता है। मन की इस अवस्था के पीछे के विज्ञान को समझे बगैर उसे अंधविश्वास से जोड़ा जाता है। इन सबके बीच सामान्य व्यक्ति के स्वभाव गुण में निहित भोलेपन को हम नजरअंदाज नहीं कर सकते।

करीबी व्यक्ति की मृत्यु निश्चित ही धक्कादायक और तकलीफदेह बात है। चंद पल पहले ही अपनी भाव-भावना, बुद्धि-कल्पना एवं वासनाओं के द्वारा अभिव्यक्त होनेवाले जीव का अचानक नष्ट होना यह बात स्वीकृत करने में मन की बड़ी मुश्किल स्थिति होती है। यह अवस्था तब चरम पर होती है जब ऐसा हादसा अचानक होता है। कोई व्यक्ति अचानक किसी दुर्घटना का शिकार बनता है या दिल का दौरा पड़ने से उसकी मृत्यु होती है, कभी कोई खुदकुशी कर लेता है तो किसी की हत्या होती है, महिलाएँ गर्भावस्था में या कभी बच्चे को जन्म देते समय मृत होती हैं। ऐसे किसी व्यक्ति की मृत्यु पर सोचते समय परंपरा से चली आ रही एक समझ यह भी होती है कि मृत व्यक्ति की कोई कामना जरूर अधूरी रही होगी। परंपरा से जकड़ा हुआ हमारा मन भूतयोनि और उसके अस्तित्व को मानता है। इस कारण ऐसे अचानक मरनेवाले व्यक्ति भूतयोनि में ही गए होंगे ऐसी हमारी धारणा बनना स्वाभाविक है।

मन और मन के विकार के संबंध में अधिकांश लोगों को जानकारी नहीं होती है। ऐसे समय किसी व्यक्ति के अचानक बदले हुए बर्ताव को लेकर, रात में उस व्यक्ति के अकेले श्मशान घाट के पास से गुजरते समय या फिर किसी पीपल, बरगद के नीचे से चलते समय मानो भूत ने उसे पछाड़ लिया हो, जो कि अतृप्त आत्मा थी, ऐसा मान लिया जाता है। ऐसा पीड़ित व्यक्ति कई बार घंटों तक या

दिनभर मौन धारण किए हुए रहता है। तो कभी-कभी वह इतना श्रम करने लगता है जो सामान्य मनुष्य के बस की बात नहीं होती। ताउम्र जिसने मांसाहार को कभी छुआ तक नहीं वह इस अवस्था में मांसाहार की माँग करने लगता है। ऐसे समय किसी मांसाहारी आत्मा ने उसे झपट लिया है ऐसा मान लिया जाता है, क्योंकि पक्का शाकाहारी व्यक्ति मांसाहार की माँग कैसे कर सकता है? यह सवाल लोगों को बैचेन करता है। शालीनता की मूर्ति घर की बहू अपने मुँह से अचानक गालियों की बौछार कर देती है तो, किसी झगड़ालू स्त्री की आत्मा के उसे झपटे बिना वह ऐसा व्यवहार नहीं कर सकती ऐसा मान लिया जाता है। सदियों से ऐसी अनगिनत घटनाएँ हमारा समुदाय देखता आया है और उसे भूतबाधा या जादू-टोना भी मानता आया है। इस विषय के संदर्भ में समाज का कभी सही और निश्चित मार्गदर्शन नहीं हुआ, इसलिए संभवत: भूत का होना और उसकी बाधा से पीड़ित होना यह कल्पना आज भी हमारे मन-मस्तिष्क में जमकर बैठी हुई है।

भूत दिखाई देता है यानी क्या होता है?

व्यक्ति के अचेतन मन में बचपन से ही यह संस्कार होता है कि भूत वाकई होता है और यह संस्कार दृढ़ स्वरूप का होता है। ज्ञान और कृति की सहायता से अचेतन मन का यह विचार सचेतन मन में लाना और उसे मिटाना यह बात हर किसी के बस की नहीं होती है। और जिनके संबंध में यह बात घटित होती है वह भी जाने-अनजाने में ही घटती है। स्वाभाविक रूप से ऐसे व्यक्ति जब घोर अंधकार, जैसे अमावस की रात में श्मशान या पनघट से गुजरते हैं तो उस समय उनके अचेतन मन में स्थित यह संस्कार फिर से जागृत होता है। ऐसा व्यक्ति अपने सामान्य विचारों को भूलकर फिर से भूत के विचार स्वीकृत करता है।

मनुष्य का मन सूचनाओं को स्वीकृत करने वाला होता है। यदि प्रभावी सूचना कई लोगों की ओर से उसे बार-बार मिल रही है तो उसका मन उसको स्वीकार करता है। ऐसी सूचनाओं को लेकर मन समीक्षक नहीं होता है। किसी पहाड़ी पर, किसी वीरान हवेली में या फिर किसी जर्जर बुर्ज पर भूत रहता है, ऐसी धारणा समाज में होती है। सामान्य स्थिति में व्यक्ति का मन इन बातों को अस्वीकार करता है। लेकिन ऐसी सुनसान जगहों पर जाने का मौका आया तो वहाँ से आनेवाली आवाजें, चिल्लाहटें, विचित्र प्रकार की ध्वनियाँ कहीं भूत की तो नहीं हैं, ऐसी सूचनाएँ मनुष्य का मन स्वीकार करता है। बिलकुल ऐसी सूचना उसके साथी के मन में भी कभी न कभी उपस्थित हो चुकी होती है, इसलिए अब इन सबके मन में भूत होता है और यह आवाज भी उसी की ही हो सकती है यह सूचना और दृढ़ बन जाती है।

बचपन में ही मन को मिले गलत संस्कार और गलत सूचनाओं के साथ जब इंद्रियजन्य भ्रम एक साथ घुल-मिल जाते हैं तब हमने भूत देखा है ऐसी मानसिकता होती है। अंधेरी काली कोठी में टेढ़ी-मेढ़ी पड़ी हुई रस्सी भी साँप लगने लगती है, यह हमेशा का अनुभव है। ऐसे ही रात के समय तीव्र गति से सफर पर निकले मुसाफिरों को तेज रफ्तार से चलने वाली गाड़ी में से भी बाहर के नजारे, पेड़-पौधे, चित्र-विचित्र सा आकार लेते हुए नजर आते हैं। जो दिखाई देता है उसके पीछे का कार्यकारण भाव डर के मारे कोई ध्यान में लेता नहीं और उसे भूतों की कल्पनाओं द्वारा और बढ़ावा दिया जाता है। रात के समय घर के दीवारों के इर्द-गिर्द अस्पष्ट आकृतियाँ दिखाई देने लगती हैं तो कौन है, यह देखने के लिए घर का मुखिया सामने आ जाता है और इस बात को समझते ही दीवार के पीछे छिपा चोर भागकर गायब हो जाता है। इसी समय अगर कोई कुत्ता झट से सामने आ जाता है देखने वाला आदमी यदि भूतों पर विश्वास करनेवाला होगा तो यही समझेगा कि भूत ने ही कुत्ते का रूप धारण कर लिया है। और इसे मैंने खुली आँखों से देखा है इसका ढिंढोरा पिटता है।

इसके अलावा पैरों में ऊँची-लंबी लाठियाँ बांधकर चलने का अभ्यास कई लोगों को होता है। लाठी न दिखे इसलिए वे लंबा-चौड़ा लँहगा पहनकर निकलते हैं। अगर रात के समय ऐसा सफेद परिधान पहने कोई व्यक्ति नजर आता है तो समय रात का होता है, उस पर धुंधला प्रकाश, मन में भूत का गहरा संस्कार, इन सभी बातों से सचाई का परीक्षण करने के बजाय 'भूत दिखाई दिया' ऐसा कहा जाता है।

इन तमाम बातों के साथ किसी निश्चित स्थान पर भूत है और वह तकलीफ भी देता है, ऐसा भ्रमित करनेवाला झूठ, रात के समय की जा रही काली करतूतों को छुपाने के लिए भी हो सकता है, इस बात को भी ध्यान में रखना आवश्यक है।

संत तथा समाजसुधारकों की भूतों के बारे में धारणा क्या थी?

विगत साढ़े तीन हजार वर्षों से चार्वाक के दर्शनकाल से हमारे देश में बौद्धिकता की परंपरा रही है। चार्वाक ने भी भूतों को लेकर अनुसंधान किया था। लेकिन भूत की अवधारणा मनुष्य की आत्मा के अस्तित्व पर निर्भर होती है, ऐसा उन्हें एहसास हुआ। शरीर से भिन्न आकार उन्हें मान्य नहीं था। मनुष्य का जड़ शरीर वास्तव में इस जगत में है, पंचमहाभूतों से मनुष्य की सचेतन देह निर्मित होती है। देह की निर्मिति के पूर्व, तदनंतर और देहांत होने पर बगैर देह के आत्मा का अस्तित्व नहीं होता है, ऐसा चार्वाक ने स्पष्ट किया था। पूर्वजन्म और पुनर्जन्म की कल्पना भी उन्हें मान्य नहीं थी।

ईश्वर एवं भूतों का संचरण शरीर में होता है ऐसा बताकर इसकी आड़ में व्यवसाय करने वाले ढोंगी लोगों को संत तुकाराम फटकारते हुए कहते हैं—

बढ़ाकर बाल। शरीर में कराते भूत का संचार॥
ऐसे न होते संतजन। उनमें न होता आत्मभान॥
नर-नारी करके इकट्ठा। बताते थोथे शगुन॥
कहे तुकाराम ऐसे बुद्धिमन्द। नहीं उनके पास गोविंद॥

समाजसुधारक गो. ग. आगरकर ने तो भूत बाधाओं की कल्पनाओं की बड़ी कठोरता से आलोचना की है। वे कहते हैं, "अशरीरी आत्मा या पिशाच का कोई अस्तित्व नहीं होता है तो फिर वह मन में घर कैसे करता है इस बात का केवल यही उत्तर हो सकता है कि कैलास, स्वर्ग, नर्क, पाताल, यमराज, यमपुरी, यम यातना ये काल्पनिक ढकोसले जिस अर्थ से अस्तित्व में हैं, उसी अर्थ से आत्मा और पिशाच का अस्तित्व होता है। निर्गुण-निराकार ईश्वर, अशरीरी मृतात्मा तथा पिशाच के स्वरूप में रत्तीभर भी अंतर नहीं है। आत्मा के देहबद्ध एवं देह से परे ऐसे दो रूप हमने स्वीकृत किए तो मृत्यु के पश्चात् मृत व्यक्ति के रिश्तेदार उसकी पसंदीदा सभी वस्तुएँ उसे मृत्युपरांत अर्पण करने लगते हैं। सुहागन स्त्री के शव को नहला-धुलाकर नई साड़ी पहनाना, माथे पर सिंदूर लगाकर गोद भराई करना और पिंडदान आदि इसी अंधविश्वास का एक हिस्सा होता है।"

आगरकर का स्पष्ट मत था कि सारी प्रेतविधि और सारी श्राद्ध विधि दोनों इसी थोथी कल्पना के परिणाम हैं। हम भूतादि को जो दान करते हैं और मृत व्यक्ति की तृप्ति हेतु जो श्राद्ध कराते हैं वास्तविकत: उसमें कोई अंतर नहीं होता है। ईश्वर और भूत इन दोनों को आगरकर ने एक ही माना है। उनका मानना था कि "हमारी प्रशंसा से प्रभु का खुश होना और हमारे संकटों का निवारण कर हमें परम सुख देना, यह धारणा ही गलत है। इसी के साथ समय-समय पर मृतात्माओं की श्राद्ध विधि करने से वे हमारे मददगार बनेंगे और पिशाचगण यज्ञविधि या गायत्री मंत्रों के कारण रात-दिन हमारे नियंत्रण में रहते हैं ऐसा मानना भी सरासर गलत होगा। पिशाच का अस्तित्व ही संशय का विषय होने से लोगों के मन में पिशाच जैसी कल्पना का अस्तित्व कैसे रहता है?"

आगरकर आगे लिखते हैं, "99 प्रतिशत लोग आचरण के साथ-साथ विचार करने में भी परंपरा से चली आ रही परिपाटी स्वीकृत करते हैं। ऐसे लोगों को शारीरिक श्रम से ज्यादा मानसिक श्रम का आलस्य होता है। शरीर की तरह उनका ग्रस्त मन भी प्राचीन परिपाटी की राह पर चल पड़ता है। अधिकांश लोग स्वतंत्र विचारों के धनी नहीं होते, इसीलिए भूत-पिशाच ये कल्पनाएँ आज भी हमारे दिलो-दिमाग पर अधिकार जमाये बैठी हैं, जिसका निवारण आवश्यक है।"

मनुष्य के शरीर में हुआ देवी का संचार तथा मनुष्य को हुई भूत-बाधा ये दोनों बातें समान हैं?

शरीर में कोई अदृश्य शक्ति संचरण करती है, जिससे वह व्यक्ति अभुआता रहता है, ऐसा प्रसंग समाज में कई जगह देखने को मिलता है। मंगल या शुक्रवार के दिन किसी स्त्री के शरीर में अम्बामाता का संचरण होता है, पूनम-अमावस के दिन शरीर में देवी का संचार होने से महिलाएँ अभुआने लगती हैं। नवरात्रि के त्योहार में दुर्गाष्टमी के दिन गागर फूँकी जाती है, घूमनेवाली महिलाएँ बेकाबू होकर घूमने लगती हैं। इन मेलों में डफली-नगाड़ों के जोर-शोर में जब आराध्य ईश्वर की सवारी निकलती है तो कइयों के शरीर में देवी का संचरण होने लगता है। दत्त जयंती के दिन किसी नियत स्थान विशेष पर या फिर गाणगापुर जैसे तीर्थक्षेत्र में भूत-बाधा से पीड़ित लोग अपने देवी संचार का प्रदर्शन विभिन्न प्रकार से दर्शाते हैं।

सैलानी बाबा की दरगाह या विभिन्न पीर बाबाओं की दरगाह में भूतों का खेल आए दिन चलता रहता है। ऐसे स्थानों पर जो दिखाई देता है वह बहुत ही रहस्यमय होता है। बहुत बार यह डरावना भी होता है। अभुआने वाला व्यक्ति पीड़ित है या किसी भूत-बाधा की वजह से वह अभुआ रहा है, ये दोनों प्रश्न बिलकुल निरर्थक हैं। यहाँ होता यह है कि उस व्यक्ति को कोई होश नहीं होता, उतने समय के लिए वह बेहोश होता है। मैं क्या कर रहा हूँ, क्या बोल रहा हूँ, मेरा बर्ताव किस प्रकार का है इस बात का उसे जरा भी एहसास नहीं होता है। ऐसे समय शरीर में जिस मृतात्मा या देवी ने प्रवेश किया है उसके अनुरूप ही उसका व्यवहार होता है, यह पीड़ित व्यक्ति की धारणा होती है। मानो इस व्यक्ति पर किसी ईश्वरीय शक्ति या भूत-प्रेतों ने अपना अधिकार जमा लिया हो और उस व्यक्ति का सारा नियंत्रण इन अदृश्य शक्तियों के हाथ में चला गया हो।

ऐसी स्थिति में घटित घटनाओं का उसे कोई खयाल भी नहीं होता है। ऐसी घटनाएँ हमारे समाज में ज्यादातर स्त्रियों के साथ होती हैं। कुछ समय के लिए इस तरह से अपने-आप को भूल जाना, इसे मनोवैज्ञानिक भाषा में 'हिस्टेरिकल डिसोसिएशन' कहा जाता है। इस तरह के शरीर विक्षेप अचेतन मन में स्थित विचारों, भावनाओं, परस्पर मतभिन्नताओं तथा जड़ जमाये बैठे तनावों की वजह से विकृत रूप धारण करते हैं। इसकी भनक अन्य व्यक्तियों को तो क्या खुद उस व्यक्ति को भी नहीं होती है। कई बार कुंठित भावनाओं के विरेचन के लिए की गई यह कृति जानबूझकर नहीं की जाती बल्कि अपने-आप होती है। यह सौम्य प्रकार का मनोविकार है। कभी-कभी उदासीनता की स्थिति में या फिर सिजोफ्रेनिया जैसे गंभीर मनोविकारों में ये लक्षण देखने को मिलते हैं।

हमारे समाज में ईश्वर के नाम पर व्यवसाय करनेवाले बाबा-भगत, ओझा-मांत्रिक, ऋषि जैसे स्त्री-पुरुष इस स्थिति का लाभ उठाकर देवी का संचार उनके शरीर में हुआ है ऐसा दर्शाते हैं। जो लोग मनोविकार से पीड़ित होते हैं उन्हें भी यहाँ भूतबाधा का शिकार बताया जाता है। इन दोनों प्रकार से व्यक्तियों को फँसाया जाता है और उनका शोषण भी किया जाता है। जिस स्थान पर ऐसी स्थितियाँ घटित होती हैं वहाँ लोगों को फँसाने का व्यवसाय किया जाता है। ऐसी जगह पर लोगों को जाग्रत करना चाहिए और इसके खिलाफ संघर्ष करके ऐसे ढोंगियों का व्यवसाय बंद करना चाहिए। वैसे आजकल ऐसी घटनाएँ दिन-ब-दिन कम हो रही हैं।

मनुष्य के अभुआने की वजह क्या हो सकती है? किसी व्यक्ति के मन में लंबी अवधि से तनाव होता है जो उस व्यक्ति को अस्थिर और अस्वस्थ कर देता है। या फिर कभी किसी विशेष प्रसंग में वह व्यक्ति अधिक तनावग्रस्त बन जाता है। तब कुछ समय के लिए मन का विघटन होता है। ऐसा क्यों होता है? इसे आसानी से समझने के लिए लबालब भरे किसी बाँध का उदाहरण दिया जा सकता है। अधिक वर्षा के कारण बाँध पूरी तरह से भर जाता है और अधिक पानी जमा करने की उसकी क्षमता खत्म होती है। ऐसी गंभीर स्थिति में बाँध के दरवाजों को खोलकर पानी को बाहर छोड़ना पड़ता है। नहीं तो पानी के अत्यधिक दबाव से बाँध टूटने का डर होता है।

इसी तरह मनुष्य के मन के भीतर के दुखों का बाँध पूरी तरह भरता है। सामान्यत: हमारे देश में इस प्रक्रिया की शिकार महिलाएँ होती हैं। कई प्रकार की दोयमता, असुरक्षितता की वजह से उसे दुख के कई घूँट पीने पड़ते हैं। इन दुखों का हल ढूँढ़कर उस तरह आचरण करना संभवत: उसके लिए बड़ा मुश्किल होता है। परिणामस्वरूप दुख भरे मन के इस बाँध को खोलने का गंभीर प्रश्न उसके सामने खड़ा हो जाता है। जिस समय शरीर में कोई देवी संचरण करती है, उस समय वह मन में जड़ जमाए तनाव, क्रोध, संताप बाहर निकालती है। यह दैवी प्रकोप से होता है या फिर किसी भूत-बाधा से होता है इससे कोई फर्क नहीं पड़ता है। लेकिन यही बात व्यक्ति जब सामान्य स्थिति में होता है तब नहीं होती। ऐसी घृणा पति या सास के बारे में केवल देवी के संचरण से ही हो सकती है। अनजाने में ही मन के अचेतन स्तर पर ही ऐसा हो सकता है। दुखों से भरे मन के इस बांध को शरीर में संचरण करनेवाली कोई शक्ति ही कुछ हद तक कम कर सकती है। इस दबाव के नीचे आकर टूटने वाला व्यक्तित्व देवी संचार, अभुआना या फिर बेवजह की बातचीत इन क्रियाओं से अपने आपको सँवारता है।

संत, महापुरुषों को ईश्वर के दर्शन होते हैं। इस पर कई लोगों ने लिखा भी है। ऐसे महान व्यक्ति झूठ नहीं बोल सकते। इसके विपरीत मामूली बुआ-बाबा भी मुझसे ईश्वर ने बात की, मुझे ईश्वर दिखाई दिए ऐसा झूठा दावा करते हैं। ये सारा ढोंग उन मामूली साधुओं की नौटंकी का होता है, किंतु इसे कैसे पहचाना जाए?

महापुरुष तथा संत उच्च कोटि के व्यक्तित्व होते हैं। मानव समुदाय के हित की चिंता उन्हें होती है और इस हित के लिए आवश्यक शक्ति ईश्वर की कृपा से उन्हें प्राप्त होगी ऐसी उनकी दृढ़ आस्था होती है। ईश्वर की कृपा बनी रहे, उसके दर्शन हों, उसकी मधुर वाणी भी सुनाई दे, उससे प्रत्यक्ष मुलाकात हो और अपने समग्र जीवन का उद्धार हो ऐसी तीव्र इच्छा इन लोगों की होती है। जिस समय कोई ऐसी उत्कट भावना मन पर पूरी तरह कब्जा करती है, ऐसे समय एक स्वसम्मोहन एवं दिवास्वप्न के समान स्थिति निर्मित होती है और ईश्वर ने मुझे साक्षात दर्शन दिये ऐसा उन्हें लग सकता है। अत: ईश्वर प्राप्ति की उत्कट भावना और लोकमंगल की तीव्र संवेदना जिसमें होती है ऐसे सत्पुरुष समाज में बहुत कम होते हैं। बाकी जो लोग ऐसा दावा करते हैं कि उन्हें भी ऐसा अनुभव हुआ है उस समय निम्न प्रकार की स्थिति हो सकती है :

- बड़ी सफाई से 'मुझे भगवान दिखाई देते हैं, मेरी उनसे मुलाकात होती है, वे मुझसे बात करते हैं' ऐसा कहना इन ढोंगियों के लिए बड़ा फायदेमंद होता है। इसकी कुछ भी जाँच-परख न करते हुए इन ढोंगियों पर विश्वास कर, इनके चक्कर काटने वाले भक्तों की संख्या इस देश में कम नहीं है। इसलिए ऐसा दावा कर अपना झूठा व्यवसाय करनेवालों का बोलबाला हो जाता है।
- किसी व्यक्ति को सूचना देकर उसे सम्मोहन की प्रगाढ़ अवस्था में ले जाया जा सकता है। अगर उस व्यक्ति ने पूरी शक्ति और एकाग्रता से सूचना स्वीकृत की तो वह अगाध सम्मोहन की स्थिति में चला जाता है और उसने साक्षात अपने कुलदेवता के दर्शन पाए हैं ऐसा उसे लगने लगता है। ऐसे समय भगवान को साक्षात दंडवत कर सम्मोहनग्रस्त व्यक्ति अपनी चरमसीमा की भक्ति उसी अवस्था में प्रकट करता है। इन सब बातों का फिल्मांकन करके, चित्रण करके सबूत के तौर पर उसे अन्य लोगों को दिखाया जाता है।
- नशीली चीजों का सेवन भी कभी-कभी धार्मिक रूढ़ि का हिस्सा मानकर स्वीकृत किया जाता है। जैसे, भांग का प्राशन। कई बार इन नशीले पदार्थों का सेवन बुरी आदतों का भी एक हिस्सा होता है। इन पदार्थों में

स्थित विभिन्न रसायनों का विपरीत परिणाम हमारे मस्तिष्क पर होता है। परिणामस्वरूप कई प्रकार के भ्रम तैयार होते हैं, जिसमें 'ईश्वर के दर्शन हुए', 'ईश्वर से बातचीत हुई' इस प्रकार के भ्रम होते हैं।

- किसी व्यक्ति का मन विकारग्रस्त होता है। मस्तिष्क में स्थित विभिन्न रसायनों की कम-अधिक मात्रा से भी ऐसा हो सकता है। इसे 'मन का वहम' (हैल्युसिनेशन) कहते हैं। इसमें ईश्वर का और किसी पिशाच का भी दर्शन हो सकता है। कानों में ईश्वर के मधुर स्वर की धुन भी सुनाई पड़ सकती है या फिर कोई आदेश। कभी चंदन के सुगंध की खुशबू महकती है तो कभी सिर के ऊपर फेरा हुआ ईश्वर का हाथ महसूस होता है। इस तरह के वहम से गुजरने वाला व्यक्ति झूठ नहीं बोलता। उसकी दृष्टि से वह सत्य ही होता है लेकिन वास्तविकता में वह मन के विकारों का लक्षण होता है।

उपरोक्त बातों को समझ लेने के बाद एक बात स्पष्ट होती है कि ईश्वर का दर्शन हुआ और मेरी उनसे बात हुई ऐसा झूठा दावा कौन और क्यों कर रहा है और इन बातों से क्या बोध लेना चाहिए। साधु-संतों को होनेवाला ईश्वर का दर्शन यह ईश्वर की कृपा से जुड़ी उनकी मानसिकता का लक्षण माना जाएगा। लेकिन किसी दूसरे व्यक्ति के सम्मोहन द्वारा व्यक्ति को दिखाई दिया ईश्वर एक कृत्रिम अवस्था का आविष्कार माना जा सकता है। मनोविकार से ग्रस्त व्यक्ति मुझे ईश्वर दिखाई दिया ऐसा दावा क्यों करता है, यह उस व्यक्ति के व्यवहार और आचरण से स्पष्ट हो जाता है। किसी व्यक्ति को नशीले पदार्थों के नशे में यदि ऐसा वहम होता होगा तो उसका ठोस सबूत मिल सकता है। इन सबसे परे ईश्वर के दर्शन हुए और ईश्वर ने मुझसे बातचीत की, ऐसा ढिंढोरा पीटने वाले कथित ढोंगी साधुओं के समग्र चरित्र की जाँच-परख करने से सचाई हमारे सामने आ सकती है।

कभी-कभी कुछ व्यक्ति अकस्मात अंधे होते हैं और कोई गूंगा तो कोई पंगु होता है। कभी-कभी तो किसी को पैरालिसिस जैसा विकार जड़ता है। डाक्टरों की जाँच-पड़ताल में अगर कोई शारीरिक दोष ढूँढ़ने से भी नहीं मिलता तो वह ऐसे कई लोगों को ढोंगी बाबाओं से इलाज मिलता है। बगैर बाहरी-बाधा के और बुवा-बाबा के किए इलाज के सिवाय ऐसा चमत्कार कैसे संभव है?

अचानक अंधे, गूँगे और पंगु बने व्यक्ति अपने घरवालों के लिए सिरदर्द बनकर उनकी चिंता बढ़ाते हैं। साथ ही अपने इर्द-गिर्द के लोगों की भी इन बातों को लेकर रहस्यमयता बढ़ा देते हैं। वास्तविकत: गूँगे व्यक्ति के स्वरयंत्र बिलकुल अच्छे होते

हैं, तो अंधे व्यक्ति का नेत्रपटल भी किसी दिखाई देनेवाले व्यक्ति के समान ठीक-ठाक रहता है। इसलिए इन परिस्थितियों में कोई बाहरी-बाधा काम कर गई ऐसा लगना स्वाभाविक बात है। ऐसे मरीजों को आस-पास के ढोंगी बाबाओं के पास ले जाने पर यदि उनके इलाज से मरीज ठीक हो तो उसकी रहस्यमयता और भी बढ़ जाती है। लेकिन वास्तव में क्या होता है इसे देखते हैं :

ऐसे विकारग्रस्त मरीज 'हिस्टेरिकल व्यक्तित्व' के होते हैं। उनके भाव-भावनाओं के प्रकटीकरण में किसी किस्म की प्रगल्भता नहीं होती है। उनका व्यवहार बिलकुल ही नाटकीय होता है। उनमें थोड़ी जिद भी शामिल होती है। इन व्यक्तियों का मानसिक संघर्ष शारीरिक लक्षणों में परिवर्तित हो जाता है। ऐसे लोग अप्रिय तथा असह्य भावनाओं को मन में दबाकर रखते हैं। मरीज जब तक इन बातों से अनजान रहता है तब तक तो इनका प्रवर्तन शारीरिक लक्षणों में होता है। मनोविकारग्रस्त व्यक्ति के अंतर्मन में स्थित उसकी सहनशीलता से अधिक चिंता को अभिव्यक्त करने के लिए कोई राह चाहिए होती है। फिर यह चिंता केंद्रीय मज्जापेशियों के विकारों के विभिन्न लक्षणों के रूप में बाहर निकलती है। प्रत्यक्ष रूप से कोई शारीरिक व्याघात या तकलीफ नहीं होती है, लेकिन ये सभी लक्षण केंद्रीय मज्जापेशियों के शारीरिक विकारों के ही होते हैं। ऐसे व्यक्ति गूँगे हो जाते हैं, उन्हें पैरालिसिस जैसा विकार जड़ लेता है, तो कभी-कभी मिरगी के दौरे भी आते हैं। कभी-कभी वे मूर्छित भी हो जाते हैं।

ये सभी लक्षण गंभीर व्याधियों के समान होने के कारण सभी घबरा जाते हैं। विकार की आकस्मिकता, उसकी गंभीरता एवं शारीरिक दोषों के अभावों में यह बाधा कोई बाहरी है ऐसी मान्यता बढ़ती है। फिर उसे मांत्रिक बाबा के पास भेजा जाता है। मरीज का दुरुस्त होना उसके मन द्वारा स्वयं को दी गई सूचनाओं को प्रभावी रूप से स्वीकृत करना होता है। यदि वह ढोंगी ओझा-मांत्रिक होशियार है, उसे उस पीड़ित व्यक्ति के परिवार की पूरी जानकारी है, उसके तथाकथित दैवी सामर्थ्य का बोलबाला है तो उसके द्वारा सूचनाओं के स्वीकारने पर पीड़ित का मन स्वस्थ हो सकता है। विकार धीरे-धीरे या शीघ्र गति से पूरी तरह ठीक होता है।

इस सफलता के कारण बुवा-बाबाओं की चर्चा होने लगती है। जो विकार डॉक्टर की समझ के बाहर थे वे विकार बुवा-बाबाओं के उपायों से ठीक हुए यह जानकर लोगों का मन उल्लसित हो उठता है। लेकिन इसके पीछे का कार्यकारण भाव भला किसे दिखाई देता है और न ही कोई इसकी छानबीन करता है। किंतु चिकित्साशास्त्र से भी परे कोई शक्ति काम करती है इस तरह की सोच इन उपायों द्वारा निर्मित होती है। लेकिन वास्तविकता इससे भिन्न होती है।

लोग मांत्रिकों के पास क्यों जाते हैं?

'मन के विकार' इस अवधारणा से आज भी कई लोग अनभिज्ञ हैं। और यदि इसका ज्ञान हो तो भी उसे अप्रतिष्ठा का विकार माना जाता है। 'मन के विकार' की ओर अधिकतर लोग घृणा से ही देखते हैं। कल-परसों तक ठीक-ठाक दिखने वाला व्यक्ति इस तरह से अचानक विचित्र बर्ताव करने लगे तो उसके प्रति होनेवाली भावना भयभीत कर देती है। ऐसा क्या हुआ? कैसे हुआ? किसने किया? इन बातों का कोई अर्थबोध नहीं होता है। कई बार तो अपने सगे-संबंधियों एवं आस-पड़ोस के लोगों को भी मन के विकारों, उपायों की जानकारी या तो अधूरी या गलत होती है, इसलिए पीड़ित व्यक्ति का बदला हुआ व्यवहार देखकर किसी गूढ़ शक्ति ने मानो उसे झपट लिया है ऐसी उनकी धारणा बन जाती है। मनोरोगी कई बार मन-ही-मन बुदबुदाता है, वास्तविकत: उसका वह बखान निराधार, तथ्यहीन एवं निरर्थक होता है। उसे किसी ने झपट लिया है ऐसा मानकर चले तो सुनने वाले भी अपनी कल्पनाओं के अनुकूल अर्थ निकालकर 'बाहरी-बाधा' का ठप्पा लगाकर ही दम लेते हैं।

आज की तारीख में भी समूचे भारत में 115 करोड़ लोगों के लिए केवल 3,000 ही मनोविद उपलब्ध हैं। उसमें भी अधिकांश विशेषज्ञ शहर में रहते हैं। बाधा से पीड़ित व्यक्ति को किसी सार्वजनिक वाहन से किसी मनोविद के पास ले जाते समय यह कार्य बड़ा पीड़ादायक और परेशान करनेवाला होता है। भगीरथ प्रयत्नों से यदि उसे वहाँ पहुँचा दिया तो वहाँ के इलाज का खर्च अपने बस की बात नहीं होती है। इसके अतिरिक्त इन विकारग्रस्त मरीजों को लंबी अवधि का इलाज लेने की सलाह दी जाती है। यह विकारग्रस्त व्यक्ति एवं उनके रिश्तेदारों की क्षमता से परे होता है। समय, श्रम और अर्थ की दृष्टि से यह कार्य बड़ा असहनीय होता है।

इतना होने के बावजूद खर्चा किया, समय दिया, वेदना भी सही लेकिन बीमार व्यक्ति फिर से बीमार नहीं होगा इसकी गारंटी कोई भी डॉक्टर नहीं देता है और न ही कोई अश्वासन देता है। इसके अतिरिक्त एक और गंभीर सचाई पर गौर करना होगा कि मनोविकार विशेषज्ञ से इलाज करवाना यानी 'मरीज पागल हुआ है' यह मान्यता समाज में आज भी दिखाई देती है। ऐसी स्थिति में स्वयं मैं या मेरे परिवार का कोई सदस्य पागल हुआ है यह बात उजागर होना भी हमारी न्यूनता को दर्शाता है।

वास्तविकता में पागल होने के लिए वह व्यक्ति स्वयं जिम्मेदार होता है। किंतु इस बीमारी को बाहरी-बाधा समझ लिया गया तो फिर बीमार व्यक्ति निर्दोष माना जाता है और यह बात उसके सभी सगे-संबंधियों को भी हजम होती है। और इस

तरह की बाधाओं पर उपाय हेतु कमोबेश रूप से प्रमाणित व्यक्ति, पद्धति या स्थान भी समाज में उपलब्ध होते हैं। सभी प्रकार की मुसीबतों से मुक्ति दिलाने वाले तारणहार और जगत के कल्याण का बीड़ा उठाने वाले पालनहार गुरु यह मान्यता हमारे जीवन में सदियों से दृढ़ बनी हुई है। इन मानसिक विकारों, व्याघातों का इलाज करनेवाले ऐसे ढोंगी बाबाओं को हमारे अज्ञानी लोगों ने 'गुरु' की पंक्ति में बिठा दिया है। ऐसे तथाकथित बाबाओं की कथाएँ गाँव-गाँव में प्रसारित होती हैं, पूरे दृढ़ विश्वास के साथ। साथ ही उनके पास जाने के लिए कोई समय-सीमा नहीं होती। और फीस इतनी ही लेंगे ऐसा उनका दावा नहीं होता है और न ही आग्रह। ऐसे भिन्न-भिन्न कारणों से मनोरोगी व्यक्ति के कदम भी ओझा-मांत्रिक की ओर बढ़ने लगते हैं।

ओझा-मांत्रिकों द्वारा इलाज लेने के कारण कुछ लोगों को क्यों राहत मिलती है?

मानसिक रूप से बीमार व्यक्ति का इलाज केवल उस विषय के विशेषज्ञ डॉक्टर को ही करना चाहिए। फिर भी ऐसे कई मरीजों को लोग जबरन ओझा-भगत और मांत्रिकों की ओर ले जाते हैं और कई बार उनके द्वारा किए गए इलाज का असर भी दिखाई देता है। लेकिन स्वाभाविक रूप से लोगों के मन में यह सोचना भी उपस्थित हो सकता है कि 'काश इस मरीज को हम विशेषज्ञ डॉक्टर के पास ले जाते तो वही ठीक होता।' लेकिन जिन भगतों एवं मांत्रिकों को चिकित्सा की कोई भी जानकारी नहीं होती ऐसे लोगों के इलाज से भी बहुत बार कई लोगों को राहत मिलती है। इसका मतलब यह कोई अजब किस्म की बीमारी होगी ऐसी गलतफहमियों के कारणों को समझने के लिए उसके पीछे की सचाई को जानना आवश्यक होता है।

- अधिकांश सौम्य मनोविकारों में मरीज का मन कुछ अंतराल के बाद स्वयं ही ठीक हो जाता है और वह खुद को स्वस्थ्य महसूस करता है। कई गंभीर मनोविकार भी कुछ अवधि के बाद ठीक हो जाते हैं। शरीर और मन की संरक्षण प्रणाली कार्यान्वित होने से ठोस इलाज के बगैर भी कुछ समय के लिए वह अपने-आपको ठीक और संतुलित पाता है। कई मरीजों में गंभीर मानसिक विकार भी समंदर के ज्वार-भाटे की तरह उफान और शमन की कगार पर होते हैं। बीमारी के शमन काल में यदि इलाज होता है तो उसका सारा श्रेय उन ढोंगियों को जाता है। जबकि वास्तविक रूप से भगत और डॉक्टर दोनों का भी इलाज नहीं लिया तो भी इन मरीजों को ऐसे समय कुछ अवधि के लिए आराम मिल सकता है।

- कभी-कभी विकारों का कारण पूर्वजन्म एवं जन्मपत्रिकाओं के दोषों से जोड़कर देखा जाता है। विकार अटल होते हैं, इसमें उस पीड़ित व्यक्ति का कोई कुसूर नहीं ऐसा उसके मन-मस्तिष्क पर बिंबित किया जाता है। इसलिए 'मन विकारग्रस्त हो गया है' यह न्यूनता की भावना कम होती है। रिश्तेदारों की अपराधबोध की भावना भी इस स्थिति में कम होती है।
- मनोविदों की ओर से किए गए इलाजों में व्यावहारिक रूखापन होता है। जबकि मांत्रिक से लिए इलाज की स्थिति अलग किस्म की होती है। उसके पास बातचीत के लिए समय ही समय होता है। इतना ही नहीं, इस बातचीत में वह मरीजों के रिश्तेदारों को भी शामिल करता है। यह सारी बातचीत, व्यक्ति के बीमारी के कारणों पर हुई चर्चा, मरीज एवं उसके रिश्तेदारों के विचार, उनकी विरासत और अंधविश्वासों से बिलकुल सुसंगत होती है। इलाज हेतु सकारात्मक सूचनाओं के ग्रहण के लिए इसका उपयोग होता है।
- किसी दैवी शक्ति ने मेरे विचारों को सुना, उपाय भी बताए, उस पर इलाज भी किए इस अनुभव से मरीज का आत्मविश्वास बढ़ जाता है।
- इस इलाज पद्धति में कुछ कर्मकांडों, तावीज, टोटकों, दृष्टांतों का उपयोग किया जाता है। ये सभी चीजें सूचनाओं के तौर पर उपयोगी सिद्ध होती हैं। 'हमारे भाग्य में जो था उस पर इन कर्मकांडों के कारण इलाज हुआ। अब सब कुछ ठीक होगा ऐसा माना जाता है। मेरे हाथों से जाने-अनजाने में जो गलतियाँ हुई हैं, उन गलतियों का प्रायश्चित्त इन कर्मकांड द्वारा किया गया है, अब अपराधबोध की कोई जरूरत नहीं' ऐसी सूचना हमारे अचेतन मन को मिलती है और कुछ हद तक इन लक्षणों को दूर करने में व्यक्ति सफल भी हो जाता है।
- ऐसे इलाज करने के स्थान पर कुछ विशेष माहौल की जानबूझकर निर्मिति की जाती है। वहाँ रामरक्षा, गुरुचरित्र, दासबोध जैसे धार्मिक ग्रंथों का पठन किया जाता है। आनेवाले सभी लोग उस स्थान को लेकर, उस ओझा-मांत्रिक को लेकर भक्तिभाव से बातें करने लगते हैं। खुद को हुए तथा अन्य लोगों को हुए आशादायक अनुभवों का वहाँ बखान होता है। वहाँ एक कुंड में रखी राख को भस्म समझकर लोग माथे पर लगाते हैं। इस प्रकार की वातावरण निर्मिति के द्वारा पारंपरिक विचारों के कायल उस पीड़ित व्यक्ति तक अनुकूल संदेश पहुँचाया जाता है। इससे मरीज को राहत मिलने की संभावना बढ़ जाती है।

- इस इलाज पद्धति में बाबा-भगतों के शरीर में देवी का संचार हुआ है ऐसा दर्शाया जाता है। उनके मुख से ही दैवी शक्ति द्वारा बीमारी का स्वरूप और इलाज समझ में आया है, ऐसा कहा जाता है। कई बार इलाज हेतु लाए गए व्यक्ति के शरीर में देवी का संचार होता है। देर तक अभुआने से दमित भावनाओं का प्रस्फुटन हो जाता है, जिसे अंग्रेजी में 'कैथार्सिस' या 'भावनाओं का विरेचन' कहा जाता है। इस कारण भी मरीज को राहत मिलने में मदद होती है।
- कई स्थानों पर भूत से पीड़ित व्यक्ति को भूत उतारने के बहाने पीटा भी जाता है। और यह मार उस पीड़ित व्यक्ति को नहीं, बल्कि उसके शरीर में संचरण कर रहे भूत के लिए है ऐसा इस बात का समर्थन भी किया जाता है। मार के दर्द से असहाय व्यक्ति आखिरकार खुद को सँवारकर मैंने पीड़ित को छोड़ दिया इस बात को कबूल करता है। (मगर गंभीर मनोविकार से पीड़ित व्यक्ति के लिए यह स्थिति और भी खतरनाक होने की सँभावना बढ़ती है।)

आमतौर पर महिलाओं के शरीर में ही देवी का संचार क्यों होता है?

हमारे समाज में अधिकांशत: देवी का संचार स्त्रियों के शरीर में ही होता है, यह सच है और शरीर में किसी अज्ञात शक्ति का संचार होने से कुंठित व्यक्ति के अंतर्मन में संचित तनावों का प्रकटीकरण होता है, यह भी सच है। कई बार पुरुषों के पास विफलता से उबरने के उपाय होते हैं, लेकिन परंपरा की जंजीर में जकड़ी स्त्री के पास ऐसी कोई राह नहीं होती है। इसके अतिरिक्त हमारे समाज में पुरुष प्रधान संस्कृति का बोलबाला है, इसलिए अधिकतर तनाव स्त्री के हिस्से आते हैं। साथ ही सारे तनावों का बोझ सहना उसका दायित्व है ऐसा माना जाता है। इन सब बातों की वजह से उसके मन में तनाव बढ़ता है और फिर शरीर में विचरण करनेवाली शक्तियों के द्वारा उसके तनावों को कम करना उसके लिए जरूरी बनता है। कई बार इस दैवी शक्ति के संचरण से घर में और समाज में उस स्त्री का सम्मान बढ़ने लगता है। यानी उसकी प्रतिष्ठा बढ़ जाती है। कभी-कभी कमोबेश कमाई भी हाथ लगती है। परिणामस्वरूप उसे भी लगता है कि दैवी शक्ति के संचरण की प्रथा बंद नहीं होनी चाहिए। किसी दैवी शक्ति का शरीर में संचरण होना स्वस्थ मानसिकता का लक्षण नहीं हो सकता है।

दो सौ साल पूर्व इस तरह की प्रथा पाश्चात्य देशों में भी पाई जाती थी। लेकिन वहाँ की स्त्रियों की शिक्षा में सुधार हुआ, उनको समाज में ऊँचा स्थान मिलने लगा, आर्थिक सुरक्षा मिल गई और सामाजिक प्रतिष्ठा भी। इन बातों की वजह

से उन्होंने अपने नैराश्य पर विजय पाई। इस कारण शरीर में किसी अज्ञात शक्ति के संचरण द्वारा खुद को अभिव्यक्त करने के इस गलत तरीके की उन्हें जरूरत नहीं रही। दूसरी ओर शरीर में किसी शक्ति का संचरण जैसी सामाजिक मान्यता सार्वजनिक स्वास्थ्य शिक्षा की वजह से पूरी तरह छूट गई। इसलिए शरीर में किसी शक्ति का संचरण-विचरण उत्सुकता का विषय न होकर मजाक का विषय बनकर रह गया। भारत में भी महानगरों की शिक्षित, अर्थोपार्जन करनेवाली स्त्री इस प्रकार से अपने-आपको अभिव्यक्त नहीं करती है, क्योंकि अब उसे इसकी कोई जरूरत महसूस नहीं होती है। हमारे देश में स्त्रियों के शरीर में शक्ति का संचरण होता है, इस बात को एक लांछन मानकर उसे दूर करने के लिए सामाजिक प्रयास की आज भी आवश्यकता है, पर दुर्भाग्यवश ऐसा होता नहीं।

भूत के अस्तित्व के कई सबूत दृक-श्राव्य माध्यमों के द्वारा हमें निरंतर दिखाए जाते हैं। दैवी संचार से ग्रस्त महिलाएँ आज भी हर जगह दिखाई देती हैं। उन्हें 'अंधविश्वास निर्मूलन समिति' क्यों चुनौती देती है और यह किस प्रकार की है?

भूत-पिशाच वाकई सच हैं, इस तरह के गलत प्रचार-प्रसार के कुकर्म के लिए मीडिया जिम्मेदार है। लोग केवल अपना चैनल देखें इस व्यावसायिक दृष्टिकोण को सामने रखकर 'भूतों के अस्तित्व के सही सबूत' कहकर सामान्य भोली-भाली जनता को कुछ भी दिखाया जाता है। इसकी तुलना में मुद्रित जनसंचार माध्यम ऐसा अंधविश्वास नहीं फैलाते हैं। देवी का संचार हुई स्त्रियों के बारे में भी कई बार इस तरह के खोखले दावे किए जाते हैं। अंधविश्वास उन्मूलन का कार्य करनेवाले कार्यकर्ताओं का ईश्वर पर विश्वास नहीं होता है, इसलिए देवी-देवताओं का शरीर में संचरण जैसी बात उन्हें ढकोसलों-सी लगती है, ऐसा उनका आरोप होता है। इस तरह का ढोंग रचने वाले कई बुवा-बाबा हो सकते हैं, पर क्या उँगलियों पर गिन सकें इतने भी लोग सही नहीं है? ऐसा उनका सवाल होता है। गाँव के यात्रा मेलों में भगतों का जलते हुए अंगारों पर चलना सबूत के तौर पर पेश किया जाता है। शक्ति का संचरण हुई स्त्री जलता हुआ कपूर हाथों पर लेकर खेलती है, साथ ही स्वाभाविक रूप से अपने मुँह में डालती है फिर भी उसे कुछ नहीं होता। यह भी दैवी शक्ति के अस्तित्व का सबूत माना जाता है। 'अंधविश्वास निर्मूलन समिति' की यह ठोस भूमिका होती है कि इस विश्व में कोई भूत-पिशाच नहीं होता है। देवी-देवताओं के होने या न होने पर भी हर व्यक्ति को अपने मतानुसार निर्णय लेना चाहिए। किंतु देवी-देवता शरीर में संचरण नहीं करते यह वैश्विक सत्य है। इसे अपने आंदोलन का हिस्सा मानकर 'अंधविश्वास निर्मूलन समिति' (अंनिस)

इसको लेकर चुनौती के रूप में खड़ी है। इस चुनौती का स्वरूप साधारणत: निम्न प्रकार का है—

- अंनिस के कार्यकर्ता जलते हुए अंगारों पर चलना और जलता कपूर हाथ में रख कर उसे मुँह में रखना, इस प्रकार के प्रयोग खुलेआम करके दिखाते हैं और दूसरों को भी सिखाते हैं।
- किसी भी मांत्रिक के द्वारा जिसका फोटो खिंच सके ऐसा भूत दिखाने पर या फिर अंधविश्वास उन्मूलन का कार्य करनेवाले किसी भी कार्यकर्ता को भूतबाधा करके दिखाने पर यह समिति उन लोगों को 21 लाख का इनाम देगी। यह राशि बचत निवेश के तौर पर समिति के पास सुरक्षित है।
- भूत-पिशाच या तत्सम अमानवी शक्ति की चर्चा जहाँ कहीं हो रही हो ऐसे किसी भी स्थान पर समिति के कार्यकर्ता वहाँ चुनौतीपूर्वक बसेरा करेंगे। साथ ही वहाँ भूतों का आभास क्यों होता है, इसके पीछे की सचाई ढूँढ़कर लोगों के सामने रखेंगे। उपरोक्त खुली चुनौतियों को किसी ने आज तक स्वीकारा नहीं है, लेकिन जिसने भी इस चुनौतियों को स्वीकारा है उसे हर तरह से पराजित होना पड़ा है।

भानमती यानी क्या और वह कैसी होती है?

भानमती दो प्रकार की होती है। उसमें पहले प्रकार में घर की वस्तुएँ अपने-आप हिलने लगती हैं, अपने आप घर के कपड़े फटते हैं तो कभी जलते हैं, घर पर पत्थरों की बौछार होती है। कई बार घर का भोजन कड़वा लगता है तो कई बार उसमें विष्ठा पाई जाती है। कभी-कभी किसी व्यक्ति के शरीर पर भिलावे के निशान मिलते हैं। इस प्रकार के हादसे क्यों घटित होते हैं, कैसे होते हैं, ये कैसे रुकेंगे इसकी रहस्यमयता घर के व्यक्तियों को, सगे-संबंधियों को, पास-पड़ोस को लोगों को और कई बार पुलिस को भी हैरान कर देती है।

केवल मराठवाडा क्षेत्र में और विशेषकर लातूर, नांदेड, परभणी और हिंगोली इन जिलों में भानमती का सामूहिक शरीर संचार होने की घटनाएँ सामने आती हैं। गाँव की किसी स्त्री के शरीर में संचरण होता है तो वह अभुआने लगती है, कराहती है। कई बार उसका इस तरह से कराहना कुत्ते के भौंकने के समान होता है। इसलिए इसे 'भौंकने वाली भानमती' कहते हैं। चक्कर काटते समय वह धरती पर रेंगने लगती है। इसके लिए गाँव की कुछ महिलाओं का साथ भी उसे मिलता है और सामूहिक रूप में भानमती के संचरण से अभुआने का प्रकार शुरू होता है।

इसमें से पहला प्रकार विफलता और सौम्य प्रकार की मनोविकृति होने वाले लोग ही कर सकते हैं। ऐसे लोग व्यक्तिगत जीवन में बहुत प्रयास करने के बाद

भी असफल होते हैं, साथ ही इन लोगों ने कई बार लोगों की सहानुभूति भी खोई होती है। ऐसे समय खुद की भावनाओं की दर्दभरी अभिव्यक्ति के लिए इस गलत राह को चुना जाता है। इसलिए ऐसे व्यक्ति या वे परिवार सहानुभूति एवं रहस्य का विषय बन जाते हैं।

दूसरे प्रकार में अज्ञान और बहुत सारी मुश्किलों का हल निकालने के उद्देश्य से सामूहिक रूप से शरीर में संचरण होना, इस गलत मार्ग को चुना जाता है। ये केवल मराठवाड़ा में मिलनेवाला संस्कृतिबंधित (कल्चर बाउंड सिंड्रोम) मानसिक विकार है। पहले प्रकार की भानमती का भंडाफोड़ करने का तंत्र अब आंदोलन के अनुभव से विकसित हुआ है। विगत 20 वर्षों में महाराष्ट्र के विभिन्न भागों की 250 से अधिक घटनाओं का बहुत ही कुशलता से अंनिस ने निवारण किया है। भानमती के पीछे रहा मनुष्य का हाथ उन्होंने ढूँढ़कर निकाला पर उसको उन्होंने कभी सार्वजनिक नहीं किया क्योंकि ऐसा करने से उस व्यक्ति को लोगों के आक्रोश का सामना करना पड़ता है। लेकिन इसके बाद भानमती की घटनाएँ निश्चित और स्थायी रूप से रुकने के कारण भानमती जैसी कोई गूढ़ शक्ति अस्तित्व में नहीं यह बात लोगों के समझ में आने लगी है।

दूसरे प्रकार की भानमती में गाँव में किसी समारोह का आयोजन कर गाँववालों की मानसिकता से जुड़ गई भानमती की रूढ़ धारणा दूर की जाती है। तो दूसरी ओर तनावग्रस्त स्त्रियों का मन विभिन्न प्रकार की दवाइयों के प्रयोग से शांत किया जा सकता है। साथ ही उसके पीछे के पारिवारिक, सामाजिक कारणों का भी निवारण हो यह प्रयास किया जाता है और उसे सफलता भी मिलती है।

मृत व्यक्ति की इच्छाएँ यदि अतृप्त हों तो उसकी आत्मा भी दुखी होती है। और इसीलिए कौए द्वारा पिंड को न छूने का अनुभव बहुत से लोगों को आया है। यदि आत्मा का अस्तित्व है तो अतृप्त आत्मा को लेकर भटकने वाले भूत-पिशाच भी हो सकते हैं, ऐसा क्यों न सोचा जाए?

किसी भी व्यक्ति की मृत्यु के दसवें दिन श्मशान घाट पर पिंडदान के कार्यक्रम का आयोजन किया जाता है। इसके पीछे की धारणा यह रहती है कि, उस मृत व्यक्ति की आत्मा दसवें दिन श्मशान घाट पर आती है। वह सुखी है या दुखी इस बात की अनुभूति कौए को उसका चेहरा देखकर होती है। यदि आत्मा सुखी है तो कौआ उस पिंड को छूने में जरा भी विलंब नहीं करता है और यदि उस मृत की आत्मा दुखी है तो कौआ उस पिंड को स्पर्श नहीं करता है। यदि ऐसा हो तो श्मशान घाट पर मौजूद सगे-संबंधी अपना-अपना तर्क-वितर्क निकालकर उस

आत्मा के दुखों का कारण ढूँढ़ते हैं और उसके लिए उपायों का तरीका वे अपनी समझ एवं क्षमता के अनुसार जाहिर करते रहते हैं। यदि मृत आत्मा को वह उपाय जँचता है और उसके सगे-संबंधी उस उपाय को करने की क्षमता रखते हैं तो वह आत्मा अंततोगत्वा संतुष्ट होती है। उसके चेहरे से दुख दूर होता है, वहाँ सुख की रेखाएँ चमकती हैं। वह संतुष्ट चेहरा कौआ भाँप लेता है और वह झट से उस पिंड को छू लेता है।

समूचे देशभर में इस तरह की मृत व्यक्तियों के पिंडदान की विधि का नियोजन किया जाता है, यह बात भले ही सच हो लेकिन इसके द्वारा मृतात्मा या किसी भूत-पिशाच की अवधारणा दृढ़ होती है यह बात बेबुनियादी है। अगर यह सारा घटनाक्रम हम देखें तो इसका खोखलापन हमारे सामने आता है। आत्मा श्मशान घाट पर आती है इसका कोई सबूत नहीं होता है। जब मृत व्यक्ति के जीते जी हम उसका चेहरा देखकर इस बात का अंदेशा नहीं लगा सकते कि वह आदमी सुखी है या दुखी तो मृत्यु के बाद कौए के द्वारा आत्मा की शिनाख्त करना नामुमकिन है। इसके उपरांत उस मृत आत्मा के सगे-संबंधियों द्वारा उच्चारित मानवीय भाषा का आकलन आत्मा को कैसे हुआ? यह प्रश्न न पूछना ही बेहतर। प्रश्न का उत्तर सुनकर आत्मा का संतुष्ट होना और वह भी कौए को समझ में आना यह भी झूठी बात है। इन सारे घटनाक्रम के पीछे का कार्यकारण भाव यह दर्शाता है कि किसी पिंड को कौए द्वारा छूना ही आत्मा की तृप्ति का ठोस सबूत है, ऐसा कहना सरासर गलत है। और इससे भी गलत है ऐसा कहना कि किसी अतृप्त आत्मा के होने की संभावना मानकर पिशाच और भूतयोनि के अस्तित्व का सबूत मिलता है। एक साधारण कसौटी लेने पर पता चलेगा कि आजीवन शाकाहारी व्यक्ति का यदि हम मांसाहारी पिंड बनाएँ या किसी जिंदा व्यक्ति के नाम से मसालेदार सूखी मछलियों का पिंड रखा जाए, तो कौआ उस पर तुरंत झपट पड़ेगा। उसे किसी आत्मा के अस्तित्व की जरूरत होगी नहीं।

सम्मोहनावस्था और अंधविश्वास का पारस्परिक संबंध क्या है?

सम्मोहन यह मन की एक अवस्था है। जिस तरह से सोना, जागना, स्वप्न और बेहोशी ये मन की विविध दशाएँ हैं, ठीक उसी तरह सम्मोहन भी मन की एक दशा है। इस अवस्था में हमारे मन को कोई भी अद्‌भुत सामर्थ्य प्राप्त नहीं होता और न ही इस दशा में मन का कोई विशेष आविष्कार घटित होता है, जो सम्मोहन के सिवाय किसी भी अवस्था में नहीं हो सकता है। लेकिन सम्मोहन प्रक्रिया के बारे में हमारी परंपरा में प्रचलित कतई दूर न की गईं गलतफहमियाँ, अंधविश्वास हैं, इसलिए लोगों को दिशाहीनता और दगाबाजी से बचाने के लिए सम्मोहन की

अवस्था में जो घटित होता है, जिसका दावा किया जाता है, उसकी पूरी वास्तविकता की जानकारी होनी चाहिए।

सम्मोहन के इस प्रकार को कई लोगों ने आज भी 'वशीकरण विद्या' ही माना है। इसलिए सम्मोहन शक्ति के द्वारा उस व्यक्ति पर प्रभाव डालकर उसे वश में किया जाता है, ऐसी धारणा समाज में होती है। यह रत्तीभर भी सच नहीं लेकिन इसी धारणा को बढ़ावा देने वाली कुछ खबरें भी बीच-बीच में प्रकाशित होती रहती हैं। हम ऐसी भी कथाएँ सुनते आ रहे हैं कि घर के बाहर गए किसी व्यक्ति को कोई अनजान व्यक्ति मिल जाता है, जो उसकी आँखों में आँखें डालकर देखता है। ऐसे में जिसकी आँखों में देखा गया है उसको कोई सुध नहीं रहती, आगे क्या होता है उसे कुछ याद नहीं आता, लेकिन वह व्यक्ति जब होश में आता है तो अपने कीमती गहनों को नदारद पाता है। ऐसा व्यक्ति होश आने पर वह जिस स्थान पर है वहाँ कैसे आया, इस बात का उसे कुछ पता नहीं चलता। ऐसे प्रसंगों का वर्णन 'आँखों में देखकर किया सम्मोहन' ऐसे किया जाता है। ऐसी बातें बिलकुल झूठ होती हैं। उस व्यक्ति की इच्छा के बगैर कभी भी कोई भी व्यक्ति उसे सम्मोहित नहीं कर सकता। इस प्रकार की कथित घटनाएँ केवल ढकोसला होती हैं। लेकिन इनके द्वारा ही सम्मोहन की रहस्यमयता बढ़ने में मदद होती है।

अभुआने वाली व्यक्ति में देवी का संचरण हुआ या फिर भूत ने उसे झपट लिया ऐसा मान लिया जाता है। वास्तव में यह एक सम्मोहन के समान ही अवस्था होती है। मन में आया हुआ तनाव असह्य होने से उस व्यक्ति के मन का विघटन होकर सम्मोहन की अवस्था द्वारा उसका प्रकटीकरण देखने को मिलता है। शरीर में शक्ति का संचरण होता है इस परम्परागत धारणा के कारण ही सम्मोहन की स्थिति देवी के संचार की या भूत से बाधित होने की मानी जाती है। इसी क्रम से स्वसम्मोहन की क्रिया में खोये हुए व्यक्ति को ऐसा लग सकता है कि मुझे साक्षात ईश्वर के दर्शन हुए हैं। ईश्वर का प्रत्यक्ष दर्शन, ईश्वर से बात करना जैसे अंधविश्वासों का निवारण सम्मोहनावस्था के द्वारा किया जा सकता है। सम्मोहन की स्थिति में पिछले जन्म की स्मृतियों को जाग्रत कर उसके अनुरूप जानकारी देनेवालों के वर्णन भी पढ़ने में आते हैं। पुनर्जन्म की सारी जानकारी उसके मन में कहाँ से आई, इसकी खोज भी व्यक्ति पर सम्मोहन करके की जा सकती है और पुनर्जन्म के दावे में निहित खोखलापन भी स्पष्ट किया जा सकता है।

सम्मोहन की स्थिति में दी गई सूचनाओं के द्वारा व्यक्ति की उम्र धीरे-धीरे कम की जा सकती है। किसी विशेष स्थिति में वह व्यक्ति अपने पूर्वजन्म में भी प्रवेश कर सकता है और उस जन्म की कुछ यादें भी बता सकता है। विश्व के कई लोगों को मिली इस अनुभूति को पुनर्जन्म

का सबूत क्यों न माना जाए? क्या सम्मोहन के माध्यम से पूर्वजन्म में प्रवेश किया जा सकता है?

'याद आना' इस क्रिया की नींव पूर्णरूप से भौतिक होती है। जिन संवेदनाओं का बिंब कभी मस्तिष्क पर अंकित हुआ हो, वही बातें फिर से याद आना संभव है। 'एज रिग्रेशन' जैसी सम्मोहन की स्थिति में कुछ हद तक कुछ बातें वह याद कर सकता है। लेकिन मस्तिष्क में उन स्मृतियों को अंकित करने वाला कुछ हिस्सा किसी हादसे, शस्त्रक्रिया, युद्ध आदि किसी भी कारणवश नष्ट हुआ हो या जानबूझकर मस्तिष्क के उस हिस्से को निकाला गया हो तो ऐसी स्मृतियाँ नष्ट होती हैं। मृत्योपरांत मस्तिष्क का पूरी तरह से विघटन होता है। मृतदेह को दफन करने या जलाने से तो मस्तिष्क पूरी तरह नष्ट होता है। इसी कारण कथित पुनर्जन्म में कोई स्मृतियाँ संक्रमित भी होती हैं, इसकी कोई संभावना नहीं होती है। किसी चीज का अस्तित्व दिखाने के लिए पंचेंद्रियों द्वारा उसकी संवेदनाओं को महसूस कराना आवश्यक हो जाता है।

आधुनिक सम्मोहन विद्या में पुनर्जन्म की उस सामान्य-सी सूचना को वर्तित्व के द्वारा ही घटित एक मानसिक प्रक्रिया माना जाता है। इस स्थिति में गया व्यक्ति पूर्ण स्वतंत्रता के साथ सम्मोहन करनेवाले की अपेक्षाओं की पूर्ति हेतु कल्पना में खोकर अपनी पिछली जिंदगी की भूमिका के बारे में बताता है। इस हालत को 'क्रिप्टोमेन्शिया' कहा जाता है। लेकिन वास्तव में होता यह है कि वह व्यक्ति विभिन्न प्रकार के माध्यमों द्वारा जानकारी हासिल करता है, लेकिन कुछ समय बाद उसका स्रोत वह भूल जाता है और इन स्रोतों को पूरी तरह भूल जाने से सम्मोहन अवस्था में बताई जानकारी को रहस्यमयता प्राप्त होती है। परम्परागत सम्मोहनकारों को इस वैज्ञानिक तथा नैतिक अंग का एहसास नहीं होता है। अधिकांशतः पुनर्जन्म का दावा सम्मोहन के द्वारा सिद्ध करनेवाले सम्मोहनकार नीम-हकीम एवं अवैज्ञानिक दृष्टिकोण रखने वाले होते हैं, साथ ही पुनर्जन्म, आत्मा इन अवधारणाओं पर विश्वास रखनेवाले और चिकित्सा विज्ञान से पूरी तरह अपरिचित होते हैं। पुनर्जन्म के मामले अगर ऐसे व्यक्तियों ने गलत तरीके से क्रियान्वित किए तो भी वे सच लगने लगते हैं। परीक्षण के समय ऊपरी तौर पर जाँच कर उसकी सत्यता का प्रमाणपत्र वे देते हैं।

जिस जीवनक्रम के ऐतिहासिक सबूत उपलब्ध हैं और जिसमें वैज्ञानिक की सहायता मिल सकती हो, ऐसा सामर्थ्यशाली कोई किस्सा लेकर ही उसके अध्ययन के उपरांत उसकी संत्यता कि जाँच-पड़ताल कर सकते हैं। ऐसे परीक्षण में लेकिन पुनर्जन्म का एक भी दावा सिद्ध नहीं हुआ है। खासकर ऐसे परीक्षण में सामने आई गलतियों, विसंगतियों और हास्यास्पद बातों को कभी उजागर नहीं किया जाता।

इस प्रकार की दुनिया में बहुचर्चित केस अर्नाल्ड ब्लॉक्स हैम के दावे से जुड़ा है। उन्होंने कई व्यक्तियों को सम्मोहन अवस्था में ले जाकर उन्हें उनके (कथित) पूर्वजन्म में भेजा। उनके मुख से ही उनके पूर्वजन्म की कहानी सुनी गई। इसके बाद उनको इस सम्मोहन अवस्था से बाहर निकाला गया। लेकिन तब उन लोगों को जाग्रत अवस्था में सम्मोहन की स्थिति की कोई भी बात याद नहीं आई। इसका सारा नजारा बीबीसी पर लाखों लोगों ने देखा। यह प्रकार देखनेवालों को कतई बनावटी नहीं लगा। उसे पुनर्जन्म का वैज्ञानिक सबूत मानकर उसकी ओर देखा जाए ऐसी माँग की जाने लगी।

इस घटना की सचाई मारकेट विश्वविद्यालय के प्रोफेसर डॉ. एडवीन झोलीक ने सामने रखी। उन्होंने बहुत सारे लोगों को सम्मोहित किया। उन्हें पूर्वजन्म में भी जाने की सूचना दी और उस जन्म की सारी जानकारी उनसे ली गई। उसके बाद सम्मोहन की निद्रावस्था से उन्हें बाहर निकाला गया। जाग्रतावस्था में सभी ने यही कहा कि सम्मोहन अवस्था में उनके द्वारा वार्णित उनके पूर्वजन्म की उन्हें कुछ भी जानकारी नहीं है। इसके बाद दुबारा उन्हें सम्मोहित किया गया और उनके द्वारा दी गई जानकारी के मुताबिक उन्हें उनके पूर्वजन्म की जानकारी कहाँ से प्राप्त हुई इसकी छानबीन की गई। सम्मोहनावस्था में क्रमानुसार आयु के विभिन्न मोड़ पर उन्हें ले जाकर उनकी यादों को फिर से जगाने के लिए कहा गया। उनमें से सभी ने उनके द्वारा कथित पूर्वजन्म का वर्णन या तो किसी फिल्म में देखा था या किसी पुस्तक में पढ़ा था या फिर गपशप की महफिल में सुना था, इसकी उन्हें याद आई। ये सारी स्मृतियाँ और उनमें मिश्रित भावनाओं के विभिन्न रंग इससे ही उस कथित पूर्वजन्म का निर्माण हुआ था।

फिनलैंड में स्थित ओलू विश्वविद्यालय के मनोविज्ञान शाखा के प्रमुख डॉ. कम्पमन ने इस विषय पर अनुसंधान किया और डॉ. झोलीक के निष्कर्षों का समर्थन भी किया। ब्लॉक्स हैम के जितने केसेज टीवी पर चर्चा में थे उन सभी व्यक्तियों को इस कसौटी से गुजरने के लिए आमंत्रित किया गया। लेकिन उन लोगों ने और स्वयं ब्लॉक्स हैम ने भी इस कसौटी से गुजरने के लिए स्पष्ट रूप से नकारा।

इसका अर्थ केवल इतना ही है कि सम्मोहन से पूर्वजंन्म का किया गया दावा एक प्रकार से ठगाई ही है।

भूत से पीड़ित व्यक्ति कभी भी न सीखी हुई अनजानी भाषा कैसे बोल सकता है?

जिस व्यक्ति के शरीर में भूत का संचार हुआ है, ऐसा व्यक्ति अचानक अनजानी भाषा बोलने लगता है? यानी अब तक के जीवन में मराठी में बात करनेवाला व्यक्ति

कभी हिंदी, उर्दू तो कभी बंगाली एवं कन्नड़ जैसी भाषाएँ बोलने लगता है। बिना सीखे व्यक्ति कोई भी भाषा नहीं बोल सकता है। भूत से पीड़ित व्यक्ति द्वारा बोली जा रही भाषा उस व्यक्ति ने कभी सीखी नहीं है, यह बात पास-पड़ोस के लोगों को सामान्यत: ज्ञात होती है। ऐसी स्थिति में इस घटना को केवल चमत्कार की दृष्टि से देखा जाता है। ऐसी भाषा बोलने वाले के इर्द-गिर्द किसी की मौत हुई हो तो समझा जाता है कि यह पिशाच उसी का है जिसने उस व्यक्ति को झपट लिया है। इसके लिए ऐसे तर्क-वितर्क किए जाते हैं जो अधिकांश लोगों को सही भी लगने लगते हैं। आइए जानें ये होता कैसे है।

एक बात की जानकारी जरूर होनी चाहिए कि जिस वक्त किसी इनसान की मौत होती है, तो साथ में उसके मस्तिष्क की पेशियों का भी विघटन होता है। उन पेशियों में अंकित भाषायी संस्कार भी पूरी तरह से नष्ट होता है। यह भाषायी संस्कार किसी को अनायास मिल जाए यह बात असंभव है। साथ ही किसी भी भाषा को सीखने के लिए उनकी ध्वनियों का कर्णेंद्रियों पर आघात आवश्यक होता है। यदि ऐसा हुआ तो ही वह भाषा हम अर्जित कर, उच्चारित कर सकते हैं। इस कारण शरीर में दैवी संचार हुआ इसलिए हमारे देश की कोई भी व्यक्ति चीनी, रशियन, जापानी तथा फ्रेन्च भाषा बोल नहीं सकता। जिस भाषा का एक भी शब्द कभी कान में नहीं पड़ा उस भाषा का एक भी शब्द उच्चारित नहीं किया जा सकता है।

स्वाभाविक रूप से महाराष्ट्र में रहनेवाला व्यक्ति ऐसी किसी भाषा का प्रयोग कर सकता है जो भाषा जाने-अनजाने में उस व्यक्ति के कानों में पड़ी हो। हिंदी, हिंदी मिश्रित उर्दू, अंग्रेजी, मजदूरों की वजह से कन्नड़ और यदि आस-पड़ोस में भारत के ही किसी अन्य भाषिक व्यक्ति की भाषा कर्णेंद्रियों पर पड़ी हो वही भाषा वह बाधित व्यक्ति बोल पाता है। लेकिन यह कथन ध्वनिमुद्रित (रिकॉर्ड) करके उसे जाँचने के उपरांत स्पष्ट हो सकता है कि अपरिचित भाषा में बोलने का दावा सही नहीं, जो बोला जा रहा है उसमें कई शब्द बार-बार दोहराए जाते हैं। वाक्य रचना बहुत दोषपूर्ण होती है जिससे कुछ भी अर्थबोध नहीं होता है। पीड़ित व्यक्ति के अचेतन मन में उसके आस-पास के माहौल से मिले किसी भाषा के अबोध संस्कार होते हैं। जैसे, किसी झुग्गी-झोंपड़ी में रहकर जीविकोपार्जन करनेवाली अनपढ़ महिला के बच्चे उसी झोंपड़ी में अंग्रेजी भाषा कंठस्थ करते हैं। दिन में कई बार ये अंग्रेजी शब्द उस अनपढ़ महिला के मन-मास्तिष्क पर बिंबित होते रहते हैं। ऐसा हर दिन होता है लेकिन इस बात की भनक तक उस महिला को नहीं होती है। किसी प्रासंगिक कारणवश उसके व्यक्त मन का अव्यक्त मन पर से नियंत्रण पूरी तरह छूट जाता है और ऐसी संचारावस्था यानी सम्मोहन की स्थिति में सुने शब्द या वाक्य वह महिला फटाफट बोलने लगती है।

जिसने अपने जीवन में कभी भी अंग्रेजी सीखी न हो, उसका इस तरह से अंग्रेजी

बोलना सबको अचंभित करनेवाला और रहस्यमयी लगता है। लेकिन इन संवादों को रिकॉर्ड कर उसे उस भाषा के विशेषज्ञ व्यक्ति को सुनाने पर उसके शब्दों की निरर्थकता शीघ्र ही सामने आती है। यदि कोई व्यक्ति इस तरह न समझ में आनेवाली भाषा में बोलता है तो उस मानसिक स्थिति एवं विकार को 'ग्लासोलोलिया' कहा जाता है। इसका मतलब किसी दूसरी भाषा में असंबद्ध तरीके से बोलना होता है।

शरीर में दैवी शक्ति संचरित हुए व्यक्ति को रोकना दस-दस लोगों के बस की बात नहीं होती है। क्या यह दैवी शक्ति के संचार का सबूत नहीं है?

शरीर में दैवी शक्ति के संचारित होने की प्रक्रिया को रहस्यमयता के साथ जोड़ा गया है। इसलिए स्वाभाविक रूप से ऐसे व्यक्ति के व्यवहार, आचरण, संभाषण, अभुआना आदि में दिलचस्पी दिखाई देती है। मन कैसे कार्य करता है इसकी जानकारी न होने के कारण इन मानसिक स्थितियों को संचार की स्थितियों में दैवी शक्ति का प्रकटीकरण माना जाता है। वैसे किसी भी व्यक्ति के पास जितनी ताकत दिखाई देती है उसकी तुलना में कहीं अधिक ताकत उसके पास होती है जिसे किसी अपवादात्मक स्थिति में ही दिखाने का प्रयत्न वह करता है। जैसे, जंगल में चलकर थका हुआ व्यक्ति जो अब एक भी कदम चलने की भी क्षमता नहीं रखता हो, यदि अचानक कोई शेर सामने आ जाए तो अपनी पूरी ताकत इकट्ठा कर भागता है। जिसे एक कदम भी उठाना संभव नहीं था वह अचानक कैसे दूर तक भाग सकता है? इसका सरल जवाब यह है कि उसमें वह क्षमता होती है पर उस क्षमता का प्रयोग वह केवल ऐसी स्थितियों में करता है।

अध्ययन करते समय आधा घंटा भी मुश्किल से बैठनेवाला छात्र परीक्षा के समय पूरे तीन घंटे एक ही जगह पर बैठा पाया जाता है। इसी तरह रात दस बजे ही जम्हाई लेनेवाला छात्र परीक्षा के दौरान देर रात तक जागने की क्षमता रखता है। यदि घर पर कोई विवाह हो तो लोगों द्वारा दिन-रात काम किया जाता है और काम समाप्त होने पर स्टेमिना खत्म होने से वे लोग सो जाते हैं। असल में ऐसी घटनाएँ केवल अभ्यास और मन की एकाग्रता से ही हो सकती हैं। जैसे, कोई प्रशिक्षित जूडो या कराटे मास्टर हाथ के एक प्रहार से ही ठोस बर्फ को तोड़ने की क्षमता रखता है।

लेकिन इन सभी क्षमताओं को कुछ सीमाएँ हैं और ये सीमाएँ विज्ञान की होती हैं। यानी शरीर में संचार होकर अभुआने की सीमा शरीर विज्ञान से संबंधित है। शरीर में दैवी शक्ति संचरित व्यक्ति लगातार 2-3 घंटे तक चक्कर काट सकता है लेकिन उसका इस तरह से सारा दिन घूमना कठिन है। साथ ही शरीर में शक्ति संचरित कोई स्त्री दस-बारह लोगों के काबू में नहीं आती, इस बात में भी कुछ सचाई नहीं। वाकई यदि बारह लोगों ने उसे पकड़कर रखा तो उसके हिलने-डुलने

की भी कोई संभावना नहीं होती है। प्रत्यक्ष में उसे पकड़ा होता है केवल दो-तीन लोगों ने वह भी डरते-डरते क्योंकि ऐसी स्त्री को पकड़कर रखने की बात पर मन में डर होने लगता है। उस स्त्री ने यदि दो-चार जोरदार अंगड़ाइयाँ लीं तो मन ही मन घबराए हुए ये दो-चार लोग 'यह बात बहुत भारी है इसे सहा नहीं जा सकता' ऐसा कहकर हाथ-पैर को छोड़ देते हैं। इस कारण और दो-चार लोग सामने आकर उस स्त्री को पकड़ने की कोशिश करते हैं। ऐसा दो-चार बार हुआ कि वह स्त्री दस-बारह लोगों की भी पकड़ में नहीं आती है ऐसा ढिंढोरा पीटा जाता है, जबकि उसमें कुछ भी तथ्य नहीं होता है।

शरीर में शक्ति संचरित महिलाएँ गाणगापुर के 40-50 फुट ऊँचे चिकने खंबे पर कैसे चढ़ सकती हैं? यह प्रश्न भी कुछ इसी तरह बनावटी है। दरअसल यहाँ गड़े हुए खंबे केवल 8-10 फुट के ही होते हैं। संचार की स्थिति में वह स्त्री बिलकुल बेहोशी की हालात में होती है और पूरी तरह से बेकाबू रहती है। इसलिए जो बातें कभी सीखने की कोई जरूरत महसूस नहीं होती, जैसे खंबे पर चढ़ने जैसी बात, वह उसे इस बेकाबू स्थिति में ऊपर-नीचे करके पूरा करती है। इसमें कुछ भी अलौकिक शक्ति नहीं होती है। साइकिल चलाना, तैरना आदि बातें बिना सीखे आ ही नहीं सकतीं। केवल शरीर में शक्ति के संचारण से ही ऐसी बातें अपने आप आएँ ऐसा नहीं होता है।

अमावस और पूनम की रात को ही शक्ति का शरीर में संचारित होना या भूत की बाधा होना क्या यह इन शक्तियों के अस्तित्व का सबूत नहीं है?

यह सच है कि किसी अन्य समय की अपेक्षा अमावस और पूनम की रात को ही कई स्त्रियों के शरीर में शक्ति संचारित होती है, किंतु इस तरह की घटनाएँ केवल इन तिथियों के दिन ही होती हैं ऐसा नहीं है। चाँद को तो परम्परागत रूप से मन का कारक कहा गया है। पूनम और अमावस ये चाँद की दो विशेष भिन्न स्थितियाँ हैं। समंदर के ज्वार-भाटे का सीधा संबंध चाँद से होता है। समंदर के पानी की तरह मनुष्य के मन को भी चाँद की स्थिति के अनुसार ज्वार आता है, इस समझ की वजह से ही चाँद को मन का कारक मानते हैं। जबकि वास्तविकता यह है कि चाँद और व्यक्ति के मन का कोई संबंध नहीं होता है। लेकिन यह संबंध होता है ऐसी कई लोगों की धारणा होती है और इसी कारण पूनम और अमावस की काली रात में लूटमार, हत्या, आत्महत्या, बलात्कार जैसी वारदातें अन्य दिनों की तुलना में अधिक होती हैं, ऐसा सिद्ध करने की लोगों में होड़ लगी रहती है। लेकिन इसका कोई ठोस सबूत आज तक नहीं मिला है। इसी तरह अमावस और पूनम के दिन स्त्रियों के शरीर में शक्ति संचारित होती है यह भी एक दावा किया जाता है।

सामान्यत: इस प्रकार की दृष्टि रखकर देखनेवालों का जो कहना है उस का तथ्यांश ऐसा होता है कि 'साधारणत: अमावस या पूनम के दिन लोगों के शरीर में कोई शक्ति संचारित होती है।' ऐसी सूचना व्यक्ति को बाहरी माहौल से बहुत दिनों से मिली हुई होती है। इस कारण उसके मन की गहराई के भीतर वह सूचना उतर चुकी होती है। इसलिए अमावस, पूनम (या फिर अंबामाता का शुक्रवार या दुर्गाष्टमी) इन दिनों अपने शरीर में कोई शक्ति संचारित होगी यह सूचना उसका अंतर्मन हमेशा देता रहता है। शायद इसीलिए इस दिन शरीर में शक्ति के संचरण को उचित माहौल प्राप्त होता है। महाराष्ट्र के मनोचिकित्सालयों में इसे देखा-परखा गया है। मानसिक दृष्टि से पीड़ित कई महिलाएँ वहाँ रहकर इलाज कराती मिलती हैं। उन्हें दिन-तिथि किसी की कोई जानकारी नहीं होती है फिर भी उनमें से कुछ महिलाओं के शरीर में शक्ति का संचार अमावस और पूनम के दिन ही होता है। इसका अनुभव ऐसा है कि यदि इस पीड़ित महिला को ऐसी सूचना दी जाए कि दो दिन बाद, एक दिन बाद या आज ही के दिन अमावस है तो उस दिन चाहे जो भी तिथि हो उसके मन में देवी संचार की भावना आती ही है। हालाँकि ऐसा कतई नहीं कि अमावस, पूनम में कोई विशेष शक्ति होती है। अमावस, पूनम की काली रात शरीर में शक्ति संचारण करती है इस बात को कोई आधार नहीं है।

मन और स्वभाव

सदियों से मन की अवधारणा ने मनुष्य समुदाय पर जादू कर रखा है। वस्तुतः मन का अस्तित्व प्रत्यक्ष रूप में है या नहीं? इस बात से लेकर मन का कार्य किस तरह चलता है? यहाँ तक कई प्रश्न उपस्थित होते हैं। साथ ही रोजमर्रा के जीवन में मनुष्य के भिन्न-भिन्न स्वभाव दृष्टिगत होते हैं। मनुष्य स्वभाव कि यह विभिन्नता हमें आश्चर्यचकित कर देती है। प्रस्तुत अध्याय में हमें मन के इसी वैविध्यपूर्ण बिंदुओं का अध्ययन कर जानकारी प्राप्त करनी है।

मानवी मन की निश्चित अवधारणा क्या होती है?

साहित्य और दर्शनशास्त्र के अध्ययन क्षेत्र से कई शताब्दियों से जुड़ी मन की अवधारणा को सर्वप्रथम विज्ञान जगत में लाने का श्रेय सिग्मंड फ्राइड को जाता है। सिग्मंड फ्राइड का समय सामान्य तौर पर अठारहवीं सदी का उत्तरार्ध है। विज्ञान के नियमों के अनुसार मानवी मन की संरचना की खोज करने का फ्राइड का स्वप्न था। लेकिन कुछ शुरुआती प्रयासों से उन्हें यह ज्ञात हुआ कि यह खोज इस समय असंभव है। परिणामस्वरूप कुछ समय के लिए उन्होंने इन प्रयोगों को विराम दिया। किंतु मन की खोज करने का सिलसिला उन्होंने जारी रखा। मानसिक विकारग्रस्त मरीजों से किए संवाद और अनुमान के आधार पर फ्राइड द्वारा मानव मन का पहला शास्त्रीय प्रारूप सामने लाया गया।

मानव मन की संरचना को समझने के लिए फ्राइड के विचार आज भी प्रासंगिक हैं। इस प्रारूप में फ्राइड ने मानव मन को तीन हिस्सों में विभाजित किया है। पहले हिस्से में अभिव्यक्त मन (कॉन्शस माइंड) के हिस्से के विचार और भावनाओं को सहज रूप से समझा जा सकता है। दूसरे हिस्से में अव्यक्त मन (अनकॉन्शस माइंड) है। मन के इस हिस्से के विचार और भाव को सहजता से समझा नहीं जा सकता। जीवन के विविध अनुभवों से प्राप्त विचार और भाव मन के इस हिस्से में बिखरे हुए पाए जाते हैं। किसी विशेष प्रसंग में ये भाव उछलकर अभिव्यक्त मन में प्रवेश करते हैं तो इस अव्यक्त मन के विचार हमारे स्वभाव एवं व्यक्तित्व पर बड़ी

मात्रा में प्रभाव डालते हैं जिससे कई प्रकार की मानसिक दुर्बलताएँ निर्मित होती हैं, ऐसा फ्राइड का विचार है। मन का तीसरा हिस्सा है अर्धव्यक्त मन (सबकॉन्शस माइंड) है। फ्राइड के विचार से अर्धव्यक्त मन व्यक्त और अव्यक्त मन के बीच का सेतु होता है। इस मन में व्यक्त और अव्यक्त मन का मिश्रण होता है। लेकिन कुछ समय पश्चात् फ्राइड को इस प्रकार की संरचना में कई दोष नजर आए। मानसिक दृष्टि से अस्वस्थ मरीजों का इलाज करते समय उन्हें यह पता चला कि सब कुछ इस संरचना के अनुसार संचालित नहीं होता है। आगे चलकर फ्राइड मानव मन की एक और त्रिस्तरीय संरचना सामने लाए। मानव मन का समस्त प्राणियों के करीब जानेवाला अविकसित हिस्सा तथा अभिभावक एवं समाज के संस्कारों से संस्कारित हिस्सा, इन दोनों को फ्राइड ने इस संरचना में समाहित किया। इस संरचना के अनुसार प्रत्येक व्यक्ति में एक अविकसित भावों का समस्त प्राणियों के करीब जानेवाला हिस्सा होता है, जिसे फ्राइड ने 'इड' नाम से संबोधित किया, तो दूसरी ओर अभिभावक एवं समाज के संस्कारों से निर्मित होनेवाला हिस्सा होता है, जिसे फ्राइड 'सुपरईगो' कहते हैं। मनुष्य मन की प्राणियों की ओर झुकनेवाली प्रवृत्ति और संस्कार से निर्मित प्रवृत्ति इन दोनों में हमेशा संघर्ष चलता रहता है, यह फ्राइड का मानना था। इन दोनों के संघर्ष में त्रयस्थ की भूमिका साकार करनेवाले मन के हिस्से को फ्राइड ने 'ईगो' नाम दिया है।

मानवी मन के स्वास्थ्य के लिए मन की इस त्रिस्तरीय संरचना में संतुलन होना आवश्यक है। इनमें किसी भी प्रकार का असंतुलन मानसिक अस्वास्थ्य का निर्माण करता है, ऐसा फ्राइड का मानना था। फ्राइड के पश्चात् पिछले डेढ़ दशकों से मानव मन पर बड़ी मात्रा में अनुसंधान हुआ है। इस अनुसंधान के कारण फ्राइड के विचार भले ही शास्त्रीय दृष्टि से सम्मत नहीं हो पाये हों लेकिन फिर भी फ्राइड की विचारधारा में निहित संगति के कारण इन विचारों को पूर्णत: नकारने का साहस भी किसी ने नहीं किया। मानव मस्तिष्क पर हुए अनुसंधान को जैसे ही गति प्राप्त हुई, वैसे ही विगत कुछ सालों में मस्तिष्क पर निर्भर मन की संरचना (ब्रेन मॉडल्स ऑफ माइंड) लुप्त हो गई। मनुष्य का मस्तिष्क एक विशिष्ट प्रकार की संरचना है और मन उसका एक कार्य है। मानवी मस्तिष्क में अनंत चेतापेशियाँ हैं। इन चेतापेशियों में परस्पर रासायनिक और विद्युत संदेश वहन होता रहता है। ऐसी विविध चेतापेशियों के समूह द्वारा होनेवाले संदेशवहन से मन के विचार और भाव बनते हैं।

मानव मस्तिष्क की संरचना के तह में जाकर देखा जाए तो यह ज्ञात होता है कि मानव मस्तिष्क में प्राणियों के मस्तिष्क के करीब जानेवाला भावना का हिस्सा होता है जिसे 'लिंबीक कॉर्टेक्स' कहा जाता है। दूसरा हिस्सा 'निओ कॉर्टेक्स' जो उत्क्रांति के पड़ाव पर निर्मित हुआ विचारों का मस्तिष्क है, जो 'लिंबीक कॉर्टेक्स'

के ऊपर स्थापित होता है। मस्तिष्क के इन विविध हिस्सों के संदेश वहन से ही मानव मन साकार होता है।

मनुष्य का स्वभाव कैसे निश्चित होता है?

मनोविज्ञान की पुस्तकों में प्राप्त परिभाषाओं के आधार पर कहा जाए तो प्रत्येक व्यक्ति में खुद को एवं इर्द-गिर्द की गतिविधियों को देखने-परखने की विशिष्ट पद्धति होती है। उस पद्धति को उस व्यक्ति का स्वभाव कहा जाता है। व्यक्ति के स्वभाव के दो हिस्से होते हैं एक 'टेपरामेंट' यानी आनुवंशिक स्वभाव, तो दूसरे को 'कैरेक्टर' यानी अनुभव से प्राप्त स्वभाव कहा जाता है।

शिशु के जन्म के शुरुआती कुछ महीनों में ही स्वभाव का आनुवंशिक झुकाव स्थूल रूप में समझा जा सकता है। कुछ बालक पैदाइशी शांत प्रवृत्ति के होते हैं तो कुछ पैदाइशी चिड़चिड़े होते हैं। उनकी खानपान की आदतें, नींद, जागना इन क्रियाओं में निरंतर तनाव का निर्माण होता है। इस अर्थ में 'होनहार बिरवान के होत चीकने पात' वाली कहावत सच प्रतीत होती है।

बचपन से ही जीवन के हर मोड़ पर हमें कई अनुभवों से गुजरना पड़ता है। इन अनुभवों से हमारे व्यक्तित्व एवं स्वभाव में कई परिवर्तन होते हैं। जिन बालकों को बचपन से ही मानसिक अस्वास्थ्य का सामना करना पड़ता है, उनके स्वभाव में चिंता करने की प्रवृत्ति सबसे ज्यादा दिखायी देती है। यह हुआ मानवी स्वभाव का स्वनिर्मित हिस्सा जो परिवर्तन को स्वीकार करने के लिए हमेशा तैयार रहता है। फिर स्वभाव का जैविक रुख एवं अनुभव से घटित हिस्सा इनके विभिन्न प्रकार के मिश्रण से मनुष्य के विविध स्वभाव निर्मित होते हैं। व्यक्ति की निजी प्रतिमा, तनाव को सहने और विभिन्न अनुभवों का सामना करने की प्रवृत्ति, अन्य लोगों के साथ बर्ताव की प्रवृत्ति आदि विविध गुणों से व्यक्ति के स्वभाव की पहचान की जा सकती है।

आदर्श स्वभाव जैसी कोई बात वास्तव में होना असंभव है। प्रत्येक व्यक्ति के स्वभाव में कम-अधिक मात्रा में दोष पाये जाते हैं। मनोविज्ञान की दृष्टि से स्वभाव दोषों को तीन हिस्सों में बाँटा जाता है। पहले हिस्से में सहजता से दूसरों के साथ मेल-जोल न करनेवाले अपने ही व्यक्तित्व में मशगूल, संशयी आदि लोग होते हैं। दूसरे अहंवादी, बेवजह दूसरों का ध्यान आकर्षित करने का प्रयास करनेवाले अस्थिर निजी प्रतिमा के लोग होते हैं। और तीसरे में परावलंबी दूसरों पर निर्भर रहनेवाले जो निरंतर चिंतामग्न होते हैं। पिछले कुछ दशकों में मानव स्वभाव का अध्ययन एवं उसका इलाज करनेवाली मनोविज्ञान की शाखाओं का तीव्रता से विस्तार दिखाई दे रहा है।

तनाव की पहचान और उसका नियोजन कैसे कर सकते हैं?

तनाव के मानसिक और शारीरिक दोनों प्रकार के लक्षण होते हैं। अस्वास्थ्य, उदासी, बेचैनी, चिड़चिड़ापन आदि चिंता तथा उदासीनता की बीमारी की तरह मानसिक लक्षण हैं, तो शारीरिक लक्षणों में दिल धड़कना, हाथ-पैरों में कंपन, पसीना आना, निरंतर थकान महसूस होना आदि लक्षण आते हैं। इन लक्षणों पर अंतर्मुख होकर गौर करने पर ये सारे लक्षण दिखाई देते हैं। यानी खुद पर नियंत्रण रखकर तनाव का निराकरण किया जा सकता है। तनाव को पहचानने की नैसर्गिक शक्ति मनुष्य के पास मौजूद है।

तनाव का नियोजन करने के लिए सबसे पहले खुद के तनाव को पहचानना और उसे स्वीकृत करना ये दो महत्त्वपूर्ण सीढ़ियाँ है। लेकिन मानसिक स्वास्थ्य से जुड़ी अपराधबोध की भावना से अगर हम तनाव को स्वीकारने से ही इनकार करते हैं तो इसके परिणामस्वरूप हम विविध मानसिक एवं शारीरिक बीमारियों को आमंत्रित करते हैं। ह्रदयरोग, मधुमेह, रक्तचाप, दमा आदि शारीरिक बीमारियों की जड़ में तनाव एक महत्त्वपूर्ण कारण होता है। समाज के अधिकांश लोगों को कभी-कभी मानसिक तनाव से गुजरना पड़ता है, यह समझने के बाद तनाव स्वीकृत करने में न्यूनता का भाव नहीं होता है। तनाव को दूर रखने के लिए दैनिक रोजनामा (स्ट्रेस डायरी) रखना भी उपयुक्त माना जाता है, जिसमें दिन में सबसे ज्यादा तकलीफ देनेवाली तीन घटनाओं का विवरण करना होता है। इसमें 1 से 10 तक की संख्या को रेखांकित करके उसे तनाव की तीव्रता के साथ जोड़ना, तनाव उत्पन्न करनेवाले कारणों को दर्ज करना, खुद के तनाव का सामना करने की नैसर्गिक शक्ति को दर्ज करना महत्त्वपूर्ण माना जाता है, जिससे तनाव को दूर रखने के लिए हम तैयार रहते हैं। इसके अलावा तनाव को दूर रखने की नैसर्गिक शक्ति के अलावा तनाव को दूर रखने की दूसरी पद्धति पर विचार करने के लिए हम उपयुक्त हो जाते हैं।

तनाव बढ़ने के कारणों की तलाश के बाद प्रयासपूर्वक उसे ठीक ढंग से दूर किया जा सकता है। कोई भी तनाव स्थायी रूप से नहीं होता है। वह जैसे आता है वैसे ही स्वाभाविक रूप से कम होता है, इसे भी ध्यान में रखने की आवश्यकता है। हर बार तनाव निर्माण की स्थितियों को हम बदल सकेंगे इसकी कोई गारंटी नहीं होती लेकिन तनाव को झेलने की क्षमता का विकास करना हमारे हाथ में है।

तनाव का नियोजन करने की जानकारी तो मिली किंतु किसी भी प्रकार के मानसिक तनाव को दूर रखने के लिए कौन से उपाय अपनाने होंगे?

शारीरिक स्वास्थ्य कैसे बरकरार रखा जाता है इसके संदर्भ में तो हमें बहुत जानकारी

होती है किंतु मानसिक स्वास्थ्य को हम नजरअंदाज कर देते हैं। कई छोटी-छोटी बातों से हम मानसिक स्वास्थ्य बरकरार रख सकते हैं। जैसे, खुद को सहारा देनेवाले रिश्ते-नातों को प्रयासपूर्वक जोड़ना। ऐसे संबंध मानसिक स्वास्थ्य की दृष्टि से एक प्रकार की अग्रिम पूँजी माने जाते हैं। जीवन के उतार-चढ़ावों एवं तनाव के प्रसंग में यही रिश्ते हमें मानसिक धीरज देने का काम करते हैं। ज्यादा से ज्यादा हमारा प्रयास तनावरहित जीवन जीने का होना चाहिए। कई बार इस उद्देश्य की पूर्ति हेतु ही हम तनाव में जीते हैं, जिसका परिणाम हमारे मानसिक स्वास्थ्य पर होना स्वाभाविक है। समय की नजाकत देखकर प्रयासपूर्वक अपनी जीवन की रफ्तार को कम करना, यह भी हमारे मानसिक स्वास्थ्य के लिए आवश्यक है।

जीवन की तेज रफ्तार में हम कई छोटे-छोटे आनंद के क्षणों से वंचित हो जाते हैं, जिससे मानसिक अस्वास्थ्य का जन्म होता है। शरीर और मन का नजदीकी रिश्ता हमें समझना ही होगा। इसलिए मन को तंदुरुस्त रखने के लिए नित्य व्यायाम और उचित भोजन भी महत्त्वपूर्ण है। ठीक से नींद लेना भी मानसिक स्वास्थ्य के लिए महत्त्वपूर्ण है। हमारी दिनचर्या अगर नींद पर हावी हो जाए तो भी मानसिक स्वास्थ्य बिगड़ने की संभावना होती है।

आराम के लिए समय निकालना, किसी विशेष शौक में रुचि रखना मानसिक स्वास्थ्य ठीक रखने के लिए आवश्यक है। अत: अंत में अपने स्वभाव दोषों की जानकारी लेकर उनके सुधार हेतु प्रयत्नशील रहना मानसिक स्वास्थ्य को तंदुरुस्त रखने की सबसे बड़ी दवा है।

हमारे यहाँ कहा जाता है 'मुंडे-मुंडे मतिर्भिन्ना'। आधुनिक मनोविज्ञान मनुष्य स्वभाव का वर्गीकरण कैसे करता है?

आधुनिक मनोविज्ञान मनुष्य के स्वभाव को तीन हिस्सों में विभाजित करता है। पहले हिस्से में अंतर्मुखी व्यक्तियों को समाहित किया जाता है। दूसरे हिस्से में बहिर्मुखी व्यक्ति आते हैं और तीसरे हिस्से में चिंतित लोग आते हैं।

अब उपरोक्त तीन भागों में आनेवाले व्यक्तियों को हम विस्तार से समझने की कोशिश करेंगे। पहले वर्ग में आनेवाले लोग आत्मकेंद्रित होते हैं, उन्हें समाज में घुलना-मिलना पसंद नहीं होता है, उनकी विचार करने की प्रवृत्ति तथा उन्हें होनेवाले अनुभव बिलकुल भिन्न होते हैं। कई बार इस स्वभाव के व्यक्तियों को भ्रम-विभ्रम की अनुभूति होती है। इस वर्ग लोगों के तीन उपप्रकार मिलते हैं जिसमें पहले उपप्रकार के व्यक्ति बहुत ही आत्ममग्न (स्किजाइड) होते हैं, उन्हें भावनाओं की अनुभूति बहुत कम मात्रा में होती है। स्वाभाविक रूप से उनके रिश्ते तात्कालिक होते हैं। दूसरे उपप्रकार में आनेवाले लोग आत्ममग्न तो होते ही हैं किंतु इसके साथ-साथ

उन्हें यथार्थ और मिथ्या इनमें होनेवाली सीमारेखा के अनुभव होते रहते हैं। तीसरे उपप्रकार में संदेह करनेवाले व्यक्तित्व के लोग आते हैं। इस स्वभाव के व्यक्ति इर्द-गिर्द घटित घटनाओं को संदेह की दृष्टि से देखते हैं।

स्वभाव के अनुसार दूसरे वर्ग में मुख्यत: बहिर्मुखी स्वभाव के व्यक्ति आते हैं। इस वर्ग के व्यक्तियों में विशेष भावुकता पाई जाती है। भावना के अतिरेक से उनके जीवन में तनाव का निर्माण होता है। इस वर्ग में भी चार उपप्रकार हैं। पहले उपप्रकार में अतिरिक्त स्वकेंद्रितता (नार्सिसिज्म) के लोग आते हैं। इस प्रकार के स्वभावदोषी अपने आप से आवश्यकता से अधिक मोह रखते हैं। खुद के अतिरिक्त अन्य लोगों की जरूरतों को वे गौण समझते हैं। दूसरे उपप्रकार में अस्थिर प्रकृति के लोग आते हैं। इस उपप्रकार में जल्द ही किसी निर्णय के सिरे तक जानेवाले (बॉर्डरलाइन पर्सनालिटी) व्यक्तित्व के लोग होते हैं। ऐसे व्यक्ति के विचार एवं भावनाएँ पल भर में एक छोर से दूसरी छोर पहुँचती हैं। स्वभाव से ये चंचल प्रकृति के होते हैं। तीसरे उपप्रकार के लोगों को अपनी भावनाओं का प्रदर्शन करने में रुचि होती है। उनकी भावना में नाटकीयता होती है। उनका प्रयास हमेशा दूसरों का ध्यान अपनी ओर आकर्षित करने का होता है। चतुर्थ उपप्रकार में समाजविरोधी प्रकृति (एंटीसोशल पर्सनैलिटी) के लोग आते हैं। इस स्वभाव के लोग समाज के नियमों का पालन करने की अपेक्षा उल्लंघन करने में रुचि रखते हैं।

स्वभाव के तीसरे प्रकार में चिंताग्रस्त प्रकृति के लोग आते हैं। निरंतर चिंता करना उनका मूल स्वभाव होता है। जीवन में घटित हर छोटी-बड़ी घटना की उन्हें चिंता होती हैं। इस वर्ग के पहले उपप्रकार के लोग चिंता की संभावना हो ऐसे विषय टालने की कोशिश करते हैं। परिणामस्वरूप उन्हें अच्छे अवसरों को गँवाना पड़ता है। दूसरे उपप्रकार के लोग चिंतामुक्त होने के लिए दूसरों पर आवश्यकता से अधिक निर्भर रहते हैं। इनका दूसरों के बगैर पत्ता तक हिलता नहीं है। तीसरे उपप्रकार के लोग सभी बातें निश्चित पद्धति से होनी चाहिए इस पर विश्वास करते हैं। अगर ऐसा नहीं हुआ तो वे बेचैन हो जाते हैं।

इस प्रकार मनुष्य के स्वभाव को तीन वर्गों और दस उपप्रकारों में विभजित किया जा सकता है। इनमें से किसी भी गुणविशेष में अतिरेक हुआ तो उनके स्वभाव में दोष निर्मित हो जाते हैं। स्वभावदोष से ग्रस्त व्यक्ति खुद के और रिश्तेदारों के जीवन में कई प्रकार के तनावों का निर्माण करते हैं।

'मन में जो आता है, वही सपनों में दिखाई देता है' ऐसा कहा जाता है। क्या वास्तव में ऐसा होता है?

मानव मन में रहस्यमयता की पर्त लगानेवाली बातों में स्वप्नों की भूमिका अहम

है। समाज के अधिकांश लोगों को जीवन में कभी ना कभी स्वप्नों की अनुभूति से गुजरना पड़ता है। हमारे विचारों, भावनाओं और संवेदनाओं की सुसंगति स्वप्नों में तोड़ी-मरोड़ी जाती है, इसलिए हमें स्वप्न की अनुभूति बड़ी विशिष्ट लगती है। सिग्मंड फ्राइड ने मनुष्य को दिखाई देनेवाले स्वप्नों का बड़ी गहराई से अध्ययन किया था। उसे समझने के लिए सबसे पहले फ्राइड द्वारा प्रतिपादित मानव मन की संरचना को समझना होगा। फ्राइड के विचारों से मनुष्य का मन बाह्यमन और अंतर्मन ऐसे दो भागों में विभाजित है। बाह्यमन के विचार सहज रूप से समझे जा सकते है, लेकिन अंतर्मन के विचार एवं भावनाएँ सहजता से अनुभव नहीं की जाती हैं। बाह्यमन और अंतर्मन की सीमारेखा के हिस्से को पहरेदार की भूमिका निभानी पड़ती है। यह हिस्सा अंतर्मन के विचार और भावों को बाह्यमन में आने से रोकने का कार्य करता है। फ्राइड की संरचना के अनुसार रात के समय यह पहरेदार ऊँघने लगता है तब अंतर्मन के कुछ विचार बाह्यमन में प्रवेश करते हैं। तब उस अनुभूति को स्वप्न कहा जाता है। अंतर्मन के विचारों में सुसंगति का अभाव होने से स्वाभाविक रूप से स्वप्नों में भी सुसंगति का अभाव दिखाई देता है। फ्राइड का प्रसिद्ध कथन था कि 'स्वप्न मनुष्य के अंतर्मन की ओर जानेवाला राजमार्ग है।'

स्वप्न का विश्लेषण करके व्यक्ति के अंतर्मन का अध्ययन करने की एक विधा फ्राइड ने विकसित की थी। मानव मन का फ्राइड ने कई प्रकार से विभाजन किया था, जिसमें से एक प्रकार को वह 'मनुष्य की दिनभर कि गतिविधियों पर निर्भर स्वप्न' कहते हैं। इस प्रकार में दिनभर की गतिविधियों को विलक्षण रूप में स्वप्नों में अनुभव किया जाता है। इस दृष्टि से मन के स्थायी विचार स्वप्नों में प्रकट होते हैं। किंतु नींद खुलने पर ज्ञात होता है कि स्वप्नों में जो कुछ अनुभूति मिली वे सारी बातें सार्थक नहीं हैं।

आधुनिक युग में मस्तिष्क पर हुए अनुसंधान में काफी विकास हुआ है। आज फ्राइड के कई विचार पीछे छूट गए हैं। आज मस्तिष्क में घटित स्वप्न और अन्य सभी गतिविधियाँ मस्तिष्क की एक दिशा से दूसरी दिशा की ओर जाने की प्रक्रिया का परिणाम मानी जाती हैं। उस दृष्टि से विचार किया जाए तो स्वप्न मानवी मस्तिष्क में होनेवाले क्रॉस कनेक्शन (असंगत संबंध) कहलाते हैं। किंतु फिर भी फ्राइड के विचारों के अनुसार ही हर बार उसी प्रविधि से मन कि गहराई को जानना यह आधुनिक मनोविज्ञान को स्वीकार्य नहीं है।

मस्तिष्क पर निर्भर स्वप्न को समझ लेने का प्रयास आज भी बहुत ही प्राथमिक स्तर पर है। स्वप्न की निश्चित वैज्ञानिक जानकारी हासिल करने के लिए और अधिक अनुसंधान की आवश्यकता है।

मेरा स्वभाव क्रोधी है। क्रोध आने पर मुझे होश नहीं रहता। क्रोध से मेरे रिश्तों-नातों में दरार-सी आ गई है। मुझे क्रोध पर नियंत्रण रखने के लिए क्या उपाय करने होंगे?

आपको बहुत क्रोध आता है, जिससे आपका दैनंदिन जीवन प्रभावित हो रहा है, यह बात आपको खुद समझ में आ रही है तो ये अच्छे संकेत हैं। कई बार क्रोधी व्यक्ति अपने क्रोधी स्वभाव को सहज रूप से स्वीकार नहीं करता है, इसलिए इलाज करते समय काफी दिक्कतें होती हैं।

क्रोध एक नैसर्गिक प्रवृत्ति है। हर मनुष्य में यह कम-अधिक मात्रा में होती है। क्रोध आने के कई कारण हो सकते हैं जैसे, ठीक से नींद न आना, भूख न लगना, सिजोफ्रेनिया जैसी बीमारी से आनेवाला क्रोध आदि। उस पर उचित नियंत्रण रखने के लिए जरूरी है 'मुझे अन्य लोगों से ज्यादा क्रोध आता है' यह स्वीकार करना और क्रोध क्यों आ रहा है इसकी छानबीन करना। क्रोध को डायरी में दर्ज कर सकते हैं। इस डायरी में जिस दिन जिन कारणों से क्रोध आता है उसे दर्ज करना चाहिए। सामान्य तौर पर हमारी धारणा होती है कि विशिष्ट घटना के कारण हमें क्रोध आता है। वास्तव में उस घटना से क्रोध नहीं आता बल्कि उस घटना का अर्थ हम कैसा लगाते हैं उस पर यह निर्भर करता है। इसलिए डायरी में जिस घटना से क्रोध आता है उस घटना के संदर्भ में अपने विचार भी लिखने चाहिए। इन सभी बातों का अवलोकन करने के पश्चात् उस घटना पर अलग बिंदुओं से विचार करना भी आवश्यक है। अगर उस घटना के संदर्भ में हम विचार करने की पद्धति बदलेंगे और सकारात्मक दृष्टि से उन प्रसंगों का सामना करेंगे तो क्रोध पर हमारा नियंत्रण हो सकता है। यह क्रोध पर नियंत्रण लाने की एक पद्धति है। लेकिन हर बार क्रोध पर नियंत्रण रखने के लिए इन सारी बातों से गुजरने की आवश्यकता नहीं होती है। कई बार क्रोध की भावना अपने करीबी व्यक्ति के पास अभिव्यक्त करने से भी क्रोध पर नियंत्रण लाया जा सकता है।

कई बार रिश्तों-नातों के संबंधों में बनी कटुता क्रोध की जड़ होती है। ऐसी स्थिति में समुपदेशक की सहायता से रिश्तों-नातों की कटुता का निराकरण करना आवश्यक है।

बदलती जीवन शैली के अनेक संदर्भ क्रोध की जड़ माने जाते हैं। समय पर भोजन करना, ठीक से नींद लेना, मन को आराम देना आदि छोटी-छोटी लेकिन महत्त्वपूर्ण बातों से भी क्रोध पर नियंत्रण लाया जा सकता है।

कई बार निरंतर चिड़चिड़ाहट और बार-बार क्रोध आना यह उदासीनता और चिंता की बीमारी का लक्षण हो सकता है। ऐसी स्थिति में क्रोध पर नियंत्रण करने के लिए इन बीमारियों को जड़ से नष्ट करने का इलाज करवाना उपयुक्त होता है।

संदर्भ ग्रंथ सूची

- कैल्पान एंड सैडॉक्स, कॉम्प्रिहेन्सिव टेक्स्टबुक ऑफ सायकियाट्री: भाग 1 तथा 2 (आठवाँ संस्करण)
- शार्टर ऑक्सफोर्ड टेक्स्टबुक ऑफ सायकियाट्री (तीसरा संस्करण)
- टेक्स्टबुक ऑफ पोस्ट-ग्रैजुएट सायकियाट्री: भाग 1 तथा 2 (दूसरा संस्करण)
- गैबार्ड्स ट्रीटमेंट ऑफ सायकियाट्रिक डिसऑर्डर्स: भाग 1 तथा 2 (चौथा संस्करण)
- इपिलेप्सी इन इंडिया
- ऑन कॉल सायकियाट्री (दूसरा संस्करण)
- इमर्जेन्सी सायकियाट्री
- सिम्पटम्स इन द माइंड ऑन इंट्रोडक्शन टू डिस्क्रिप्टिव सायकोपैथालॉजी (तीसरा संस्करण)
- स्ट्रेस इन हेल्थ एंड डिजीज
- वेअर देअर इज नो सायकियाट्रिस्ट, डॉ. विक्रम पटेल

✪✪✪